艺术教育先驱
——姜丹书研究

孙茂华 著

浙江工商大学出版社
ZHEJIANG GONGSHANG UNIVERSITY PRESS

图书在版编目(CIP)数据

艺术教育先驱:姜丹书研究 / 孙茂华著. —杭州：浙江工商大学出版社，2018.9

ISBN 978-7-5178-2946-1

Ⅰ. ①艺… Ⅱ. ①孙… Ⅲ. ①姜丹书(1885—1962)—人物研究 Ⅳ. ①K825.46

中国版本图书馆 CIP 数据核字(2018)第 205736 号

艺术教育先驱——姜丹书研究

孙茂华 著

责任编辑	张婷婷
封面设计	林朦朦
责任印制	包建辉
出版发行	浙江工商大学出版社
	(杭州市教工路 198 号　邮政编码 310012)
	(E-mail:zjgsupress@163.com)
	(网址:http://www.zjgsupress.com)
	电话:0571-88904980,88831806(传真)
排　　版	杭州朝曦图文设计有限公司
印　　刷	杭州五象印务有限公司
开　　本	710mm×1000mm　1/16
印　　张	17.5
字　　数	314 千
版 印 次	2018 年 9 月第 1 版　2018 年 9 月第 1 次印刷
书　　号	ISBN 978-7-5178-2946-1
定　　价	49.00 元

摘　　要

　　姜丹书是我国近现代美术教育的先驱,他在美术教育方面做出了杰出的贡献,在书画创作上也取得了卓越的成就。由于种种原因,姜丹书的成就被历史所淹没,几乎无人提及他的教育思想、艺术著作和书画作品。直到近年,对姜丹书的研究才被学界所关注;但遗憾的是,对姜丹书的整体研究却相对较少。基于这种研究现状,无论从美术教育史还是艺术实践角度看,以姜丹书为研究课题,均具有非常重要的理论和现实价值。

　　姜丹书人物的研究、作品的介绍和描述,需要把他还原到当时的时代背景下综合考察。本书从姜丹书的成长环境、人物性格、教育实践、艺术实践等具体方面,以及这些因素背后所包含的广泛的社会背景和文化蕴意来进行阐述,以"姜丹书的人物生平""姜丹书的学术研究成果""姜丹书的图画手工教育实践""姜丹书的书画艺术""姜丹书与师友、门生"五个方面作为研究姜丹书的基本框架。

　　姜丹书所处的时代背景正是中国封建帝国走向共和的时期,经历了抗击外来侵略的民族解放斗争、国内战争,直至中华人民共和国的诞生。在"西学东渐"的背景下,姜丹书经历了新国民观的形成及近现代知识分子身份的转变,以及近代美术教育事业的发展和传统画学的历史积淀,姜丹书的《美术史》得以撰写与出版,成为20世纪中国美术史学的研究转向现代的标志。姜丹书在图画手工教育中提倡"人格铸造"的教育思想,既反映了西方现代独立人格的思想,又在实践的路径上,以中国传统修身治学的"知行合一"说为主导地位,这种"人格铸造"思想为当下时代主题的解决提供了有益的参考和方案。19世纪末20世纪初,中国传统绘画面临着纷繁多元化的转型时期,它的发展面临着多重选择和困惑。姜丹书尤其喜欢以柿子为图,通过对《柿子图》中的意象人格现代化的考释,可以看出中国传统花鸟画的意象人格由"君子"到"国民"的发展转变。可以说,在中国近代美术教育中,姜丹书做出了突出的贡献,不应被历史所遗忘,他所取得的成就应该得到一个客观公正的历史评价。

关键词:姜丹书　图画手工　学术成果　教育实践　书画艺术

Abstract

Jiang Danshu was not only a pioneer of modern art education, but also an outstanding artist in China. He has not only accomplished great achievements in Chinese painting and calligraphy, but has also made prominent contributions to fine art education as well. Yet, Jiang Dashu's artworks and educational ideas were often disregarded in history, due to various reasons. The research of Jiang Danshu has been a great interest of academics today, although the field itself has been relatively small. There are significant historical, theoretical and practical values in the research of Jiang Danshu.

This article will first focus on the environment Jiang Danshu grew up in, his personal characteristics, educational ideology, as well as other aspect including his social backgrounds and cultural connotations. Later, his artworks and contributions in the field of fine art education in China will be analyzed.

Under the background of period of the construction of modern democratic countries and the "Western learing spreads to East", Jiang Danshu had experienced the formation of the new concept of the new national and the transformation of the identity of modern intellectuals. Jiang Danshu's "art history" has become a modern symbol of the study of Chinese art history in the twentieth century because of the development of the modern art education and the historical literature of the traditional painting. Jiang Danshu advocates the education idea of "personality casting" that reflect the thought of Western modern indeperent personaliry, and in practice, Chinese traditional scholarship "the unity of knowledge and action " being occupy the dominant position. This idea provides a useful reference solution for the current era of the theme. In the late twentieth century and early nineteenth century, Chinese traditional painting was faced with complicated and diversified transformation period, and its development faced multiple choice and confusion. Jiang Danshu especially likes to draw persimmon, we can see the image of personality was transformed from "gentleman" to "national" through of works of Jiang Danshu's. It can be said Jiang Danshu made outstanding contributions in the modern art education in china and should be given an objective and impartial historical evaluation. And he should not be submerged in history.

Keywords: Jiang Danshu; Chinese painting; Chinese handwork; academic achievement; art education; artistic practice

序

　　我的父亲姜丹书(1885—1962),字敬庐,号赤石道人,他是江苏溧阳人,寄籍杭州。他青少年时期,接受过严格的私塾教育,也参加过科举考试,1905年清廷废科举、兴学校,他考上了南京的两江师范学堂图画手工科,又接受了正规的学校教育,与吕凤子、李健、汪采白、沈企侨、吴溉亭等人成为我国自己培养的第一代艺术教育师资,他们致力于我国早期的艺术教育,对后来我国艺术园地的百花齐放功不可没。父亲一生从事艺术教育,他的过往经历和艺术成就,本书自有详尽的叙述,在此我就不加以赘述。

　　父亲的老朋友、美术教育家、美术史论家谢海燕先生曾撰文详细介绍了我父亲的一生,他对我父亲的评价是:姜丹书先生给国家培养了这么多艺术人才,给后人留下这么多遗产,他一生的成就,在于他恪守一个"恒"字,植根一个"勤"字,立定一个"诚"字,崇尚一个"朴"字。他鞠躬尽瘁,为艺术教育奋斗终身。他发奋力学,有深厚的文艺修养和广泛的科学知识。谢海燕先生对我父亲一生的评价言简意赅,是非常中肯和恰当的。

　　父亲的一生,用他自己晚年讲的话来说,是"艺术园地上的一个白胡子老园丁"。当他和其他老一辈的艺术教育家开始耕耘的时候,这片园地上还是一片荒芜,是他们辛勤劳动,用汗水浇灌和培育出第一批花木,使得艺术园地终于逐步繁茂起来,才有了现在这样百花齐放、姹紫嫣红的盛景。

　　父亲于1962年6月8日下午三时不幸因心肌梗死逝世(享年78岁),距今已半个多世纪,现在的美术界已经很少有人提起他了。但还是有一些美术院校的教授会关注他,从近年来因撰写硕士或博士论文而与我联系接触的研究生们可知,他们往往是在导师的建议下,选择以我父亲对近现代中国美术教育的贡献作为题目。

　　2015年8月27日下午,正是大暑天气,一对陌生的中年夫妇来访,经他们自我介绍,我才知道他们是浙江农林大学的孙茂华女士和她的丈夫黄海光先生。原来孙茂华女士正在苏州大学艺术学院攻读博士研究生,论文也是写我父亲的。她的导师李超德教授要她设法找到姜丹书的后人,以便获得第一手资料。我那时刚搬家不久,她千辛万苦打听到我的旧居地址,兴冲冲登门拜访,却发现房子已经换了主人。幸好我留下了我的新家地址,她这才终于找到了我。我听后颇为之动容。在孙茂华博士撰写论文期间,我应她的要求,将我手头的有关我父亲的所有资料、照片都提供给她参考,同时,还为她的论文做校勘工作。她是个非常勤奋好学的人,还是个奋发向上的人,在已经建立了美满的家庭并且有了一个可爱的正在读小学的儿子的情况下,毅然决然地考读了博士研究生,在个人的学术道路上进一步深造,这个选择令我钦佩。两年多来,她多次就撰写论文中遇到的问题,与我交流、沟通,即便在 2016 年下半年她到美国访学期间,也没有停止与我的通信。她每写完一个段落,便会在第一时间将文章发给我,征求我的意见,我也根据我掌握的材料和我的文字水平,尽量提出我的看法,供她修改时做参考。今年 5 月份,我收到她的博士论文《艺术教育先驱——姜丹书研究》并拜读了全文。文章对我父亲的生平、从学之路及其为我国近现代美术教育做出的贡献,做了详尽的研究和介绍。收集的材料之全、对我父亲在教学和学术著作上的成就发掘的深度和广度都是前所未有的。同时,还对我父亲在书画实践和所获得的成就上,进行了十分中肯和妥帖的评价,使我父亲这位历史人物从故纸堆中重新站了起来,活生生地呈现在我们的面前。孙茂华女士的博士论文单行本要付梓出版,要求我为之写序,我是学理工科的,虽然先前也有世交后裔出版纪念先人的书籍来请我作序的,但因对传主生平不熟悉,又自认笔力不逮而婉拒,然孙茂华女士的博士论文是写我父亲的,论文写作的全过程我都分阶段第一时间得以拜读,所以就义不容辞地接受了下来,至于是否能达到她的期望,只能置之脑后了。

本书作者与姜丹书后人合影
（中间为姜丹书之子姜书凯）

最后,我想借此机会,向孙茂华博士表示衷心的祝贺,祝贺她经过艰苦的努力,终于如愿戴上了设计学博士的桂冠！也祝愿这篇博士论文能够以单行本的方式出版,永久流传于世。本世纪以来,对我父亲的研究逐步热了起来,研究姜丹书的第一篇博士论文也终于诞生！我父亲在天之灵也一定会感到欣慰吧。

姜书凯

2018 年 5 月 29 日

遗落的美术教育家——姜丹书

我对于姜丹书先生的研究兴趣完全出自偶然。如若不是在一家古玩店的旧书橱里读到那本关于姜丹书的文集，恐怕这位已经被历史沧桑无情湮灭的美术教育家很难回到我的学术视野。后来，我又陆续在旧书摊收藏到了多本姜丹书先生民国时期出版的《美术史》《艺术解剖学》和《透视学》等著作，同时在朋友处观赏到一些姜丹书赠送友人的非常有趣的绘画册页，他的学术形象才逐渐在我的脑中丰满起来。

（一）

姜丹书(1885—1962)，字敬庐，号赤石道人，斋名丹枫红叶楼，江苏溧阳人。光绪三十三年(1907)毕业于南京两江优级师范学堂图画手工科。与吕凤子、李健、江采白、沈企桥等成为 20 世纪中国第一批新美术的教师。姜丹书先生曾游访日本、朝鲜及国内各地，考察艺术教育。他在上海、杭州等华东各地艺术院校担任教师长达五十余年之久。他一生著述颇丰，有《美术史》《艺术解剖学》《透视学》《丹枫红叶室诗草》《敬庐画集》《艺术论文集》《建筑通解》等。他同时也是极力倡导"图画手工"工艺教育的近现代著名美术教育家。

姜丹书先生作为我国近现代美术教育的先驱，同时也是极力倡导"图画手工"与工艺教育的近现代著名美术教育家。他虽然没有出洋留学，但却有比较先进的西方文化视野，不仅在美术教育方面做出了杰出的贡献，在中国画创作领域也取得了卓越成就。而姜丹书先生关于"图画手工教育"的相关内容，我认为尤其重要。他所倡导的"新国民观教育""美与美欲""手的教育""职业匠人精神的培养""重视工匠的劳动创造"，以及对于"工艺美术"重要性的认识等教育学术观念，对于今天的工艺美术、设计教育史研究都具有前瞻性眼光。姜丹书还在图画手工教育中提倡"人格铸造"等教育思想，既反映了西方现代独立人格思想的输入，又在实践路径上，描绘出了中国传统修身治学"知行合一"在当下的新实践，为在图画手工教育中解决"中学为体""西学为用"提供了有益的参考方案。

由于历史的原因，姜丹书先生的艺术成就逐渐淹没在艺术长河中，只为少数研究者略知一二。坦率地说，在近现代美术教育史的有关论著中很少有人提及他的美术教育思想、学术著作和书画作品,对姜丹书的整体研究则更少,他确实成为了被遗落的美术教育家。无论从美术教育史还是从艺术实践的角度看,将姜丹书先生作为研究课题都具有非常重要的理论和现实价值。为此,我花费了不少时间注意收集姜丹书先生的相关信息与资料,期望为日后深入研究做一些基础性铺垫工作。

(二)

为什么要研究姜丹书?其实源于我长期对民国美术学术史的关注。关于民国学术史,应该承认这是中国学术史的重要篇章,究竟这一时期总体学术水平如何?具体的学科与学人处于何种地位?他们究竟有哪些学术贡献?并不取决于他们的所谓社会知名度,而需要相关的学术界做出严肃的评价。这一特定的历史时期是传统学术向现代学术转化的关键性时期,也是现代学术体系构建的过度阶段,各个学科几乎都产生过奠基者和创始人,并造就了一批学贯中西、融会古今的学术大师。然而,我理解事实上的民国、民国学术大师是有"层次感"和"复杂性"的。有学者认为:从晚清开始,西方的自然科学(声光电化)被引进中国,在早期回国的留学生与外国学人的共同努力下,民国时期基本形成了现代学科体系,建立了专门的教学和研究机构。社会科学各学科也从西方直接或间接引进并建立起来。就算是人文学科和中国传统学问,也是采用了西方学科体系、学术规范和形式后才进入现代学术体系的,如大学里的文、史、哲专业,院、系、专业或研究所,包括论著的撰写、答辩、评鉴,学历、学位、职称系列与评聘,学术刊物的编辑出版,学术团体的建立和发展等等,都初步建立起规范和体系。

当我读到姜丹书先生关于图画手工、工艺美术、美术史、建筑的相关文稿时,凭着我的学术敏感,可以肯定这是这一辈艺术家、美术史家和学者如何从传统学术转向现代学术极为难得的个案样本。姜丹书虽然不是诸如傅斯年、陈寅恪式的名声显赫的学术大师,但他的样本意义十分明显。而且,正是这样看似平凡的学者的集聚,才真正构建起了民国学术史的人文群像与精彩篇章。姜丹书先生作为一种特定时期学术层面的过渡人物,从他开始慢慢地构建起了中国近现代美术史学术研究的体系。思源追溯,让我真正肃然起敬是在可查询的相关文本资料中,姜丹书竟然是第一次提出"工艺美术"这一名词,并对其重要性做出精确解释的学者。他不仅精研绘画和中国美术史,而且将西方的透视学理论系统的介绍到中国。更让我景仰的是他的《建筑通解》遗稿非常清晰地诠释了建筑的要义。然而这样一位20世纪杰出的画家、美术理论家,却不为当下学术界所关注,没有给予他应有的学术地位。这让我想起中国美术学院毛建波那篇博士毕业论文《余绍宋研究》。余绍宋作为一位生活在民国时期的美术家、书法家、鉴赏家，迄今为止已经很少有人提及他，要不是这篇博士论文，我也无法窥知余绍宋其人、其貌。

　　历史有时候是那么的曲折，施蛰存先生曾经在 20 世纪 80 年代写过一篇关于漫画名宿鲁少飞的文章，文中幽默地将"文革"以后复出的文化界名人称之为"出土"，戏称当时纷纷从消失的公众视野中"出土"回到人间，又享受到人们尊敬的目光。按理说姜丹书先生是完全有资格出土的，就其毕业于南京两江优级师范学堂图画手工科和吕凤子同门而言，许多同时代的人在经历了半个世纪的风风雨雨以后，都已经纷纷"出土"回归到了他们应有的地位。我静静地等着机会成熟，也让姜丹书老先生"出土"，让他能够重回人们的学术视野，也让我诱发出一份人生的遐想与感怀。

（三）

　　学术界普遍认为"工艺美术"一词，是由蔡元培先生首先在 1920 年出版《美的起源》一书中提出的。此后，"工艺美术教育"等概念才相继产生，并迅速获得人们的重视和认可。但是姜丹书先生在 1917 年商务印书馆出版的《美术史》著作中就已经对"工艺美术"观念做出鲜明阐述，这不能不说是这一名词考据、溯源的重要注脚，它在学术史上的重要意义就不言而喻。

　　阅读中国古代画史、画论的文章典籍，实则上普遍存在着重文人轻工匠、重书画轻工艺的价值取向。董其昌则进一步将重文人绘画、轻工匠（院体写实）绘画的倾向发展成南北宗，树立了以文人画为上品的绘画史观念。正如姜丹书先生在《美术史》序言中指出：我们美术文献的弊端，"自古重文轻艺，故文事有纪载，艺术无纪载。艺而近于文者有纪载，艺之纯为术者无纪载。既有之，亦不过东鳞西爪，散见杂籍而已，并无系统之纪载也。"姜丹书先生认为对于艺术的记载仅限于与文接近的事物，诸如文人画一类，而忽略了与技艺接近的雕刻、建筑和工艺美术。他表达对中国传统画学的不同看法，直戳了问题的两个要害：一是忽视绘画与其他艺术形式、社会和文化的关系；二是缺乏描绘艺术进化的模式。姜丹书先生对传统美术画学、史学观的严重不满，无疑是受了"西学东渐"背景下西方民主思想的影响。

　　姜丹书的《美术史》出版至今已经有 101 年了，该著作的出版可以说是 20 世纪中国美术史学的研究从传统转向现代的标志。置身于当时的社会语境，他确实承担了巨大的责任和勇气,彰显了学者敏锐的学术洞察力。他的著作尽管也采用通史的叙述写作方法来讲述中外建筑、雕刻、书画和工艺美术史的嬗变。但他的文风与写作思路则改变了前人八股般、封闭式的书画史研究思路,以朴素的唯物史观增加了许多以无名工匠创造的建筑、雕刻和工艺美术实例作为描述与治学对象,以学者的灵性在古人忽略的领域中迈出了"拓荒者"的步伐。他在序言中写道:"至雕刻、建筑以及工艺美术之类,更何所取材乎?以视东、西洋艺苑著作之林,图史并陈,涉笔成趣,固何如者。此编美术史之所以难,而尤难于本国一部也。予何人斯,敢云著作?只以身任讲席,课有定程,责无旁贷,乃不揣谫陋,稽古摭今,行粗浅之文字,述中外之大略,自惭獭祭成篇,殆亦聊胜于无云尔。"[1]撰写中国美术史的史料来源固然要从中国古籍文献和文物藏品中寻找和梳理,但姜丹书先生对于被人忽视的雕刻、建筑和工艺美术之类的美术形式的选择和关照,显现了在一个世纪之前美术史研究中姜丹书已经具备了现代性思维与大美术观念。我们考察姜丹书先生的学术生平,他确实受新史观和近代西方进化论的影响,采用了比较科学严谨的西式治学态度,使得姜丹书先生在撰述《美术史》时,运用了近现代西方科学研究的新观念、新方法,以近代学科研究的考辨方式来收集资料,并从体例、门类和描述方式上体现了艺术史研究的现代范式。

（四）

姜丹书先生博古通今、谦和儒雅的情怀涓涓不息,人生的历练又将自身的人格、学术、艺术、教育圆融于一体。展读姜丹书先生留下的大量教育文献史料,其言肯切、朴实无华,而且多有切中时代弊病之语,让人击掌称快。一位身处于动荡乱世的现代美术教育家,用他深厚的人文学术修养、美育情怀面对厚重的历史与现世生命的徘徊展开了亲切对话,用他的心灵滋养启迪了无数的后学。儒雅的人格性情如灵动的溪流,在它的滋养下,人格、学术、艺术、教育各显其华又圆融一体。我们可以说姜丹书先生的教育理想、艺术史研究方式渊源于传统儒学积极入世的精神状态。但是,体现了近代科学、民主化思潮洗礼下社会现实需求学术理想已经融入到了他的学术思想中。

姜丹书先生的手工教育思想从理论到实践,贯穿于整个民国时期。虽然他的教育思想也因此被刻上时代的烙印,但他从教育实践出发,关注人格锻造、心

---

[1]　姜丹书:《美术史》,商务印书馆 1917 年版。

灵和谐、人本关怀、贴近生活的治学理念,充满着人性光辉,仍然为我们今天的教育实践所推崇。关于姜丹书先生的研究,由于其他学术事务缠身,更有许多直接的学术命题要求解,所以长时间没有进展,直到我的博士生孙茂华同学入学以后该研究才开始有了新的转机。

孙茂华是一位从事平面设计实践教学的大学老师,但她在杭州师范大学完成的硕士论文却是谈美术教育的。当她对于博士论文选题一筹莫展的时候,我考虑到她长期工作、生活在杭州的实际情况,思量将"姜丹书研究"交给她,并提议从长期工作于浙江的姜丹书先生"图画手工教育"入手,来折射近现代工艺美术教育。姜丹书先生虽然出生在溧阳,学习在金陵,但他长期工作、生活于杭州,我提供姜丹书先生子女也在杭州生活的线索,要求她找到他的家人,从家庭、家族第一手影像与文本资料着手,做好访谈和"田野调查",将姜丹书先生的艺术生平、教育思想、作品描述等作为一个整体研究,着力将他还原到当时的时代背景语境中加以综合考察和提炼,并尽量编辑一份姜丹书先生艺术年谱作为附录,以此全面反映姜丹书先生的学术生涯。

姜丹书先生所处的时代背景正好是一部浓缩的近代史,他生活的年代正是在"西学东渐"的背景下,所谓"新国民观"的形成及近现代知识分子身份转变的大变革时期,同时也是近代美术教育事业发展和传统画学历史积淀的时期。我们用了很长时间商定该研究如何从姜丹书的成长环境、人物性格、教育思想、教育实践、艺术实践等切入,将人物放到复杂因素背景下包含的社会、文化意义来进行考察,从而进一步深入研究特定环境中老一辈美术教育家独特的人文情怀、艺术理想和史学价值。我们商定了从姜丹书的人物生平、姜丹书学术研究成果、图画手工教育中的姜丹书、姜丹书的书画艺术、师友间的姜丹书等五个方面来进行梳理归纳,构建起了"姜丹书研究"的基本框架。受制于孙茂华以往学术研究背景的制约,我要求她大量阅读近现代史的书籍,熟知鸦片战争以来的中国近代历史。

在中国近代美术教育中,姜丹书先生的学术活动主要集中在民国时期,不可避免地留有许多的不足,但他做出了突出贡献,不应被历史所遗忘,如何用一种公正客观的方法描述民国学术史的面貌?对他所取得的成就给予一个客观公正的历史评价,我终于等来了让姜丹书先生"出土"的机会,让他重回人们的学术视野,同时诱发出一份人生的遐想与感怀。

最终孙茂华的博士论文以《艺术教育先驱——姜丹书研究》为题,深挖第一手家族文献资料,研阅姜丹书所有的著作,特别是手稿《建筑要义》的研读,有了许多意想不到的收获。孙茂华历经数个寒暑,即便在加拿大做访问学者,也笔耕不辍,终于在去年完成了艰巨的研究任务。虽然,该研究仍存有许多不足,但作为博士研究生阶段性的研究成果研究的独创性是毋庸置疑的。更为值得庆贺的是,该研究的完成了却了我的一项研究心愿,在此我的内心确实萌生了许多感谢之意。

正如姜丹书先生所说,"一切艺术的前途,都倾向于科学化、现代化、大众化、中西调和化。结果成为划时代的新兴艺术之花"。确实如其所言,"这些花中,有浓艳花、有清香花,也有野草花"①。该篇博士论文与书稿,正是学术百花园中的一朵花蕾,必将绽放出缤纷色彩。

书稿即将付印,写上一些前序文字,算是开场白。

李超德

2018 年 7 月 27 日写在姑苏国宾山

---

① 姜丹书:《姜丹书艺术教育杂著》,浙江教育出版社 1991 年版。

目　录

绪　论

第一节　问题的提出

一、选题背景

　　姜丹书是我国杰出的艺术家,近现代美术教育的先驱、开创者。他不仅在美术教育等方面做出了杰出的贡献,而且在书画创作也上取得了卓越的成就。他在艺术上的不懈探索,为中国现代绘画和艺术教育创造了宝贵的精神财富。姜丹书在书、画、诗词、美术理论和技法方面均有所成,具有多种身份,应是美术专业领域的学者型艺术家。如同他那些名声显赫的师友们——李瑞清、李叔同、鲁迅、经亨颐、丰子恺等等。姜丹书既是美术专业学校的教授身份,又是书画家。他身兼数职,多方建树,在诸多领域取得成就。抗战期间,在学堂授课收入得不到保障的情况下,姜丹书以绘画为生,制定书画润格出卖作品,维持全家二十几口的生活。其间他还多次为抗战捐画、义卖。除了授课、鬻画为生外,他兼任中华书局艺术科编辑主任职务。正是上述多元化的职业,造就了他学者型艺术家的身份。学者型艺术家,往往有深厚的文化素养,严格来说,他是知识分子而不只是以艺术为职业的专家工匠。他比一般职业画家更具备广博的知识涵养,对艺术的本质和功能有更深的理解和诠释。他既继承了中国文化传统重"文"的衣钵,也接受了新学教育。他把传统文化、西方文化结合起来,使得自己在东西文化冲击、交融中游刃有余。

　　学者型艺术家的姜丹书在诗、书、画、文献整理、美术教育、编撰出版以及创作和研究领域,都达到了极高的水平。他的艺术理论著作大都由中华书局、商务印书馆出版,平时诗词文章见诸多报刊。他的书画与诗词互相参证,见证了艺术与人文修养相互砥砺所达到的高度。姜丹书先生之道德、学问、书画、诗词蜚声艺坛。

　　然而,对这样一位在诸多领域成就卓然的学者兼艺术家,学界对他的研究才刚刚开始。目前已出版的近代美术史著作中,几乎很难见到对姜丹书的专题介绍,对他的研究力度也稍嫌不够。近现代美术史是相对"年轻"的研究领域,尤其是对民国时期的美术史的研究和编撰，还需深入和细分。近现代离我们太近，要列出出类拔萃具有代表性的艺术家并非易事。因此，大部分学者的研究视野聚焦在那些社会知名度高、成就卓著，或更符合时代发展潮流的艺术家。然而，近代美术史中所涵盖的丰富遗存，远远超越了目前所能看到的研究范式和研究视野，这个历史时期中所有的艺术情景和艺术史实都无法被一一呈现。美术史的编撰者们习惯于关注那些站在时代风口浪尖、风格特定的艺术大家。随着近现代美术史研究的深入和细化，一些像姜丹书这样的特殊人物也逐渐出现在我们的视野中。个案研究和系统研究都是构成整体结构不可或缺的重要组成部分，他们唇齿相依、共同促进。因此，个体研究成为构建和丰富近现代美术史研究的重要途径。

二、选题意义

本书确定以姜丹书作为研究课题，是因为他在中国近现代美术教育史上影响深远。

第一，他是民国初期的美术教育先驱，其美术教育思想中的儒学背景，对于现代美术教育有着深刻的意义。儒家思想非常注重艺术的社会功能和文化教育意义，儒学讲艺术，大都是从政治教化、道德培养的教育角度看待、要求艺术，使艺术与教育实践及社会人生紧密结合。高扬艺术的理性精神又不走向极端，把理性与感性、道德与欲望、理智与情感有机地统一起来。中国历史上，没有西方那种宗教禁欲主义，也没有艺术复兴之后的欲望大膨胀，这是儒学中庸之道和实施礼乐教化的历史贡献。儒家强调美与善的统一，重视社会美与道德美，在教育上注重人格美的培养，从美的角度理解道德，从而产生对道德的自觉追求。这种以人格铸造的教育方式，对我们今天的教育实践依然具有启迪作用。因此，姜丹书在图画手工教育中强调的人格铸造，对当下每一位公民的社会道德和社会价值观的树立具有非常深远的意义。

第二，姜丹书是近现代美术史学整体研究不可或缺的组成部分。对于姜丹书的叙述只是作为美术史中可有可无的美术教育者，因此对他的研究难免不够深入和细密。这不是偶然的现象，而是与近现代美术史的研究、撰写方式有关。近现代美术史是相对"年轻"的研究领域，尤其是对民国时期的美术史的研究和编撰，还需深入和细分。近代美术史中所涵盖的丰富遗存，远远超越了目前所能看到的研究范式和研究视野。因此，对于姜丹书人物的研究对构建和丰富近现代美术史研究具有十分重要的意义。

三、本课题研究历史与现状分析

　　尽管近年来对姜丹书的研究较以往有了很大的推进,但显然还无法与其同辈的一些艺术大家相比拟。张道森的《浙江近现代美术教育史》一书中结合浙江两级师范学堂的研究,有一小节介绍了姜丹书的从教经历和艺术生涯,此书中增加了绘画创作资料,凸显了该人物书画家的身份。尹舒拉、方爱龙等少数人也对姜丹书的书画作品做了一些介绍,但是还不够全面和深入。

　　21世纪以来,对姜丹书的研究迈上了新的台阶。首先,文字资料和书画作品整理大获成功。姜老先生的幼子姜书凯先生保存并整理研究父亲遗留下来的书稿、信件、字画等珍贵的资料,并在报纸、期刊等出版物上陆续发表多篇关于姜丹书的文章。姜书凯历经多年潜心研读整理父亲遗留下来的文稿,并于1991年出版了《姜丹书艺术教育杂著》,此书的出版经历8年,背后有着许多艰难的环节。2007年出版了《丹枫红叶楼诗词集》。经历半个世纪殚精竭虑,姜书凯多方联系走访收集到一张张珍藏多年的作品,编著《姜丹书画集》,2013年由浙江人民美术出版社出版。画集出版了多幅未面世的画作、手稿、书信和照片。这些珍贵的文献史料对于人物的整理研究,能更真实、立体地呈现近现代美术教育史中一位教育大家的面貌和风采。

　　其次,专题性、概述性和回忆性的论文相继出现,大大提升了对姜丹书研究的学术性。如《艺术园圃老园丁——纪念姜丹书先生诞辰一百周年》《桃李满门的艺苑前辈姜丹书》《末代举人姜丹书》《燕见焦梁学骂人图——说姜丹书特殊的艺术视角》《钱学森珍藏的一幅中国画》《姜丹书美术教育思想研究》等文,将姜丹书研究推进了一大步。

　　姜丹书还相继被作为名人列入《江苏文史资料》《浙江文史资料》《溧阳市文史资料》《杭州文史资料》《浙江省教育志》等文献中,足见其学术地位的显著。其艺术成就日益受到人们的关注,其学术价值也相继被层层剥离逐渐清晰。

　　作品、文献展览和艺术品拍卖。2011年,姜丹书的学术文献与部分作品被浙江省文化厅纳入《浙江现代美术教育》课题组展开研究并公开展览。2013年11月23日,浙江美术传媒拍卖有限公司举办的2013秋季拍卖会中就设有姜丹书书画专场,54件经典作品均来自姜丹书6个子女家藏的传世之作,世人才得见姜丹书的存世作品。

　　综观上述研究状况,虽然对姜丹书的整体研究和探讨起步甚晚,但近年来对姜丹书的美术教育研究关注度有所升温,比较以往有很大的推进。但这些研究只是比较笼统地介绍姜丹书的生平事迹、工作经历和学术著作,展示了作品,并未充分注意到人物的思想观念、身份的转换、人生价值取向和艺术史观等方面，也没有对深层文化脉络进行挖掘。尽管如此，但整体而言，这些研究还是从不同侧面、较为广泛地揭示了人物的生平和事迹，先行的成果都为本书继续推进该课题的研究提供了坚实的基础。

第二节　本课题研究的基本思路和方法

一、基本思路

本书力图描述姜丹书成长的社会背景和求学的经历，以及姜丹书在"图画手工"教育中发挥的重要作用及历史地位，系统整理总结姜丹书教育思想内容、思想渊源和启示，兼及他的书画艺术，分析姜丹书这位"新国民"的实践者对 20 世纪中国现代美术教育所产生的深刻影响。为此设定以下研究视角：姜丹书的成长经历和性格特征；梳理姜丹书的学术研究成果的视角；姜丹书教育实践与艺术实践的视角；师友间的姜丹书。本书将从诸多方面展示姜丹书的人物性格品质、学术史观、艺术成就，由此达到对姜丹书全面的研究的目的。

二、研究方法

人物的研究是多学科交叉的一门艺术，本书试图对姜丹书的学术研究成果和教育实践及书画艺术进行分析和评价，并期待能在现代教育中被运用。这就涉及教育学、艺术学、书画艺术等多学科的内容。姜丹书所处的时代是个非常时期，正处在现代民主国家建构的过程。因此这个时期的社会制度、生活方式、人生观和价值观等方面的内容尤其重要。所以，对如此繁杂的内容，就"人"谈"人"，就"教育"谈"教育"，显然存在相当局限性，为避免这样的缺陷，本书采取了以下几种研究方法进行探索：

（一）文献研究法

首先，对大量的相关史料进行认真的收集和梳理，为研究奠定坚实的基础。姜丹书一生在艺术、教育历史文献中留下了许多遗迹，收集、分析史料，可以比较客观地复原历史的基本原貌。其次，把历史和理论统一起来，在清楚了解历史背景的前提下，进行理论分析和总结，真正做到"论从史出"。最后，广泛吸收和借鉴各个学科的研究方法，运用定性和定量分析法，把分析和综合贯穿于过程的始终。独立思考，不回避问题，努力提出自己的学术观点。

（二）调查法

走访姜丹书的后人，以及了解姜丹书工作过的院校史馆留下的记录和文献，能比较客观准确地复原一些基本情况。

（三）案例研究法

近现代美术教育过程中的一些标志性的事件和问题从发生到结束都有相对独立性，运用案例研究是常见的。

（四）交叉学科研究

人物研究涉及经济、政治、文化、社会、心理等等方面，这些错综复杂的矛盾关系要求运用多维度的视角考察。对其做深入剖析，要以历史唯物主义为指导，综合运用历史学、经济学、政治学、社会学等理论和方法进行研究。

三、研究目标

（一）《美术史》的编著与出版成为 20 世纪中国美术史学现代性的发轫

姜丹书长达半个世纪的艺术生涯和教育事业中，出版了诸多艺术理论专著，并创下美术教育史上多个第一的历史地位。如《美术史》《美术史参考书》《艺用解剖学》《透视学》都填补了当时国内艺术教科书籍的空白。《美术史》中姜丹书运用西方现代学科理论对中国古代的书画、雕刻、建筑和工艺美术文献进行了整理，是近现代中国美术学科领域的重要成果。其美术理论的研究方法和艺术观念，为 20 世纪中国美术史学现代性的转折与开启奠定基础，使传统美术史的研究与叙述由传统转向现代。姜丹书艺术理论著作的编著，对近现代美术学科的建设和发展做出巨大贡献。

（二）图画手工教育迈向现代艺术设计做出的贡献

通过对图画手工教育的追溯，以及姜丹书在其中做出的贡献，有利于考察近代图画手工教育的历史地位和意义。姜丹书图画手工教育中对"手"的教育、人格美的教育及培养职业匠人精神的思想等内容，实为发展工业之愿景、富国强民的伟大目标。图画手工教育实践也为现代艺术设计教育提供了许多有益的补充和启示，架起了连接近代美术教育与现代美术教育的桥梁，向现代艺术设计教育迈出了一大步。

（三）传承中国传统书画艺术所做的努力

姜丹书绘画中西兼善，尤以国画为精。对姜丹书的书画实践进行考察，可以认定他是 20 世纪上半期传统文人艺术延续和继承的重要画家，更是具民主主义、爱国精神的画家。以姜丹书书画艺术实践为考察对象,能够窥视传统文人在近现代绘画艺术中的延续和变迁。

第三节　本课题研究的创新之处及不足之处

一、本课题研究的创新之处

姜丹书是民国早期的美术教育家,他的教育思想和艺术实践都是近现代新型知识分子爱国情绪和社会责任感的现实诉求,是社会民主进步和教育事业发展的结果。从一定意义上说,也是与人类社会发展,现代教育目标追求相一致、相契合的产物。

创新之处:第一,选题新。姜丹书对近现代美术教育的贡献在美术教育史上占有重要地位,但目前学术界对这一问题的研究还比较薄弱。第二,研究视角新。本选题从姜丹书"新国民"的人物性格和品质特征、"大美术史观"的实践者、20世纪中国美术史学研究现代性转折的引领者等视角展开深入挖掘与研究,力图给予姜丹书历史的客观的评价。第三,材料特殊。所有图片和文字材料都是姜老先生遗留下,并由姜书凯保存至今。另外,姜丹书生前曾经受中华书局委托撰写完《建筑通解》,但由于多种原因,未能出版。所幸的是,姜丹书幼子姜书凯将这本书稿的手稿保存了下来,并整理成了电子文本,使得笔者有机会拜读。

本书试图以此为重点,探讨姜氏的艺术史观及其所蕴含的社会文化内涵,同时还结合这些著作撰写观念在当代社会中的发展趋势进行探讨,力图全面整体地对著作进行横向、纵向的比较、分析,从而呈现一个较为立体、丰满的人物形象,并期待能对现代美术教育及近现代美术史的研究提供补充材料。

二、本课题研究的重点、难点

姜丹书为近现代美术史学和美术教育的发展做出重大贡献,他的学术观念及民国时期的社会背景、学术思潮既是研究的重点也是难点。

从人类社会文化进程来看,传统文化基因是文化发展延续的主脉。本书研究的姜丹书,是民国早期的美术教育家,因此要厘清传统文化基因对姜丹书的影响及清末民初的社会历史文化背景。对姜丹书作个体的研究,不能局限于个人局部的叙述,要把人物置入整个历史大背景下,我们要对姜丹书所处的社会文化、经济、学术思潮,以及当时美术教育的发展和演变进行深入探讨与研究。

三、本课题研究的不足之处

晚清和民国初期是个风云交际、中西文化碰撞的时代，社会民主革命风起云涌，原有的思想观念、教育体制、经济制度、生活习俗和信仰受到极大地冲击。这个时期的文化表现出了时代的特殊性，传统与现代、东方与西方文化的交锋与融合中生发出异质文明，这对为某一事物和人物定性讨论有一定的难度，许多社会活动、事件和生活场景已远离我们，历史遗存的文献资料，也会因个人的偏好或关注点不同而各有差异，这对揭示人物内心世界和思想最深处难免有所缺失。

本书研究重心在于姜丹书对近现代美术史学研究和美术教育的进程做出的贡献，对于他在诗词、语言文字方面的内容没有过多的关注，笔者的学力、视域所限，拙文必有诸多舛误与疏漏之处，唯俟日后弥补。

第四节　相关概念的阐释

一、"图画手工科"

"图画手工"这个词最早在我国出现于南京三江师范学堂。1905 年易名为"两江师范学堂"。次年，李瑞清摄江宁提学使兼任该校监督。李氏大力提倡科学、国学、美术。他"咨询校中各国教授，汇集东西各国师范艺术教育科设科之例，竭言添设图画手工科的缘由"，清廷同意了他的奏请，于 1906 年添设了"图画手工科"。在建校初期，采取各科混合制，图画、手工等课程为必修课。此为全国高等师范美术教育的"鼻祖"。[①]

二、"图画手工"教育

晚清以来的有关史料显示，早在洋务运动时期的学堂中便出现"图画"课目。图画作为一种近现代实业制造、舆地以及博物学中不可缺少的工具，为当时的中央政府和地方教育机构所重视。清政府秉承"中体西用"的思想，为达到富国强兵目的，在学习西方教育方面做了不少努力。在各地创办的各式现代学堂，如上海江南制造局及其附设的机械学校、福州船政局及其附设的船政学堂、天津水师学堂、广东陆师学堂、广东水师学堂、天津军医学堂、湖北武备学堂、南京陆军学堂以及技术方面的天津电报学堂、上海电报学堂、湖北铁路局附设的化学堂、矿

---

① 姜丹书:《姜丹书艺术教育杂著》，浙江教育出版社 1991 年版。

学堂和工艺学堂等。这些现代化的学堂的设立,及这些学堂里的图画课程设置,便是很好的证明。

南京两江师范学堂在建校初期,采取各科混合制,图画、手工等课程为必修课。李氏率先设立"图画手工科",随后实行分科教育。

师资方面,西画和手工课程全由日本教师担任。据日本荫山雅博《清末教育近代化过程与日本人教习》一文统计,1909 年在华的日本教习有八人担任图画手工科目,二人担任工艺科目的教学。① 两江优级师范学堂除书法、国画以外的美术课程全部由日本教师担任如:盐见竞、亘里宽之助、一户清芳、山田荣吉等教授西画与手工。

课程安排,课程设置模仿日本高等师范美术专业课程,主要教材也是以日本书部省的教材翻译而来。② "图画"分:自在画之部——铅笔、木炭、擦笔、色粉笔、水彩、油画、速写、图案;用器画之部——平面几何画、正投影、倾斜投影、均角投影、远近投影、图法几何;国画之部——山水、花卉。"手工"则是折纸细工、切纸细工、粗纸细工、厚纸细工、纽结细工、豆细工、黏土细工、石膏细工、竹工、木工——指物,即刨、锯、接榫等工作;圆物,即车木工,漆工、金工——针金工,即线金工,钣金工、镀金、变色、锻工等课程。③

以南京两江师范学堂为肇始,全国各地模仿创建师范学堂,开设图画手工科,为中国近现代培养了大量的师范生,并服务于蓬勃发展的教育事业。

三、工艺美术

20 世纪 20 年代,工艺美术由日本传入中国,并逐步取代图案、意匠、工艺等词。1929 年,全国首届美术展览会也采用"工艺美术"名词,说明该词获得了普遍的认可。④ 王受之先生认为工艺美术这个概念起源于 19 世纪英国设计领袖威廉·莫里斯领导的"工艺美术运动",原文为 Arts and crafets。莫里斯反对机器生产,力图恢复手工技艺,又亲自设计时代需要的工业品,被模仿出售,反而成了近代公认的第一位"设计师"。工艺美术运动的历史实际是以"美术加技术"的内涵得到承认的。但由于工艺美术运动的初衷是反对工业化、批量生产和对机

---

① 胡光华:《20 世纪前期中国美术留学(游)学生与中国近现代美术教育(上)》,《美术观察》2003 年第 5 期,第 99—100 页。

② 胡东艳:《中国近现代高等美术教育的兴起与演进》,《美术教育研究》2012 年第 4 期,第 21—25 页。

③ 姜丹书:《姜丹书艺术教育杂著》,浙江教育出版社 1991 年版。

④ 秦菊英:《二十世纪中国艺术设计教育史》,浙江大学出版社 2013 年版。

械的否定,注定不能成为引领潮流的主流风格。[①]

诸葛恺先生认为工艺美术理念被中国引进的过程中,在认识上发生了一些偏差。这种偏差与国人对图案的认识同样,没能真正深入全面的认识和理解。1936 年版的《辞海》中"工艺美术"的注释为:Industrial art,按照字面直译成"工业美术"或"工业艺术"。它被理解为内、外两个层面的解释,内涵应是:实际生活之需要,与各种器物上施于美术之技巧或装饰物;外延则是:如细木、髹漆、陶瓷、染织、刺绣、铸造、饰物等。可见,国人对工艺美术的理解只是以美化与装饰为目的手工技艺而已,基本不包括现代工业,于是"工业美术"与现代工业相分离。20世纪中叶,中国社会的物质生产和生活都处于较低的水平,与外界的联系亦不多,欧洲第一次世界大战后兴起的现代设计运动对中国的影响不大。在没有面对世界又缺少工业化生产背景的时代,我们从未感到不足和缺憾,这就使得我们的设计观念长期停留在"美化生活"的层次。[②]

中华人民共和国成立后,沿着这条思路建立了工艺美术行业,并建立了以工艺美术学命名学科的工艺美术教育体系。为了满足社会对大量优秀专业设计人才的需求,作为艺术设计教育前身的工艺美术教育得到国家的重视。将分设于不同类型学校中的工艺教育、图案教育、手工教育等统一在工艺美术教育之下,形成高等、中等与初级的专业教育并举,全日制教育和在职培训相结合的工艺美术教育机制,中华人民共和国的工艺美术教育得到了长足发展。

四、"新国民"观

清末民初,"新国民"观的萌发和形成,是建立在对民主法治、国民公民、权利义务等观念的传播、介绍、学习、批判和借鉴中发生的,这些全新的概念和价值标准与我们传统的臣民观截然不同,一种崭新的国民观冲破传统观念的藩篱,开始渗入人们的意识。[③]

先贤们对国民奴性的批判为公民意识的启蒙拉开了序幕。国民奴性即是无个人斗争之志,又无对国家的责任感。梁启超指出,"心奴"如蚕在茧,著著自缚,如膏在釜,日日煎熬。[④] 邹容指出国人奴性的根源是专制统治和愚民教育造成

---

① 王受之:《世界现代设计师》,新世纪出版社 1995 年版。

② 诸葛铠:《设计艺术学十讲》,山东画报出版社 2006 年版。

③ 刘泽华:《论从臣民意识向公民意识的转变》,《天津社会科学》1991 年第 4 期,第114—118 页。

④ 梁启超:《论自由——饮冰室合集》,中华书局 1989 年版。

的。这些对国民奴性的批判,首先是民族自我觉醒和反思;其次也是对"新国民"内涵的探讨促进公民意识的发展。我国传统的旧国民不是和国家命运密切相连的政治共同体中的一员,也不含权利义务观念。清末的国民多指外国国民,称中国人为"国民"实在甲午之后,梁启超给中国的"国民"注入了近代化的含义。①梁氏认为"国民者,以国为人民公产之称也""以一国之民,治一国之事,定一国之法,谋一国之利,捍卫一国之患"②。

在中国延绵了千年之久的科举制度于 1905 年被废止,使得士人阶层失去了制度性的参与政治的渠道,新兴学堂的设立与推行,新式知识分子也就呼之欲出。新旧知识分子的异同表现为:士人的人生目标是"内圣外王",人格结构是"权威人格";新式知识分子突出了人格独立和精神自由,强调人的权利意识和社会责任感,重视个人的道德自律和创造精神。③

这时的国民与国家紧密联系,"新国民"超出了儒学经世致用的范畴,成为民主国家的一员,也反映了人们认识到国家主权是由国民权利组成的。清末民初的国民含义还具有时代属性,除了以国民的权利为核心外,还体现了更为强烈的平等性、独立性和自治等特征。当时正处于中国近代内外交困,兼具反殖民反专制的双重使命,因此,在强调国民对国家认同的同时,更突出强烈的爱国主义色彩。由于清政府的统治及外族入侵,革命者把反清政府与反他族联系在一起。这些国民观念的凸显,说明了大众的"国民"观要与"臣子"的历史、文化的决裂,"国民"证明了中国人要摆脱王权专制,迈向现代国家的意识与决心。④

五、"新史学"观

"新史学"一词由梁启超首创。梁氏于 1902 年 2 月 8 日,《新民丛刊》发表连载文章——《新史学》。文章提出了"于今日泰西通行诸学科中,为中国所固有者,惟史学……今日欧洲民族主义所以发达,列国所以日进文明,史学之功居其

---

① 黄振:《清末民初中国公民意识发展史探》,《湖南社会科学》2011 年第 4 期,第 218—220 页。

② 梁启超:《论近世国民竞争之大势及中国前途——饮冰室合集》,中华书局 1989 年版。

③ 黄振:《清末民初中国公民意识发展史探》,《湖南社会科学》2011 第 4 期,第 218—220页。

④ 金观涛,刘青峰:《观念史研究:中国现代重要政治术语的形成》,香港中文大学 2008年。

半焉。"①"新史学"包括前后两个阶段，前者是指梁启超、章太炎等新史学运动代表人物，后者指"史料建设派"，以傅斯年、顾颉刚为代表。

在近代剧烈的社会变革面前，传统的以封建伦理道德为评判标准，以王朝兴衰更迭为主要内容的旧史学无法满足现实的需要。一代学术巨匠梁启超顺时应势，以西方传入的"进化论"学说为理论武器，高举"史学革命"大旗，充当了"旧史界的陈涉"与"新史学的开山"。从 20 世纪初到 20 世纪中期的二十余年里，梁启超在对旧史学展开猛烈批判的同时，开始以进化论为基础，着力于"新史学"的理论建设，相继写下《中国史叙论》《新史学》《中国历史研究法》及其《补编》等重要的史学著作。以"流质易变"著称的梁启超，其"新史学"理论同样几经变易，但其以历史进化论取代历史循环论，以国民中心论取代帝王中心论，注重探究历史发展进化的因果关系等治史原则与思想，则在当时的整个学术文化界产生巨大影响。②

在传统史学向现代史学的转变过程中，历史观的转变无疑是最显著的。那么，在这个过程中，进化论是如何取代传统史学的历史观，与文明史学的历史观的区别何在呢？

传统史学的历史观认为：其一，倒退观，历史的发展今不如昔，远古时代才是人类社会的黄金时代；其二，停滞观，历史是静止的，不是发展变化的；其三，循环论，历史的发展史循环交替的，有乱世、升平世和太平世，有阴阳五行说，有忠、敬、文的三统说，有治乱说，有分合说。进化论的历史观则认为：历史是进步发展的，今胜于昔；历史是不断发展进步，永无停滞的。梁启超认为孟子的"天下之生久矣，一治一乱"循环史观是"误会历史真相之言"，其原因是孟子只是从一个小时代里来观察历史，没有从人类历史的长河去观察。③

传统史学观和新史学观中的人各自扮演什么角色？两者共同认为历史的发展史客观的，不以人的意志为转移。不同的是，传统史学认为人在历史发展中处于被动位置，除了主观努力外，客观所提供的条件与机遇是非常重要的。新史学观不仅强调着从历史发展中的规律性与自然性，同时更要注重人的创造性与主动性。另外，人与历史的关系中，传统史学认为历史是英雄的传记。因此，把英雄人物的作用看得过分重大，甚至无视人民群众的作用。新史学观则比较客观

①　梁启超：《新史学——饮冰室合集》，中华书局 1989 年版。

②　乔志强：《论梁启超"新史学"对民国时期美术史研究的影响》，《美术观察》2007 年第 4 期，第 82—84 页。

③　郑先兴：《进化论与"新史学"》，《固原师专学报》2003 年第 9 期，第 49—53 页。

看待英雄与人民大众的关系。随着历史的进步，人们知识的增长和觉悟的提高，群众创造历史的积极性越来越高，英雄就会越来越少。英雄的消失，正是历史的进步体现。梁氏的新史观，重视人民大众作用的观点，迎合了民族救亡和国家复兴的要求，深得广大知识分子的赞同。也许正是这种基调，所以新史观特别强调研究"民史"——下层民众的生活史。①

传统史学观在人类历史发展的动力是什么也与新史学观有着根本的不同。传统史学认为历史发展的动力，一是儒学为代表的仁学思想，二是阴阳五行思想，历史发展史阴阳消长和五种物质（金木水火土）的交替运行，这两种动力观点长期主宰着中国的思想界。新史学观以进化思想为基础，认为竞争是历史发展的动力。梁启超在《论商业会议所之益》一文中说道：世界以竞争而进化。竞争之极，优者必胜，劣者必败。② 梁氏的新史学观是以进化论为基础的历史动力观，重视民族的竞争和进化，认为历史是不断进步的，历史的发展是有规律的，人们掌握规律就可以创造历史。

然而，在《进化论与新史学》文章中，作者郑先兴分析了从世界文明史学发展历程来看，以进化论为核心的中国文明史学的历史观与当时西方的文明史学的历史观不是完全一致的。在科学的名义下，以巴克尔为代表的西方历史观认为历史并不都是进步的。巴克尔认为欧洲文明社会里，历史是越来越进步；相反在欧洲以外的国家，历史是出于停止的。到后来的斯本格勒又认为任何一个文明的发展都经历发生、壮大、衰落、消亡四个阶段。两者都站在欧洲的立场上谈论文明，不同的是巴克尔在西方文明的兴盛时期，乐观地看待西方的文明；而斯本格勒则是在西方文明发生危机的状况下，悲观看待西方文明。不管如何，历史的发展都有停滞和循环的论点。

在历史发展中人扮演角色的问题中，中西文明史学的观点也不一致。西方认为在欧洲文明社会里的人才是自然知识越来越发达，随着人对自然的征服才越来越成为历史的主人。欧洲以外的国家社会里，如埃及、印度这些文明古国里，人们在向自然祈求赐福，屈服于自然，在幻想的世界里征服世界，所以宗教和艺术格外发达，结果在现实的世界里越来越倒退，人自然很难主宰自然和自身的命运。

从历史发展的动力方面看，巴克尔认为，历史发展的动力是汤因比的"刺激—反应"和文化的因素，并不是英雄，不是人民大众，不是统治阶级，也不是竞

---

① 郑先兴：《进化论与"新史学"》，《固原师专学报》2003 年第 9 期，第 49—53 页。

② 梁启超：《论商业会议所之益——饮冰室合集》，中华书局 1989 年版。

争。在文明产生的早期,如果生存的地理环境富足舒适,那么人民就会安于现状不思进取,如印度、埃及等;如果环境过于恶劣,那么人民自然无法战胜自然,如极寒地带的因纽特人。只有像欧洲这样的环境既不太富足又不太贫瘠,人们才会发挥出战胜自然的情感和行为。这种历史发展观下的社会,只有汤因比"刺激—反应"的模式符合社会的发展。经历了文明的初期,历史的发展动力主要来源文化的因素,包括精神思想和阶级制度。从社会制度方面来看,"刺激—反应"模式里的人,奋起对抗自然推动文明的发展,人的自主性越强,民主因素越容易滋生,最终建立民主制度。民主制度的建立更有利于历史的进步与发展。从精神思想方面来说,前面的巴克尔认为热带的地形和气候复杂,使得人们畏惧并屈服自然,所以在宗教和艺术等方面拥有更多的神性,从而限制了人的创造力。而像希腊和欧洲的气候和地形相对平和,所以人的精神世界里的神性比较少,人可以尽量去了解、认识并征服自然,从而推动社会的发展。因此,西方的文明史观认为,"刺激—反应"和文化内涵是历史发展的动力。

20世纪初的中国社会动荡,在内忧外患双重压力下,知识精英对西方文明史观中关于历史发展动力的认识,只是把其中的进化论思想拿来用于历史观。这种文明史学观是在我国民族危机、生存环境空前紧张恶劣的情况下,启迪民智、激励民心,从而提出的民主、民族历史观念,推动了民主民族运动的蓬勃发展。

民国时期美术史学受到"新史学"观念影响,与进化论结缘,表现出美术史以历史的进化的形成与演变。美术史学者以历史进化的眼光关照中国美术的变迁,用生长与衰亡、进步或退化来诠释中国美术史,注重对美术史的系统研究及美术发展规律的探讨。梁氏的"新史学"理论,迎合了当时社会与学术文化发展的需要,对史学界和社会的各个层面形成了强大的社会性思潮。姜丹书、陈师曾、潘天寿、郑午昌、滕固等将进化的观念对美术史实进行描述与探讨。对民国时期的美术史研究成果做总体性研究,不难发现"新史学"与进化论影响下的美术史研究在当时占据了主导地位。①

---

① 乔志强:《论梁启超"新史学"对民国时期美术史研究的影响》,《美术观察》2007年第4期,第82—84页。

第一章　姜丹书的人物生平

幼年的生活经历和教育背景是一个人物性格和价值取向形成的关键时期，透过这层早年的生活经历和教育背景，可以呈现人物生平和性格形成的深层根源。19 世纪末 20 世纪初，随着近现代民主国家的建构，近现代社会的深入，废除科举与新式教育兴起，中国传统教育和中国士子的传统生活受到前所未有的挑战。从姜丹书的身世与学业、经济生活、职业选择和身份的改变等方面，剖析晚清底层士子的生活与教育，也反映出近代教育界传统士人的个人命运与时代发展的相互关系。

第一节　家庭背景和教育经历

清光绪十一年(1885)九月初二日申时，姜丹书出生在江苏溧阳西乡三十六里南渡镇之南五里的大敦村，此村俗呼"刘家边"。其实此村皆姜氏聚族而居，无一刘姓，盖昔日姜氏未发族前，殆为刘氏之村落也。

一、家世

姜丹书的先曾祖讳寅元，字虎臣，富而好礼，广恤乡党，一方称善人，闻于上宪，议叙九品。其曾祖母董氏、张氏。董系出本邑旧县，生先祖及叔祖桂芳。张系出高淳县新安村。

姜丹书先祖讳桂荣，字馨山，贡生[1]，人呼老贡爷，而不名之。内而孝弟修齐，外而温良恭俭让，其淑德懿行，化被一乡，乡人有争者，恒求公一言而折服，无轻于涉讼者。

姜丹书先父讳宝廉，字文彬，太学生[2]，孝友廉让之风，克缵先绪，四十九岁卒于家。姜丹书先母强氏，咸丰六年丙辰生，本邑上沛埠强公艺山先生长女，贤淑见称于乡里。光绪二年丙子生一女，后生一子，即殇。姜父早逝，姜母六十三岁卒于杭州就养寓内，归葬于本村祖茔，夫妇合墓。

图 1-1　姜丹书摄于 1913 年二月于杭州横河桥省立女子师范学校

姜氏的家世并不显赫,祖父和父亲均是未能入仕的底层读书人,可谓典型的普通士子家庭。中国封建社会耕读传家的传统对子弟的教育都十分重视。民间社会的私塾教育承担了应举的重任,为科举初级功名(秀才)准备。1891年,幼年的姜丹书先跟随祖父与父亲读文识字两年。姜氏先祖每日早起,自爇茶、炉,煎茶而饮。啜茗之余,教孙儿女书。姜丹书姐姐所读为《女儿经》等书,同时由母亲教其针黹,两年之后像所有学童一样,入私塾接受教育。

1899年,姜丹书凭父母媒妁之言,与汤家桥望族汤克和之幼女订婚。汤氏生于丁亥年(1887),姜氏见过礼时礼盒内的绣花鞋甚小,推知女方的脚必定很小,所谓"三寸金莲",心中窃喜。当时所推行的全属封建社会的包办婚姻,由父母之命、媒妁之言便决定了男女双方的婚姻大事。1903年九月二十二日,姜丹书与汤氏结婚,婚后夫妻和睦,相敬如宾。

姜氏祖上有千百亩田地,先祖避难归后,除自留耕种者四五十亩外,尽行放弃,曰:田地底下排着百家姓,不必永归姜家所有,当趁此机会任他姓分而有之也。此四五十亩,姜丹书的伯父与姜父分家时各得二十余亩,仅资耕而食之,从此家道中落,然姜丹书先祖父之能损己利人,实开今日平均地权之先风。[①]

二、学业

(一)旧学的熏染

光绪十七年(1891),六岁的姜丹书由其祖父、父亲开蒙读书,所读为《三字经》《百家姓》《神童诗》《大学》等书,尤喜欢看《二十四孝传》,之所以喜欢看,全由图画引人入胜,又其父辈按图讲其故事,听得津津有味,由此一个"孝"字深刻入脑中。

光绪十九年(1893),姜丹书的父辈专诚延师设塾教读,塾所在祠堂内,其他附读小学生七八人,皆本村族兄弟。开蒙师为王镜蓉先生,每当开学拜师及致送修金时,姜丹书祖父或父亲对之下跪拜礼,可见当时尊师重道之风矣。

姜丹书跟从王镜蓉先生读《中庸》《论语》,在自编年谱里记载了当时的书塾制度——学生每日自朝至晚坐着读书,年龄稍长者读夜书。先生每晨教授新书一段,称为"生书",读至中饭前要背诵,否则要"关中饭"。之后,复读前数日所已读之书,称为"带书",亦须要连接背诵。少许休息后,又须复读更前所已读之书,此称"熟书",亦须要连接背诵。当老师教读时,并不讲解,须待年龄十五六岁时,

---

① 姜书凯提供姜丹书自编年谱。

亦不过任取几段,约略说说而已,其实亦等于不讲耳。

那时的教法,全为"注入主义",专诵读,不加讲解,可谓硬教硬读,教死书、读死书,姜氏自言苦头吃得甚足。经书本书尚易读熟,朱子注文则极难读熟,且以分量而论,本书简而注文甚繁。又《中庸》为著名难读之书,故谚曰:"读书读到《中庸》,屁股打得通红。"其他学童有时一日可熟读数十行乃至二三十行而能背诵,姜丹书有时每日仅读七八行,犹读来读去读不熟,故每至背书时,背不出时居多,背不出即吃刑罚,或打小手心,或打小屁股,或打薄而嫩之头皮,或打瘦而嫩的背部,而尤以肩胛骨(俗称"扇子骨")最当其灾。大概当背书时,先生正面而坐,学生则在其左边或右边背面而立,一句背不出尚可,二句背不出,则呵斥之声已厉,三句背不出,则拿起硬木(榉木或红木)戒方(又称戒尺,即古所谓"夏楚"也)随手便打,打头皮、打屁股,或是肩胛骨。若在夏天,先生与学生皆赤膊,故所施者皆是直接肉刑,可怜姜丹书的小背皮,三日两头殷红,或如瘟猪肉,或如刮过痧一样。

光绪二十一年(1895),姜丹书跟从沈蓉轩先生四年,续读《论语》《孟子》《唐诗三百首》《千家诗》《诗经》等,塾设于南渡宋姊丈家。每于冬之夜,沈先生与姜丹书同衾而眠。先生赠姜丹书《诗韵合璧》及《初学检韵》各一部,但不教用法,而自行翻检,亦渐渐懂得部首及笔画等等。

光绪二十五年,姜丹书已十六岁,跟从张洪生先生续读《诗经》《书经》《易经》《礼记》,并开笔。"开笔"者,开始习作"制艺"。制艺者,八股文也。

光绪二十七年(1901),跟从名师唐光被先生连续四年,续读《礼记》《春秋左传》《左传》《周礼》《史记》,选读古文、唐诗及八股文、试帖诗等,并临颜、柳等帖,学业大进。唐先生字光曙,号霞轩,廪贡生[3],溧阳西门外唐家村人,性孝友,品行端正,姜丹书自编年谱中记载了受唐先生模范影响甚多。民国三十年,姜丹书寓寄沪上撰写了《唐霞轩先生传》,文中回忆了唐先生的楷模风范和满腹经纶,经唐先生的教诲便觉受用一生。

依私塾规矩至二更时分(约当今九点钟光景)归寝,唯独姜丹书读至三更天,甚至四更天方就寝,无间冬夏,矢志不懈。冬则脚骨如冰,夏则掌满蚊血。一具油盏,两根灯草,灯光如豆,鸡声喔喔,一人独坐,默读冥悟,书味盎然。一介书生,寒窗苦读的形象跃然纸上。在当时就读的唐家私塾,由于交通的便利,订阅到了为数不多的几种上海报纸,当时的报纸为《申报》,或为《新闻报》,或为《时报》,或为《中外日报》。姜丹书对新知充满好奇和渴望,非常注重阅读报纸首版文章,即今日所谓"社论"或"时评",看似为收集作时文的资料,阅读新出版的报刊的原始动机是为了获取新的信息,以便在以后的科举考试中"策论"[4]写起来得心应手,其实阅读这些具有进步思想的现代刊物实是为姜丹书成为具备科学民主主义情怀的现代新国民开辟了新视界。

1902年三月,姜丹书赴金坛参加"府考"。因题目上漏写一字被抑,名列第十一名,否则便列入前十名矣。五月,再赴金坛参加"院考",未获隽。此后(1903),仍从唐师。读《左传》、古文、唐诗、时文,阅报纸、圈点《纲鉴》、习作时文、临赵帖等。仍用功,每天过夜分,进步更速,先生甚喜。

1904年春,又有童子试。姜丹书参加考试,在院考中,虽蒙"提覆",但提覆结果名落孙山,既愧且恨。有人遇此,往往饮泣,但姜氏则不作儿女子态。虽见他人考得新秀才者,即在鞑帽上加戴"烧金顶子"不免眼热,然对姜丹书而言,与其谓为不幸,毋宁谓为大幸,倘若此时考得秀才,即被"秀才"二字所葬送,而一生没出息矣! 就像姜氏自述,盖当时一般读书人,志趋庸腐,不知文字以外尚有学问,既不识科学为何事,更不识世界为何物,他人如此,我亦何能例外? 故若于此时得着秀才,必从此安于小就,而在乡曲中做一世"秀才王帝",即今所谓"土豪劣绅"矣。正因此时不得秀才,乃更自励,为日后跳进学校,接受新教育之最大因素。早年的科举不利,使以后接受新学的教育有了可能性。故曰:"塞翁得马,焉知非祸? 塞翁失马,焉知非福?"

同年十月三十日深夜,姜丹书父亲患痢疾卒于家。十二月,葬其父宅边西南隅之场园地,谐其音曰"长远地"。光绪三十一年(1905),姜丹书在父亲去世后辍学自修,开始了个人的职业生涯,在家自坐私塾,收教小学生七八人。但他并不甘心就此荒废学业,失去读书做官的机会,教授学生同时刻苦厉学。除了教学生外,自己加工涉猎《汉书》及《昭明文选》等。又借抄完《日本国志》,此书十本,久而不舍,继续两三年,竟抄完(此书黄遵宪编,浙江官书局版。姜丹书欲买而不得,但心甚爱之,故发傻劲如此),因此略得窥见一些国外的新常识,而文字亦有进步。

姜丹书在私塾里苦苦背书的1893—1900年,中国的传统教育经历着维新运动浪潮的激烈冲击。光绪皇帝自1896年多次颁发谕旨改革科举制度,以张之洞为首,率先创办两湖书院、武备学堂、自强学堂等新式教育,皆以中学为体,西学为用的教育宗旨,"严立学规,改定课程,一洗贴括词章之学"①。

姜丹书说以前的求师问学,目的就是读书做官,改变身份和命运。"念书做官"是每一位中国父母常常挂在口头的一句话。他们对孩子的殷殷期望,因而也

---

① 张之洞:《两湖、经心两书院改照学堂办法片》,选自朱有瓛《中国近代学制史料》(第1辑·下册),华东师范大学出版社1986年版。

是每个孩子所孜孜追求的目标。在中国,读书求学的动机和最高期望,就是步入仕途。当每一个孩子由懵懂无知到渐渐熟谙人事进入学堂,首先被灌输和想到的,便是读书做官。① 中国人笃信教育。不论是高官或是平民,是富人或是穷人,他们对教育的看法都是绝对一致的。而且,如果不是因为家里太穷或是父母没有足够的威慑力迫使孩子去学习的话,孩子们是必须要去上学。人们不必对这种观点的一致性感到奇怪,因为受教育是通向由政府给予的荣誉与金钱的正统之路,而且它也是使得驰骋于年轻人头脑中的狂热野心得以最后实现的一种方式。② 姜丹书科举失利,除了个人原因和临场发挥的因素外,还有另外一个社会原因。在人口增长、教育机会增加的大背景下,录取的总人数是相对固定的。③ 因此,科举竞争日趋激烈,底层士子的仕途之路越走越窄。

(二)新学的开悟

"塾"是中国封建社会最为普及的非官方层面的教育机构,"自周至明清二千多年,私塾皆有不断的活动。"④历代大儒没有一个不出身私塾,没有一人没有当过塾师,中国几千年的文化繁衍,私塾承担了重要的角色——文化的传播者。1904 年 1 月清政府颁布了"癸卯学制",1905 年 9 月 2 日废除科举制度。清廷下令自丙午科为始,所有乡、会试一律停止,各省岁科考试亦即停止。⑤ 私塾教育遇到了一股日益强大的异己势力,即学堂的兴起。自此,以科举为目的的传统私塾教育从制度上遭到瓦解,新式学堂的兴起,晚清的士子们"入塾—应举—入仕"的人生轨迹受到挑战。

1. 图画手工科的缘起

我国有着悠久而灿烂的工艺文化,但世代以来,这份珍贵的民族遗产只是靠师徒相传方式得以传承。封建士大夫视工艺为雕虫小技,从未将工艺文化纳入教育范畴之内。1840 年,帝国主义的炮船打开了中国大门,与西方在军事和经济上较量遭遇失败痛苦,激起了清皇室中一些官吏的思想变化。

从 19 世纪 60 年代起,洋务运动创办了第一批近代中国新式学堂,如京师同文馆、军事学堂、南京矿物学堂;90 年代又创办了一些普通学堂,如天津中西学

---

① [美]何天爵:《真正的中国佬》,光明日报出版社 1998 年版。

② [英]麦高温:《中国人生活的明与暗》,朱涛、倪静译,时事出版社 1998 年版。

③ 蒋纯焦:《晚清士子的生活与教育——以塾师王锡彤为例》,《华东师范大学学报》2006 年第 2 期,第 88—95 页。

④ 吴寄萍:《改良私塾》,中华书局 1939 年版。

⑤ 冯天瑜等:《中国文化史》,高等教育出版社 2005 年版。

堂和上海的南洋公学等。维新时期,李鸿章、张之洞等举起"中学为体,西学为用"[5]的大旗,提倡新学。1899 年,清王朝规定"以圣贤义理为学植根本,博采西学切于时务",把各地原有的书院改成兼行中学西学的学堂。于是全国掀起旧式书院改新学堂的热潮,各种工艺、医学、商学、农学等专门学堂和实业学堂纷纷建立。1902 年清政府以《钦定学堂章程》(《壬寅学制》)颁发全国,①1903 年,由张百熙、张之洞等拟定《奏定学堂章程》(癸卯学制)并予以实施,②新式学堂的发展要求得到制度上的保障。

19 世纪末至 20 世纪初帝国主义势力不断对中国加强政治文化和经济的侵略,中国传统手工艺的传承和发展无法适应时代的需要和现实。中国的有识之士开始借鉴国外成功教育经验探索适合中国国情的近现代美术教育(当时称为工艺教育)。在"中学为体、西学为用"的思想原则下,引进西方美术教育制度,期望美术教育负载"改良社会"的重任。1902 年,南京创建了三江师范学堂,其主要创设者为清末洋务派首领张之洞。1904 年正式开学,1906 年易名两江师范学堂。③

建校之初,完全效仿日本师范学校的模式,开设农学、博物学、历史、舆地、图画、手工等必修课。最初几年是混合制,即学生无专门的专业方向,学习图画、手工、音乐等在内的各门课程;随后,实行分科制。该校由著名学者、书画家、翰林李瑞清任总办。李氏大力提倡科学、国学、美术。1905 年,他"咨询校中各国教授,汇集东西各国师范艺术教育科设科之例,且曾亲往日本考察,知东京高等师范学校有图画手工课,乃主张仿办;竭言添设图画手工科的缘由",清廷同意了他的奏请。于 1906 年添设了图画手工科。④

师资方面,图画课中除中国画外(李瑞清和萧俊贤分别授书法和国画),西画、用器画、图案均聘用日本教员担任。松本孝次郎任教育教员兼日本教习总干事,松浦杺作担任教育教员,小川市太郎担任法科教员,小川邦人任物理教员,森祐好任化学教员,粟野宗太郎担任博物教员,增田贞吉担任农学教员,亘理宽之助、盐见竞担任图画教员,杉田稔、一户清方担任手工教员,石野巍担任音乐教

①　朱有瓛、高时良:《中国近代学制史料》(第 2 辑·上册),华东师范大学出版社 1983 年版。

②　徐辉:《废除科举制与中国社会的现代转型》,《厦门大学学报》2004 年第 5 期,第 27—34 页。

③　南京大学学报编辑部:《南京大学校史资料选辑》,南京大学出版社 1989 年版。

④　姜书凯提供姜丹书自编年谱。

员。① 当时学校中的课程设置和教员均来源日本，有很多的专业术语直接引用日本的翻译，如"美术、图案"等措辞。

此科共办了两届，甲班 1906 年秋至 1909 年冬，乙班 1907 年秋至 1910 年冬，共计 69 人。首批学员中，就有我国艺术教育的先驱姜丹书。这些毕业生毕业后被派往各级各类学校从事教育事业。这是我国第一个美术学科，大张旗鼓地吸收和引进新美术教育思想和教学体系，促成了新美术运动及美术教育运动在中国的兴隆，这对中国近代美术教育发展的进程具有划时代的意义。② 如姜丹书先生所言："此辈专门艺术师资造成后，再分头服务于各省，主教图画手工专科，如此辗转造就师资，艺术教育始得逐渐推广，而普及于一般中小学校。"③

这时期图画手工教育的范围很广泛，几乎涵盖了所有工艺技术和造物领域，其职业性、生产性尤为突出。它是一种讲求实利的技术教育，这种教育包含民主思想和实用精神的教育观。此时教育的形式和内容决定了它的普及性质，推动中国千年的传统师徒制朝着现代美术教育方式前进。随后，全国各地的大专院校都效仿设立手工图画课或相似专业，学界视两江优级师范学堂图画手工科为中国美术教育的肇端。④

2. 最优等毕业生——姜丹书

姜丹书科举失利之际，全国废除科举、兴办学堂。此时清政府模仿日本的现代教育制度，创建新式学堂教授现代科学知识。兴办学堂之明令既下，吾邑书院即改设"溧阳高等小学"，俗称"官学堂"，意若曰此学堂为官立性质也。姜氏自忖，不进则已，进则只有此校，于是私往参观，认为合意，但所坐私塾，不能半途散学，只好明年再进。科举既废，姜丹书心想欲求出身，非进学堂不可，而区区一秀才尚未到手，何以报答父母之企望？于是起初怀疑学堂者，乃转而向往学堂，此为姜丹书心理上之转变，亦一生事业攸关之最大关键。

光绪三十三年（1907）正月下旬，考入溧阳官学堂，此为姜氏受新教育之始。此虽称高等小学，所教初中程度。每次作文，姜丹书必考第一，国文教师程肖琴先生（宜兴廪贡生）尤加器重，史地教师蒋梅生先生（宜兴廪贡生）、修身教师马香伯先生（本邑廪贡生）、算术理化博物教师蔡有虔先生（武进人）、英文教师魏先生

---

① 姜书凯提供姜丹书自编年谱。

② 陈伟辉：《浅议近现代美术学堂中图画手工科的设置》，《艺术教育》2009 年第 3 期，第 110 页。

③ 姜丹书：《姜丹书艺术教育杂著》，浙江教育出版社 1991 年版。

④ 朱孝岳、孙建君：《沉重的起步——我国近代工艺教育历程述略》，《装饰》1988 年第 3 期，第 39—41 页。

（金坛人）等，皆另眼看待。当时"儒学教谕"（俗称"学老师"）陈重纶先生亦以教师之赞许，评姜丹书为"品学兼优"。国文、史地、修身等课程是早已熟悉的传统"中学"内容；算术、物理、化学、博物、英文等课程都是所谓的"新学"，从姜丹书被评为"品学兼优"看来，姜氏对此类新学课程的兴趣亦很高。上述新学课程，作为新学堂的功课，姜丹书都十分用功，并且取得很好的成绩。这些课程的学习逐步改变了他的知识结构，亦改变了他对社会和世界的认识和理解。虽然，姜氏在此仅一学期，但从中取得了一些科学的初步常识，成为后来继续深造之阶梯。

1907年秋，考入南京两江优级师范学堂预科，姜丹书便开始了接受新式的西学教育。在两江师范学堂预科期间学习各课学科，结业后进入图画手工专科。求学期间勤奋不懈，上下两学期考绩榜发，均名列第一。1910年夏，"南洋劝业会"开幕于南京三牌楼，直至深秋始闭幕。此次劝业会由清廷批准，政府和民间共同举办的一次规模空前的全国性工商业展览会，展会以"振兴实业，开通民智"为宗旨。[①] 我国自古以来无所谓展览会，大概受西洋化影响，举办首次物产性的、文化性的展览。展览设立各省一陈列馆，陈列馆内陈列该省内之特产。又有综合性的教育馆、美术馆、交通馆等。两江师范学堂的各种图画手工成绩，博得观众好评。南京劝业会期间的海内外客商、观众大约30万余人，近百万件展品，是举国轰动的大事，这次展览会不仅对中国近代工商业的发展起到积极刺激作用，还使当时追求现代文明的中国人大开眼界。姜丹书参加教育馆的陈列布置工作，并以一张素描石膏模型《马》，荣获银牌。姜丹书的素描作品获得奖项之后，更加努力精进西画技艺。

1909年，预科毕业后，被选入图画手工专科，亦称"美术科"，以图画手工两学科为主科目，音乐为副主科目。师范学堂的所有课程分为：修身、伦理、国文、历史（本国史、外国史）、地理（天文地理、地文地理、人文地理，包括中外）、英文、日文、数学（算术、代数、几何）、教育（教育史、教育学、训育论、心理学、伦理学、各科教授法、学校管理法、教育行政、附属中小学实习）、博物（动物学、植物学、矿物学、生理卫生）、物理（力学、电学、热学、光学、音响学）、化学（无机化学、有机化学）、农学、法制经济、图画（自在画——铅笔、木炭、擦笔、色粉笔、水彩、油画、速写、图案；用器画——平面几何画、正投影、倾斜投影、均角投影、远近投影、图法几何；国画之部——山水、花卉）、手工（折纸细工、切纸细工、粗纸细工、厚纸细工、纽结细工、豆细工、黏土细工、石膏细工、竹工、木工——指物，即刨、锯、接榫

---

① 叶南客：《南京百年城市史 1912—2012》，南京出版社 2014 年版。

等工作、圆物,即车木工,漆工、金工——针金工,钣金工、镀金、变色、锻工)、音乐(乐典、声乐、器乐)、体操(柔软操、兵式操)。以上新学堂的课程反映出"癸卯学制"真正启动中国教育的现代化进程,课程不再以儒家经典为教学内容,而是以西方现代科学文化知识为基本内容,学堂的课程设置上反映了废科举之后教学的根本性变革。虽然还保留一小部分的修身、国文、伦理儒学知识,但总体上以科技知识、发展社会生产的人才为目标,不再是科举制度仅仅培养维护封建统治的官吏。

学堂里教学设备完善,教师教学认真,上下两学期成绩榜上,姜丹书均名列第一,师长同学无不另眼看待。1910年上下两学期榜发,仍均名列第一。年终举行毕业考试,亦列第一,总计是在校未尝考过第二。1911年,姜丹书以最优等生毕业,赴京师学部复试,五月发榜中师范科举人。表1-1,表1-2①是姜丹书在校期间的课程设置。

表 1-1

第一阶段——预科(光绪三十三年九月至三十四年十二月)		
修身	课时甚少	每周1—2小时。
国文	课时也甚少	教些文字学等类。因各科招考时特重国文,故学生的国文水平都在水平线上。
历史	课时亦少	本国史,考生们从前用科举功夫时已经掌握;世界史,尤其是西洋史,以及当代的国际形势。
地理	课时亦不多	教些天文、地文、人文地理的常识。本国部分较略,侧重在世界地理。
英文	课时稍多	从字母教起,以及拼音、文法、缀词、简单翻译等。
日文	课时稍多	从字母教起,以及词类、文法、缀句、翻译练习等。
算学	课时亦多	从四则教起,以及分数、比例、代数等。
物理	课时稍多	热学、力学、电学、光学、音响学等。
化学	课时稍多	有机化学、无机化学等。
博物	课时亦多	动物学、植物学、矿物学、生理卫生等。
农学	课时不多	土壤、肥料、气象、农作物等。
法制	课时不多	立法、司法、行政及宪法等一些原则性的常识。

---

① 姜丹书:《姜丹书艺术教育杂著》,浙江教育出版社1991年版。

续　表

第一阶段——预科(光绪三十三年九月至三十四年十二月)		
教育	课时稍多	教育是主科,教授教育史、教育学。
图画	主科,课时较多	用器画——平面几何画;自在画——铅笔、木炭等基本练习(临画及石膏模型写生)。 手工,主科,课时较多。纸细工(折纸、切纸、组纸、捻纸和纽结、厚纸等);豆细工;黏土细工;石膏细工等。
音乐	副主科,课时较多	乐典(理论)、唱歌(简谱和五线谱)、风琴练习等。
体操	课时稍多	柔式、兵式、足球和网球(课外自由活动)。

表 1-2

第二阶段——专科(光绪三十四年正月至宣统二年十二月毕业)		
伦理	课时少	
物理(力学)和数学(几何)	课时稍多	
教育	主科,课时较多	教育学、训育学、心理学、论理学、各科教授学(各种学科)、教育行政、小学设置等。
图画	主科,课时较多	1.用器画——投影画(正投影:当时称正写投影、均角投影、倾斜投影、远近投影);透视画法等,这些属于立体的。2.自在画——素描、水彩、油画、图案画等,皆理论与实习同时进行。3.毛笔画(国画),教师是萧俊贤,教授山水、花卉。4.手工——主科,课时特多。竹工、木工、漆工、轱辘(旋)工(车床圆件)、金工(针金即线金、钣金、锻铁)等;皆理论与实习同时进行。
音乐	副主科,课时较多。	继续预科时的课程。
体操	课时稍多	兵式、柔软。

以上列举了姜丹书就读学堂的课程设置,科目门类较多,课时的比例不尽相同。自然科学科目的课时比重大于社会科学的科目,教学重点倾向西方的现代自然科学内容。早在洋务运动和改良运动时期,中国为了富国强兵,向西方学习天文、地理、数学和制造兵器等自然科学。[①] 在两江师范学堂图画手工科中的课程设置和课时的比例表明了,西方科学技术知识是主要教授的课程,国文和修身类的人文科目不是占主导地位的内容,这就改变了中国长期以来以"四书五经"

---

① 刘知新:《科学教育的目的与内涵》,《科学教育》1997 年第 3 期,第 48—49 页。

为教育内容的传统教育方式,使得中国人认识到了西方科学知识的重要性。中国知识界对西方文明的接受态度上有明显转变,因此有人认为"图画手工"教育的开启是中国人对新的西方艺术观念的真正接受,由初期单纯技术知识的片面接受转化为技、艺合一的全面理解和接受,向人文学科及工艺等学科全面铺开。①

第二节 职业的转变

清代官制,全国府州县均设教官,府设教授,秩正七品,州设学正,正八品,县设教谕,正八品,并分别以训导辅之,训导从八品,这些教官直接受学政的统辖。学官由学政考核,如六年无过,可以保用知县。② 按照清朝官制,这些教官属于官僚系统,专门从事教育、教化的官吏,服务期六年没有过错,可以在官僚系统内选派他职,或保用府州辅官或知县、县丞等职。清末新政后,教官数量迅速上升,一县之内至少需教官上百人。③ 清政府对这些教官有明确的管理条例,1903 年颁布了《新定学务纲要》对教员身份做了如下规定:学堂教员宜列做职官,任期三年一任或二年一任,或视该学堂毕业之期为一任。1905 年政务处在奏请设学部时,再次提到教员的身份问题,建议"亟宜申明定章,把教员列作职官,别以品秩,判以正副,重以礼貌,优以俸薪……列入官籍之中"。④ 1907 年颁布的《优级师范学堂毕业奖励》和《初级师范学堂毕业奖励》等文件,更加明确了教员享受职官待遇这一特性,师范生一毕业,就可以根据考试成绩的好坏,得到不同的官职待遇。宣统元年公布了《学部奏优待小学教员章程》和《优待初级师范学堂、中学堂教员章程》,章程中规定:"现充小学教员、初级师范学堂、中学堂教员者,地方官应待以职绅之礼。"称呼"职官"改称"职绅",虽只是一字之差,但是其内涵已经发生了变化,在职为官,退职为绅,原来的官职身份被淡化,教员虽然依旧有出身,准用顶戴,但是已由官的身份转变为绅的身份。⑤

---

① 阎安:《图画手工——新文艺阶段中的艺术态度》,《视觉前沿》2013 年第 8 期,第116—119 页。

② 刘子杨:《清代地方官制考》,紫禁城出版社 1988 年版。

③ 刘玉梅:《清末民初教师群体过渡性特征分析》,《河北大学学报》2006 年第 31 期,第111—114 页。

④ 舒新城:《中国近代教育史资料》,人民教育出版社 1961 年版。

⑤ 刘玉梅:《清末民初教师群体过渡性特征分析》,《河北大学学报》2006 年第 31 期,第111—114 页。

姜丹书科举失利之际,全国废除科举、兴办学堂。经历过科举受挫的姜丹书不甘心现状,心存何以回报父母之期望。光绪三十三年(1907)正月下旬,考入溧阳官学堂,此为姜氏受新教育之始。同年秋,考入南京两江优级师范学堂,姜丹书便开始了接受新式的西学教育。在两江师范学堂预科期间学习各课学科,结业后进入图画手工专科。1909 年冬,预科毕业,被选入图画手工专科,混称"美术科"。1910 年底,以最优等生毕业,1911 年春赴京师学部复试,五月,发榜中师范科举人。

姜丹书虽然到北京复试获得举人的头衔,毕业时学校颁发了毕业文凭,其他的事宜官府亦不过问,更无谈官职与任期,就靠一纸文凭走天下,从而逐渐成为自谋职业的近代知识分子。姜氏从一个乡村塾师变成了新式学堂的老师,摆脱了塾师身份的姜丹书,继续在教育行列努力奋斗,由一个传统士子成功转型为一个新式的知识分子[6]。此时的姜丹书受了新学的教育,所学的自然科学和生产技术知识,这些知识被传统知识分子认为是"末学"或"奇技淫巧"而不屑,也正是这些不以儒学为中心的新学,开始超越"中体西用"的模式,形成以现代自然科学与社会科学为中心的知识体系。接受这些科学知识的教育和训练,成为新式知识分子逐渐形成了现代思维方式和行为规范。他们认同科学理性,持有进化论思想和科学的自然观。他们崇尚自然、独立的人格,向往民主和平的社会。① 学人摆脱了长期挥之不去的"读书做官"的思想束缚,开始关注学术的独立品格,并认识到"治学与做官是两途而不是一途",主张"为学问而学问"。② 学人们在废除科举后也随之摒弃传统学术的研究方法,吸取西方现代学术的研究方法,强调学术自身的使命与尊严;③ 研究文学决然不再做古人的应声虫;研究文字决然不再向四目苍圣跪倒;研究语言决然不再在古人的科学圈子里瞎摸乱撞;研究历史或考古,决然不再替已死的帝王作起居注。④

姜氏认为从前读书人一般都抱有"学而优则仕"的观念,及既仕,又抱有"升官发财"的观念,起初自己也不例外。但自受新的科学教育后,始知读书不是为做官,乃是为做事、为做人,即此一念,便立定终身服务教育事业之基础,非但不去钻营做官,且有几次官来找,亦不变初衷。⑤ 姜丹书乐天知命,性情淡泊,个人

① 徐辉:《废除科举制与中国社会的现代转型》,《厦门大学学报》2004 年第 5 期,第27—34 页。

② 杨齐福:《清末废科举的文化效应》,《中州学刊》2004 年第 2 期,第 103—106 页。

③ 贺麟:《文化与人生》,商务印书馆 1988 年版。

④ 杨齐福:《清末废科举的文化效应》,《中州学刊》2004 年第 2 期,第 103—106 页。

⑤ 姜书凯提供姜丹书自编年谱。

得失无所萦怀;但对国家兴亡,则情深念切。民国十六年(1927),北伐战争期间,旧友胡公冕时任政治部主任,邀请姜丹书出任县长,被婉言谢绝。不为旧社会的邪气所诱惑,不浪费时间与精力。认为自己既是一个艺术师范生出身,则要一生坚持艺术教育的岗位,乃是自己分内的事。

第三节　经济生活

姜丹书自编年谱:"洪杨之疫以前,姜氏先曾祖持家有道,故家业发达,为西乡首富。半耕半读而兼商,雇耕种长工二三十人,种田数百亩;家中设立书塾,聘请名师;商则置巨船数艘,贩运粮食,往来于杭州、长安、硖石一带。先曾祖为人宏达敦厚,有亿中之财、有好施之德,故能成此素封之业也。然至太平军扰及吾溧时,姜丹书的先曾祖父母均寿终于家,姜氏先祖为之仓皇殡葬毕,即挈眷弃家避难于江北东台县,经三年,乱平,始归。则全村之屋,除祠堂外尽毁。全村之人,遭杀害及流亡而病死饿死者十之九。全村之田地尽荒芜,大有混沌初开之象。此凡所扰及各地方普遍情形,非仅一村一乡一邑为然也。姜氏先祖归后,旧有之大厦数十间既已片瓦无存,乃以银币十元购得他处旧屋料三间两厢,拆来移建于故宅基上,作为住宅聊蔽风雨。其时姜丹书年方六七岁,至姜丹书鬖龄时,犹见家徒四壁,环堵萧然之状,言之可叹。姜丹书常在破屋内捉蟋蟀,或在千人坑(瘗埋横死于乱中无数枯骨之土墩)上翻筋斗,或在荒田内捉蝌蚪。"

据姜氏自编年谱那时物价略可记忆:币价银洋钱(墨西哥所铸银币当时称"英洋",实当作"鹰洋",以其一面图案为鹰形也)一圆(俗作元)兑铜钱七百数十文乃至八百数十文(照原则应兑一千文,盖当时铜贵银贱也),米价每石二千多文(文者,钱之个数也。从来一个钱称一文,十个钱称十文。),盐每斤三文,猪肉每斤五六十文,烧饼、油条每件二文,肉心馒头每个三文。

1893年,姜丹书入私塾先生所取束修(修金)[7],每个小学生每年自三元至五元,稍长者七、八元,十六岁以上者亦不过十余元而已。分开学、端午、中秋、年终四次致送,故最小之塾每年不过收入三四十元,最大之塾每年亦不过两三百元,已称名师矣。但致送时甚恭敬,须用红纸包好,由其父兄下跪拜礼而呈之师座,此乃一般通行之制也。

1905年,姜氏辍学自修,乃在家自坐私塾,收教小学生七八人,全年所收束修只三四十元而已(此时尚无钞票,概用银圆,但每元不值一千文,只值八百文上下而已,一个制钱,即一个小铜钱,称"一文")。暇则好种菜、种玉蜀黍、栽王瓜、长豆、钓黄鳝等事,每有所得,则喜不自胜。

最令姜氏萦怀的,是每年秋稻黄熟时节,有万万千千稻花雀,俗称"黄雀",夜宿芦丛中。以捕雀为业者,乘黑夜时,穿棉袄、束腰带,蹑足掩入芦丛,见雀栖于叶丫杈间,手捏其喙,使不得叫而闷死,即随手纳入襟怀中,不多时便可塞满其怀。绝不可使其有一声叫,倘有一声叫,则万千齐飞,一只亦不可得矣。俟黎明,去毛,每十只作一束,不过卖钱百文上下。姜氏常要于路而购之,去肠洗净,切成小块,和肉糜包于豆腐皮内,如"春卷"状,先一只一只分开用油煎透,而后汇集红烧,连肉骨食之,肥鲜无比。

根据美国人马丁·米勒(Martin Miller)提供的报道:19 世纪塾师的年收入在30 两到 150 两之间,一般劳动者每年只有 10 两银子。100 两银子的收入相当于当时普通官员一年收入(5000 两)的 1/50,普通的塾师也只有 1/100。[①] 1895 年,山西举人刘大鹏的束修是 100 两。[②] 姜丹书的经济状况如何呢? 据张仲礼的研究,获得生员以上功名的塾师年收入约为 100 两银子,那些广大没有生员身份的塾师,平均年收入不足 50 两银子。年轻塾师姜丹书的年收入稍低于全国平均水平,虽然做塾师的职业收入处于低水平,但比普通百姓的收入要高得多。

底层士子从事塾师职业,除了兼顾应举与立业,还有另外次要原因:1. 中国社会自古就有尊师重教的传统,教师在民间社会中具有精神与身份上的优势,受到广泛的尊敬和礼遇。2. 士子在科举中失利,做塾师也能部分实现读书人的精神追求和人生价值。3. 科举制度下对塾师的需求大,做塾师对读书人而言也是解决就业的一条最便捷的途径,有时候可能就是唯一的途径。[③]

第四节　新国民姜丹书的性格与人品

晚清[8]是一个特殊的时期,是中国传统知识分子(士大夫)向现代知识分子转型的时期。知识分子身份的转变有许多因素,其中最主要的是废除科举制度后,接受新式学堂的教育的读书人身份也随之变化,大量新型知识分子成为现代价值的信仰者,传统的士大夫逐渐退出了历史舞台。这些新型的知识分子虽然还没有最终完成现代社会价值观念体系,但这些现代知识分子以进步为基础,以科学和民主为核心,以人的解放、独立和自由发展为目标的现代价值在知识分子

---

① 张仲礼:《中国绅士的收入》,费成康、王寅通译,上海社会科学院出版社 2001 年版。
② 刘大鹏:《退想斋日记》,山西人民出版社 1990 年版。
③ 蒋纯焦:《晚清士子的生活与教育——以塾师王锡彤为例》,华东师范大学学报 2006 年第 2 期,第 88—95 页。

中获得越来越广泛的认同。① 知识分子是文化创造和传播的主体,是文化的人格化代表。② 社会制度的变革和社会风尚的转变,是社会文化变革的外在表现,而知识分子的价值取向和知识结构的变化是社会文化变革的内在表现。

一、"新国民"观的形成

(一)旧"国民"观的由来

"国民"一词很早就出现于典籍文献中,如《周礼·春官·墓大夫》:令国民族葬。《左传·昭公十三年》:先神命之,国民信之。《汉书·王子侯表下》:坐恐猲国民取财务。古人所使用的"国民"与近现代形成的"国民"有所不同,与传统观念中的"国民"与"臣民、庶民、黎民"等词意义相同。③

古代中国以小农经济为基础的封建宗法专制制度造就了中国社会独有的臣民、庶民等观念。"臣"是封建社会以君主为本位,臣对君主具强烈的人身依附性,缺乏独立的人格和意志。《诗经》:"溥天之下,莫非王土;率土之滨,莫非王臣。"中国古代的封建国家中,天下的百姓都是君主的臣民。④ 这些所谓的"国民"实际是上天的子民,而不是现实政治实体中的一员,不具备明确的政治权利,与王朝的循环更替没有直接关联,不需要承担相应的政治义务。⑤

(二)"新国民"观念的确立

自鸦片战争以来,清政府经历了丧权辱国的切肤之痛,对国人心灵上产生极大的震撼。甲午战争的失败,再一次让国人真正感受到了灭顶之灾。⑥ 在对甲午战败和洋务运动破产历史反思中,清末的知识分子精英们认识到,物质文明与科学技术背后的政治制度更为重要。现代西方政治制度建立和推行中,国民的现代性程度最为关键。维新派倡导政治变革的同时,对清末的臣民进行"开民智"的思想启蒙教育。严复最早将天赋人权、契约立国、主权在民、自由平等近代

---

① 高瑞泉:《近代价值变革与晚清知识分子》,《华东师范大学学报》2004 年第 36 期,第 18—28 页。

② 徐辉:《废除科举制与中国社会的现代转型》,《厦门大学学报》2004 年第 5 期,第 27—34 页。

③ 李孝迁:《制造国民:晚清历史教科书的政治诉求》,《社会科学辑刊》2011 年第 2 期,第 156—162 页。

④ 郑大华:《论国民观在清末的兴起》,《学术界》2011 年第 6 期,第 189—202 页。

⑤ 李孝迁:《制造国民:晚清历史教科书的政治诉求》,《社会科学辑刊》2011 年第 2 期,第 156—162 页。

⑥ 闾小波:《中国近代史政治发展史》,高等教育出版社 2003 年版。

西方思想介绍到中国,对近代知识分子和百姓进行思想上的洗礼。

甲午前的国民多指外国国民,称中国人为"国民"发生在甲午后,梁启超给国民注入近代化的含义。① 1899 年秋天,梁启超发表了《论近世国民竞争之大势及中国之前途》一文,首次对国民做了完整的描述:国民者,以国为人民公产之称也。国者积民而成,舍民之外,则无有国。以一国之民,治一国之事,定一国之法,谋一国之利,捍一国之患;其民不可得而侮,其国不可得而亡,是之谓国民。② 1902 年,梁启超在日本创办《新民丛报》,在章程中指出:本报取《大学》新民之义,以为欲维新吾国,当先维新吾民。中国所以不振,由于国民公德缺乏、智慧不开,故本报对此病而药治之。③ 梁氏的新国民观对中国国民所具备的现代性特征,给国民含义注入更多的现代内容,对中国思想界产生深远的影响。

19 世纪末 20 世纪初,启蒙思想家们在民族危机日益紧迫的背景下,对封建专制统治造成的国民劣根性进行了大力批评,以西方国民为范本,旨在塑造具崭新理想、价值观念和思维方式的新国民形象。④ 1905 年出版了《国民必读》,对"国民"作了如下定义:"须知国民二字,原是说民人与国家,不能分成两个。国家的名誉,就是民人的名誉;国家的荣辱,就是民人的荣辱;国家的利害,就是民人的利害;国家的存亡,就是民人的存亡。"⑤据统计,截至宣统三年(1911),海内外各类期刊以国民二字为名者,至少有 15 种之多。不管政治立场如何,这些刊物多以启发国民自觉、振奋国民精神等语为榜样。⑥ 这种新民观是为了唤起中国人的自觉,实现从人格依附的臣民到个性独立的国民。⑦

(三)"新国民"所具备的特征

1. 具备爱国之心

《初等小学中国历史教科书》:"凡爱国精神,强种思想,胥由此启发之",故编

① 黄振:《清末民初中国公民意识发展史探》,《湖南社会科学》2011 年第 4 期,第 218—220 页。

② 梁启超:《论近世国民竞争之大势及中国之前途》,《清议报》光绪二十五年(1899)9 月 11 日。

③ 丁文江、赵丰田:《梁启超年谱长编》,上海人民出版社 1983 年版。

④ 黄晓虹:《19 世纪末 20 世纪初的民众启蒙思想》,《南京社会科学》2008 年第 10 期,第 63—69 期。

⑤ 陈宝泉、高步瀛:《国民读本》,南洋官书局 1905 年版。

⑥ 史和、姚福申:《中国近代报刊名录》,福建人民出版社 1991 年版。

⑦ 黄振:《清末民初中国公民意识发展史探》,《湖南社会科学》2011 年第 4 期,第 218—220 页。

此书旨在"感发爱国强种之观念者","养成学生国民之资格。"①爱国一词自古有之，如何解释"国"，大体上存有"朝廷"加上现代意义上"民主国家"概念。清政府书写的不是国民的历史，只是王朝的历史，不是国家的历史，只是一家一姓的历史；革新派提倡书写现代意义上的"国家、国民、社会"的历史。② 清末政府对"国家、国民"的理解与革命派所指的国家和国民截然不同。面临内忧外患的现实，晚清政府和革新派都高举民族主义旗帜，高喊"爱国救亡"口号，努力建立一个独立自主的民主国家。梁启超从四个方面对国家进行解释："一曰对于一身而只有国家；二曰对于朝廷而只有国家；三曰对于外族而知有国家；四曰对于世界而知有国家。"③他对国家的理解为近代新国民对国家的归属感和对国家在国际社会中所处的位置有了全新的认识，梁氏认为中华贫弱最大根源在于爱国之心薄弱和责任心缺失，因此，他呼吁国民要培养建立爱国和责任之心，国家危难之时团结一致，共同抵御外辱。

2. 具备自由独立人格

自由者，正使人知其本性，而不受钳制于他人。④ 独立者，人之所以异于禽兽者以此，文明人异于野蛮者以此。⑤ 梁启超云："盖国者，国民之身体也，国民者，国之性命也。国之于国民如鱼之于水，人之于空气然。鱼无水，鱼立僵，人无空气，人立戕，国无国民，国立亡，其道一也……凡一国之能立于世界，必有其国民独具之特质，上自道德法律，下至风俗习惯文学美术，皆有一种独立之精神。"⑥几千年封建统治下的臣民服从先制，服从主子，世世代代处于奴隶状态，不知自由和独立为何物。是否具有自由独立的人格，是国民与臣民的根本区别。不知自由独立的国民无法构建民族自由独立的国家，新国民必须有"独立之性质，有自由之幸福，必须人人当知平等自由之大义。"⑦因此，自由和独立成为新国民精神必备的重要组成部分。⑧

---

① 会文学社编译所：《初等小学中国历史教科书》，会文学社 1906 年版。

② 李孝迁：《制造国民：晚清历史教科书的政治诉求》，《社会科学辑刊》2011 年第 2 期，第 156—162 页。

③ 梁启超：《新民说》，中州古籍出版社 1998 年版。

④ 丁文江、赵丰田：《梁启超年谱长编》，上海人民出版社 1983 年版。

⑤ 夏晓虹：《梁启超文集——十种德性相反相成义》，中国广播电视出版社 1992 年版。

⑥ 梁启超：《新民说——饮冰室合集》，中华书局 1989 年版。

⑦ 宋志明：《中华民族精神论纲》，中国人民大学出版社 2006 年版。

⑧ 黄晓虹：《19 世纪末 20 世纪初的民众启蒙思想》，《南京社会科学》2008 年第 10 期，第 63—69 页。

二、"新国民"——姜丹书的人生追求

(一)追随进步革命方向,揣怀民主进步理想

1911 年九月,姜丹书在浙江两级师范学堂带头剪了辫子,从此割去尾巴,自述变作新国民。十月,回到家乡手擎大刀率领村民巡逻,以防止清军来犯。自编年谱记:武昌黎元洪率师起义,所谓"辛亥革命"。孙文、黄兴出而号召,四方响应,群起光复。溧阳苏属,自亦因而光复。首先,倡导募款捐钱,号召地方父老丁壮组织南渡地方民团,以如锄头、铁耙、獾叉并装长柄于闸刀、挖锹当作大刀、长枪等为武器,动员千百人,编成大队,巡行南渡镇周围十几里内,称为"放哨",声势甚壮,并令各村庄分别团结守夜,击柝鸣锣,此称"敲更",其用意在震慑盗贼土匪及对境外清兵示威,借以保卫闾阎。姜丹书手擎大刀,率先为之,颇有"斩木揭竿"的勇气。姜丹书秉性刚直疾恶如仇,参与县里司法审理刑事,以公正为本为民伸张正义;为地方治安与组织政治机构等问题,力挽狂澜献计献策,为社会政治进步做出个人的努力。同年,溧阳城内地方人士召集全县十六个区的董士会议,召开会议讨论地方治安及组织政治机构等问题,新派、旧派意见分歧,新派中之激烈分子甚至暗示手枪以相争执。姜丹书上台演说,发扬正气,力挽狂澜,意气乃平。此次选举姜丹书被任命第三课(学务课)课长,和另外的课长一样均为县公署之佐治员,此后县行政之机构组织完成。姜丹书为家乡的民主进步发挥了个人的力量和智慧。

革命新思潮冲破封建思想的樊笼,极大地促进了民众的思想解放,民主共和意识的积聚,更大地促进了中华民族爱国主义精神的空前高涨。1912 年,姜丹书对此总结了自己对新革命带来的革新和进步意义:(1)清人主中夏二百六十八年至此止。满族完全同化于汉族,此在中国文化史上一大进步。(2)中国历史上帝王及朝代之名称至此止。姜丹书为帝制的末代遗少二十七年,从此为民主时代的新国民。(3)中国历史上阴历纪年至此止。从此采用阳历纪年,为趋世界大同之初步。(4)自李唐以来科举取士制度至此止。从此厉行新的教育制度,注重科学,为进入世界文化大同之初步。(5)辫子命运至此止。从此全头剪发与世界大同。(6)小脚命运至此止。从此一任天足,亦与世界大同。(7)我的旧脑筋一变而为新脑筋。[①]

"一师风潮"——另外一件标志性事件。1920 年春,浙江两级师范学堂发生了

---

① 姜书凯提供姜丹书自编年谱。

令人震惊的事件。（1913年浙江两级师范学堂改名为浙江省立第一师范学校，下文称"一师"。姜丹书于1911年七月，应浙江两级师范学堂聘请，任图画手工教员，接替前任日本教师，并在校任教多年。）辛亥革命中传播民主的思想，极大地促进了人民的思想解放，为探索救国兴邦的道路打开思想的新境界。新思想宣扬民主思想和自然科学，特别是进化论、人权学说和共和政体，人们了解"自由、平等"的含义，使得人民破除迷信、反对封建文化，不畏权贵理直气壮地争取民权，进行暴力革命。这种新思潮首先流进北京大学，浙江第一师范则与北大沆瀣一气。浙一师的经校长经亨颐是当时教育界的权威，为人刚正不阿，不畏强御。因此，浙江旧军阀通过撤其职以打倒浙江第一师范校长，这件事在校内引起大风波。数百学生团结一致静坐抗议，誓死不散。武装警察两百名团团包围学校，学生与军阀僵持多时互不退让，几乎要造成流血冲突之际，此时姜丹书义愤填膺起而奋斗。于是，奔走四方发动自己任教的其他学校学生数千人从四面八方涌向浙一师救援。姜丹书带领学生突破武装包围，缓和形势。他还与王更三、胡公冕等教师当场与军警说理斗争，使得反动当局让步。事后，地方绅士出面调停，方为平息。

事平之后，反对派的私立体育学校校长——王荦提出了建议驱除姜丹书出境；主持公道者不附和，此事被压下。一师风潮后，姜丹书在女子师范学校请了长假并请他的学生金咨甫代课，反对派欲去除姜丹书在女子师范任职才甘心。女师的校长叶墨君对姜氏的人品和性格非常了解，认为姜氏在校任教已九年，并且甚得学生的敬仰，挽留姜氏继续就职。女师学生派代表至姜氏家询问是否能留任女师，表示全体学生愿意为正义而斗争，师生间情深义重。

图1-2　姜丹书母亲像

姜丹书对此事做了总结，认识几点：（1）此为思想上之新旧冲突，各是其是，然大势所趋，即真理所在；（2）团结即是力量，此言信然；（3）正义能驱使人发生斗争性，当斗争之时，忘其自身之利害，而唯义是赴；（4）世界潮流，自有趋势，且必向真理发展，非武力所能胜也，徒多流血而已。浙一师风潮事件中，姜丹书起到了至关重要的作用，保护了广大学生不受反动军阀的伤害，制止了不必要的流血事件，并受到公众的极高的尊重。

（二）蹈厉奋发，救亡图存

20世纪初的中国是个极为动荡的社会，大多数的中国知识分子心中充满民族自强、救亡图存意识。1915年，5月7日，日本帝国主义者突然提出二十一条亡国条件，胁迫政府承认，限四十八小时内答复，否则诉诸武力。此称"哀的美敦书",实即强盗办法,顿时激起全国人民愤怒。罢课、罢市、舆情沸腾,并以抵制日货为对策。抵制日货运动展开,严厉执行,且持久不懈。因此,各界不用日货,而种种必需品,纷纷自想办法克服困难,结果,收获许多积极的效果。姜丹书抵制日货做以下努力:(1)自制粉笔。全国所用粉笔,皆日本货。国人既不会制,而学校天天要用,姜氏素知制法,实行自制。用国产石膏为原料,辗粉、炒熟,刻木质型板多块,在手工课内,动员全体学生数百人,教导浇造,一星期内,制成白粉笔、色粉笔万千枚,供给一年之用而有余。同时,将制法公布于报纸,宣导各校自制自用,困难被彻底解决。此后,便有许多小型制作所出现,改木模为铜模,愈益精工,而日本货从此永远绝迹。(2)厚纸板。手工课内所用厚纸板,用日本"马粪纸",那时尚无国货厚纸可供采用。姜丹书指导裱糊作坊利用旧报纸及桑皮纸等裱褙起来作代用品,并采用"布骨"(即用破布和废纸裱褙起来作鞋帮骨子用者)作代用品。(3)颜色有光纸。指导杭州城的"匀碧斋"纸店,用国货水月笺,染上各种颜色,再加磨碾砑光,作代用品。(4)黏土烧窑。用黄砂缸搪成外窑,再教坩埚作坊特制内窑,作代用品。(5)釉药。自己研究成功,配制应用。(6)金工、木工器具。与武林铁工厂联络,指导制造并改进形质,以供采用,以后该厂出品通销全国。以上各物,一向采用日货,自此以后,一概摒绝。

姜丹书作为新型知识分子一员,他的价值取向和知识结构发生了根本的变化,运用新的价值观念去观察思考各种社会现象,在世界潮流的感召和民族危亡的刺激下,像众多新型知识分子一样,内心深处的"士志于道"的传统积淀转化成了爱国救亡的志向。[①] 姜丹书以自己教授的图画手工课程内容的实际应用,积极行动响应抵制日货,把图画手工教育与爱国、救国紧密联系在一起,在国难当头民族危亡的关头,以行动支持正义与邪恶进行无畏的斗争。姜氏虽受传统儒学教育,但对封建社会的愚昧和落后深恶痛绝,积极吸取进步新思想,以上事件都充分肯定了姜丹书刚正不阿、言行果断、不畏强权的品格,表现出了近现代新型爱国知识分子的民主主义理想和情怀。

(三)恪守孝道,淡泊名利

姜丹书是独子,母亲教育严厉。幼年在家乡,村中有聚赌的习俗,一般儿童均沾此陋习,姜母必绝对禁止。姜丹书那时也潜杂在人群中参与,赢文银数十,喜不自胜。后为母亲发现,一顿责打,从此革除赌念。成年以后,搓麻雀之风蔓

---

① 徐辉:《废除科举制与中国社会的现代转型》,《厦门大学学报》2004 年第 5 期,第27—34 页。

延，不但觉得有亏道德，而且也不感兴趣，故一生未尝以此为消遣。幼年有所戒惧，所以成年以毅力坚守，既可养成品性。为报母恩，决心不浮生一世，一生为教师将所有精神时光并用于学术研究。

1904 年 10 月 13 日深夜，姜丹书父亲病重，遍求医药无效，按当时的"割股"习俗为父治疾。事后，虽然"割股"没能奏效，但亦是心意既诚。

1911 年辛亥革命即起，浙江省立第一师范学校于 9 月停课，溧阳老母在堂，恐一旦交通中断，欲归不得，返以护家。两年后，接母亲到杭州奉养，又因母亲熟人少，常陪伴母亲游览西湖以尽孝道。直至 1916 年，母亲患上胃癌，中西医药一并治疗，并辞去第一中学职务伺候母亲。至终，母亲弃养于长庆街寓所，不胜悲痛。事后，即踵门请李叔同为其母写墓志铭。

姜丹书曾言，六岁时由先祖开蒙读书，尤喜欢看《二十四孝传》。先祖按图讲其故事，听得津津有味，由此一个"孝"字深刻印入脑中，可见幼年的儒学教育对他的心灵产生较大的震撼。《诗经》载："父兮生我，母兮鞠我，拊我蓄我，长我育我，顾我复我，出入腹我。欲报之德，昊天罔极。""孝"在姜丹书一生的追求中占据重要位置，从小寒窗苦读，成年后为立身、立功、以显父母，都是对"孝"的诠释；而他的《自编年谱》，实际是在生活实践中不断记录参悟反省的过程。

他的大半生都是在战火流离颠沛中度过，多次携家眷逃难。对于日寇侵华、军阀混战和抗日胜利后国名党内的腐败，他深恶痛绝。抗日时期，姜丹书一家人租住在法租界一家香烛店楼上，屋子狭小潮湿，冬天寒冷夏天闷热，楼下和街道日夜喧嚣不绝。偶作书画，即题为写于"屋笼人鸟居"。为了维持生活，他到处奔波。任教学校最多时达七所之多，忙得连早饭都来不及吃。在艰难困苦的岁月，姜丹书和友人常常发动艺术界募集作品举行书画义卖展览，筹集款项救济难民和同胞。

抗日战争胜利后，国立杭州艺专聘姜丹书为接收杭州校舍产委员。先生义不容辞，东奔西跑，事必躬亲，一切经济出纳各司其职，分文不拿。几个月来带着少数人员办理平湖秋月附近照胆台、苏白公祠、哈同花园等各处校舍和教具家具的交涉、接受、保管等等，一一造册加封。直到潘天寿、戴泽带领国立艺专师生复员，交接后回上海，继续任教上海美专和中国纺织工学院。与其他接受专员受贿贪污大发国难财者，判若天渊，同事无不钦佩。直到当时新任校长的潘天寿从重庆来杭，当面交接清楚后，便两袖清风又回上海教书。

中华人民共和国成立后，他随上海美专并入无锡华东艺专（即现在的南京艺术学院）任教授。1956 年，无锡华东艺专为姜丹书开了一次个人画展，作为年逾古稀，从事艺术教育工龄将届五十年的纪念。展览会上除画外同时也展出了他已出版的十余种专著及未出版、将出版的手稿。

姜丹书对新中国是热爱的,他以七十多岁的高龄,仍在讲台上为新一代大学生讲课,课余积极绘画和写作。退休前,他总结了一生的教学经验写出了最后一本专著——《艺用解剖学三十八讲》(1958年上海人民美术出版社出版)。姜氏还在此书后附录《六部艺用人体解剖学图书校勘记》,对国内流行的六种中、外艺用人体解剖学图书经过校勘,一一具体指出其误点,以使藏有这些图书者能据此改正。1958年,七十四岁高龄的姜丹书由南京艺术学院退休回到杭州,后被选为浙江省美术家协会副主席。

在五十余年的艺术教育生涯里,他教出了数以千计的学生。因此,姜丹书逝世后,书法家张宗祥的挽诗中有"入室芝兰永,当门桃李妍"之句,下有小注曰:"来楚生、丰子恺、潘天寿诸名家皆君及门弟子。"

他在西子湖畔的丹枫红叶楼度过最后四个年头,仍孜孜不倦地致力于艺术教育和学术研究。就在他逝世的那天早晨,他还亲自跑到省政协文史资料委员会抽回一篇艺术史料伏案修改。

他在晚年曾说过:"古诗人说'春蚕到死丝方尽',那么我吃了一世人民的桑叶,最后更应该做一只薄皮茧子作为报答吧!"他的一生,用他自己晚年的话来说,是"艺术园地上的一个白胡子老园丁"。事实上,他一生留给我国艺术园地的遗产是丰富的,后人是不会忘记这位"白胡子老园丁"的。[①] 姜丹书于1962年6月8日下午三时不幸因心肌梗塞逝世,享年七十八岁。

图1-3 1918年秋姜丹书与元配夫人汤蕖华及子女摄于杭州

图1-4 1932年姜丹书与继配夫人朱红君及子女摄于杭州

① 姜书凯:《记父亲姜丹书的艺术教育生涯》,《美术》2003年第1期,第46—48页。

图 1-5　1983 年 5 月姜丹书先生的画室——丹枫红叶楼于建成迁入 60
周年后被拆毁前的模样,本来一楼房间前面是一条走廊,"文革"期间走
廊被隔成房间,左右两边建起了小厨房,与落成时已面目全非矣

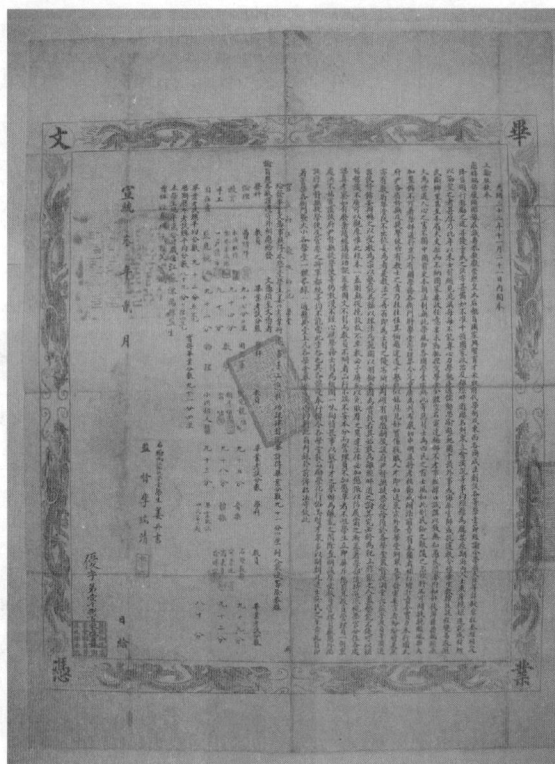

图 1-6　姜丹书先生大学毕业证书

图 1-7　姜丹书先生与继夫人合影　　　　图 1-8　姜丹书先生 40 多岁时的照片

本章小结

　　幼年时期对古典经文的背诵记忆,以及抄写经典著作和书法的训练,传统私塾教育铸就了姜丹书宽博的知识框架,为他打下了扎实的"旧学"和古文根基。成年的姜丹书,经历了科举的失利,但没有退缩和消沉,继续在家修读经典,收教小学生七八人。在家教授学生,上奉家母,耕读传家,但心中仍怀立身、立功、以彰显父母的心愿。

　　辛亥革命运动伊始,接受民主革命进步思想洗礼的姜丹书,在新学堂带头剪了辫子,自喻为"新国民",并积极参与家乡的革命光复,大踏步融入时代进步前进的洪流中。为家乡组织地方行政献计献策、为司法完善进程发挥个人所能。接受新教育后立定终身服务教育事业,至死不渝。"一师风潮"事件更表现姜丹书不畏封建势力不畏反动势力,为支持进步思想进行了不懈的斗争。

　　姜丹书只是中国晚清社会中众多士子的一个代表。从他的生活经历可见,19 世纪末士子们基本是沿袭传统的生活模式,走科举之路,在应举期间选择塾师职业,养家糊口。直至 20 世纪初,废科举兴学堂的社会大背景下,士子们仕进之路突然中断。社会变迁,虽然中断了读书、升官、发财之路,但也为他们提供了非传统的社会流动机会,进学堂、出国留洋等。姜氏属于思想开明的青年人,把握住了社会发展趋势,接受新式教育和身份转变,逐渐完成了由传统士子向现代新式知识分子的转型，并对中国现代教育的发展起到了积极的推动作用。姜丹书的求学经历与清末废科举兴学堂的教育变革相始终，作为一个民间普通士子，就读私塾和考取学堂并没有远大的抱负和理想，通过读书应举改变自己和家庭的生活似乎是他的第一目的。虽然不是站在时代风口浪尖的革命者，但也不是抱残守缺、八股取士封建制度的殉葬者，他是那个特殊年代里千千万万读书人之一。经历战火和生活磨难，使姜丹书成为具有为人正直、淡泊乐天、淳朴真挚品质的新型知识分子。从姜丹书的经历我们发现，一个人只有放宽视野，走出个人小天地，主动将个人命运融入历史潮流和民族昌盛的进程中，才能在服务社会中最大限度地实现个人价值。

本章注释

[1]贡生：明代有贡生之例，就是由秀才（生员）做监生的，亦称贡监。科举时代，政府挑选府、州、县秀才中成绩或资格优异者，升入京师的国子监读书，并把这些秀才称为"贡生"。清代在这方面沿袭明制。参见陈茂同：《中国历代选官制度》，昆仑出版社 2013 年版。

[2]太学生：庶民出身，在国子监学习的生员称太学生。《宋史·选举志三》：太学生，以八品以下子弟若庶人之俊异者为之。太学：官办学校。《资治通鉴·汉纪三十三》："初起太学。车架还官，幸太学，稽式古典，修明礼乐，焕然文物可观矣！"《宋史·选举志三》："时太学之法宽简，而上之人比求天下贤士，使专教导规矩之事。"参见王俊良：《中国历代国家管理辞典》，吉林人民出版社 2002 年版。

[3]廪贡生：科举制度中生员名目之一。明府、州、县学生员最初每月都给廪膳，补助生活。名额有定数，明初府学四十人，州学三十人，县学二十人，每人月给廪米六斗。清沿其制，经岁、科两试一等前列者，方能取得廪名义。名额因州、县大小而异，每年发廪饩银四两。廪生须为应考的童生具结保证无身家不清及冒名顶替等弊。参见陈茂同：《中国历代选官制度》，昆仑出版社2013 年版。

[4]"策论"：1896 年 6 月以后，光绪皇帝多次发布谕旨改革科举取士制度，其重要者如，诏自下科为始，乡会试及生童岁科各试，向用四书文者，一律改试"策论"；嗣后一切考试，毋庸用五言八韵诗，均以讲求实学、实政为主；不得凭楷法之优劣取士，等等。光绪二十七年（1901）政府下诏改科举试法，明令自第二年开始，废八股，试策论，使中国政治史事论与各国政治艺学策，从此成为科举三场

中最主要的项目。清廷虽然废止八股诗赋取士的诏令使私塾的学童们摆脱了八股文的桎梏,但科举取士制度却依然存在。参见刘龙心:《从科举到学堂:策论与晚清的知识转型(1901—1905)》,《中央研究院近代史研究所集刊》第 58 期,2007年 12 月。

　　[5]中学为体,西学为用:"中体西用"思想早在 1861 年,冯桂芬在《校邠庐抗议》中就提出"以中国之伦常名教为原本,辅以诸国富强之术",初步勾勒出"中体西用"思想的基本框架。1895 年 3 月,在《万国公报》上以南溪赘叟的笔名发表《救时策》一文,提出"夫中西学问,本自互有得失,为华人计,宜以中学为体,西学为用"的观点。至 1898 年 5 月,张之洞在《劝学篇》中对"中体西用"思想进行了充分阐述和论证,遂使"中体西用"思想的时代特色和阶级特性明朗化而最终确立下来。"中体西用"思想的核心,是把代表中国传统文化的"中学"和代表西洋文化的"西学"在价值和功用上加以区分。如,中学是"体",西学为"用";中学是"本",西学为"末";中学是"道",西学为"器";中学是"内学",西学为"外学";中学用来"治身心",西学用来"应世事"等。在这里,中学和西学的地位略有高下之分,如强调中学是"本""体""道",而西学只是"末""用""器",但同时又强调这二者是相补相救,不可偏废的。在这种二元思维模式里,中学所指向的伦理价值和西学所指向的世俗价值被统一为一个整体,因此,"中体西用"思想被认为是"传统和现代两种价值理性的混合物"。参见许纪霖、陈达凯:《中国现代化史(第一卷)》,上海三联书店 1995 年版。

　　[6]传统士大夫与新式的知识分子:传统的士大夫不仅是现实政治体制的直接基础(官员或潜在的官员),而且是垄断教化的特殊阶层,在古代中国是为现实政治和社会秩序服务的。而新式的知识分子,他们来自各个阶层,虽然他们依然可能和政治有密切的关系,但是他们中的大多数可以在以往"学而优则仕"的正途之外获得生存。他们以知识、思想和文化的生产或传播作为职业,在国家权力和意识形态之外,相当一部分知识分子实际上更多地服从着市场的法则。因此他们在精神上从世界观到基本政治态度都不必与官方保持一致,被称作公共知识分子的那一类,则宁以批评主流社会和政治为职业。参见高瑞泉:《近代价值变革与晚清知识分子》,《华东师范大学学报》,2004 年第 36 期。

　　[7]束修:十条干肉。古代上下亲友之间相互赠献的一种礼物。后多指致送给教师的酬金。

　　[8]晚清:"晚清"的界定是个颇容易引起争议的问题。费正清把 1800 年到 1911 年称为"晚清"(Late Ch'ing)。而魏斐德(Frederic Wakeman)则把 1800 到 1840 年称为"盛清"(High Ch'ing)的最后阶段。中国学者比较多的将戊戌以后

称为"晚清",那是在与"清末"相似的意义上用的。本书认同道光年间是清朝由盛转弱的时期这个观点,1840 年由于一系列战争和变革的开端而凸现了其转折点的意义。因此将 1840 年到 1911 年称作晚清。参见高瑞泉:《近代价值变革与晚清知识分子》,《华东师范大学学报》,2004 年第 36 期。

第二章 姜丹书的学术研究成果

　　姜丹书先生自述在浙江两级师范学堂任教时期偏重于西洋画,常至西湖写生,并努力研究各种工艺美术技法及一般的艺术教育理论,一直锲而不舍,不断地追求进步,校中同人及学生对他也多加器重。[①] 在长达半个世纪的艺术生涯和教育事业中,姜丹书出版了诸多艺术著作,并创下美术教育史上多个第一。如:《美术史》(图 2-1)、《美术史参考书》(图 2-2)[1]、《艺用解剖学》和《透视学》都填补了当时国内艺术教科书籍的空白,这几本著作在美术教育史上具有重要的历史意义,另外由于解放战争的原因,《建筑通解》未曾出版。对这些著作做一番梳理,不仅有助于理解姜丹书的学术地位,对中国美术史研究由传统向近现代的转型也会有新的认识。

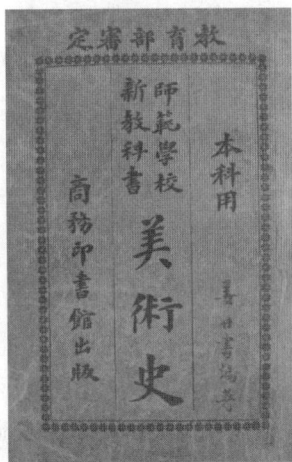

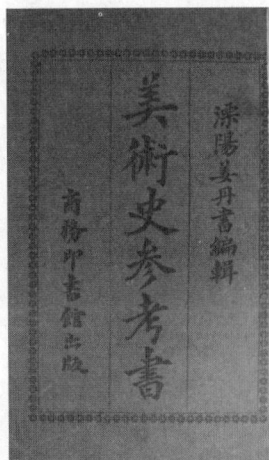

图 2-1 《美术史》封面　　　　　　图 2-2 《美术史参考书》封面

第一节 《美术史》的编著出版

　　美术史学是近代中国学术现代性转型中出现的新学科,它的形成和发展主要由以下三个方面构成:一是中国社会制度现代性转变(民主国家的构建),二是

---

① 姜丹书:《姜丹书艺术教育杂著》,浙江教育出版社 1991 年版。

近现代美术教育事业的发展,三是传统画学的历史积淀,及其海外学者对中国美术史的研究成果。这时期美术史写作的主体由画家、学者、美术教师等共同承担,出版了甚多的研究成果。

目前学界对于这个(民国)时期美术史著述成果梳理研究,取得了丰硕的成果:邹建林的《民国时期中国美术史撰述的两种模式》,乔志强的《论梁启超"新史学"对民国美术史研究的影响》《论中国现代形态美术史学之建立》《学术建制与民国时期的美术史学》《民国时期中国美术史研究的回顾与反思》,陈池瑜的《20世纪上半叶中国美术史研究概评》,孔令伟的《近代历史科学对民国时期中国美术史写作的影响》《民国、新中国美术史研究述评》《"新史学"与近代中国美术史研究的兴起》《中国近代美术史中的传统语境与国粹意识》《事实、自觉与中国美术的现代性》,王作文的《近代中国美术史的撰述模式》等。这些成果主要侧重从"西方艺术史观""现代美术教育制度""梁启超的新史观、进化论"等方面来研究。然而,对于研究美术史的作者人物研究并不多见,尤其是对人物所持有的世界观、人生观等方面,编撰人的性格和价值取向对他所从事的研究著述至关重要。鉴于学界对清末民初美术史研究的上述现状,笔者试从"人的现代性——新国民""19世纪末20世纪初中国美术史学现代性的历史境遇""20世纪初中国美术史学现代性的标志作品——姜氏《美术史》"等几个方面,叙述怀有新国民观的姜丹书在民国初期为中国美术史学研究的现代性转型所做的努力。

一、19世纪末20世纪初中国美术史学现代性历史境遇

邹跃进指出中国美术的现代性与主导20世纪历史进程的现代民主国家的建构过程是息息相关的。中国美术的现代性是混杂的,它和中国社会与文化的现代性的混杂性具有统一性,美术现代性混杂是社会现代性混杂的一种表征形式。它是各种不同理想之间的冲突被激化、被现实化,并在实践中表现出来的根源,其根本性就是它的起源和性质,贯穿在中国现代民主国家的构建过程中。中国美术史学的现代性与中国美术的现代性有相同的历史背景和现实需求。

(一)民主国家的建构

现代民主国家的建构是世界范围共同的历史现象。现代民主国家建构进程,被西方学者归纳为三大阶段:第一阶段西方的内部,主要分布在欧洲西部。它们经历了以上帝的名义统一起来的欧洲共同体,并随欧洲各民主国家的独立成为全世界范围内,现代民主国家建构的推动者。随着资本主义的发展和壮大,成为现代强大的帝国主义,并开始了海外殖民扩张的历史。正是在这样残酷的

殖民扩张历史导致第二和第三阶段的现代民主国家的建构。其中美国的独立，属于第二阶段民主国家建构的代表。第三阶段的代表为中国，被西方列强侵略统治下半封建半殖民地国家进行的民族解放和民主国家建构的艰难历程。

鸦片战争之后，被学界认为是中国近现代的起始标志，中国知识分子们为寻求建立一个强大的新中国而奔走呐喊，其中一个重要的解决方式就是向西方学习，努力把中国建成像西方那样强大独立的民主国家。所以，中国现代民主国家的复杂性就源于此，既要与传统决裂，又无法摆脱它；既要学习西方，又不能容忍强权辱国；既要普世性与现代性假设，又要维护中华民族的独立性和特殊性。即，中国现代民主国家的构建中充满了多重性与矛盾性。

以民主国家建构的进程来看，中国美术史学现代性问题，就能推断它从根本上是对中国现代民主国家构建现象和表达。从国家构建的立场讨论中国美术史学的现代性，为美术史学的现代性转折找到现实依据。

(二)中国美术史续写的背景

中国传统的画史积淀，为美术史的续写保存了丰富的史料遗存。浩瀚如烟的画史典籍中，每一部画史著作犹如星空中一颗颗明亮的行星，串联起人类历史文化的记忆，并为之传承延续生生不息。传统画学这一"最稳定性"结构的确立，成为中国封建社会整个美术史的编写导向，无人能撼动这一历史丰碑。直到 19 世纪末 20 世纪初，中西文化强烈的冲击交融下，无数先知前辈们的努力和探索下，中国美术史研究才开始由传统转向现代形式。

1. 传统画学的历史遗存

唐代张彦远著的《历代名画记》是中国从唐代到清末画史中最优秀的代表作，综合作品著录、画理画法、绘画品评、画家小记为一体的一部画史典籍。张氏《历代名画记》的编写方式形成一个完整的画学结构，以至清末都没有一部能摆脱这一"超稳定的结构(以笔墨、画家、书画同源为中国美术史的属性和本质)"。这种写作方式的确立主宰中国传统画史写作千年之久，宋元明清的画学撰写形式沿着张氏开创的体例续写画史。朱景玄的《唐朝名画录》，作者著录唐代一百二十余位画家，以"神、妙、能、逸"四等品评诸家，其中"神、妙、能"又各分上、中、下三个等级。朱氏对他所记录的画家生平事迹和画艺撰写评传，被誉为中国已知最早的断代画史。《图画见闻志》，由宋代郭若虚所作，郭氏其祖、父富于书画收藏，精于识鉴，本人又专于绘画，深于画理。此共为六卷，由史论、传记、绘事遗闻三部分构成的绘画史。郭氏《图画见闻志》中提出绘画艺术理论思想见解为：规鉴论、楷模论、笔墨论、气韵论、体法论。全书继承和发展张彦远画史的纪传体和史论结合的传统,记录了唐末到北宋中期绘画的整体面貌。郭氏的绘画史中对绘画功能的论述多为沿袭前人曹植、张彦远等人的见解,但也不乏创见。郭熙《林泉高致》,全书共六篇,分别为《山水诀》《画意》《画诀》《画题》《画格拾遗》《画记》。郭氏为其父的绘画创作心得经验整理成文稿的《林泉高致》,主要是讲述山水画创作的方法,以一家一言传授山水绘画技艺精髓。

2. 日本对中国美术史研究成果

中日甲午战争结束后,日本学界掀起研究中国的热潮。有些内容属于纯学术研究,虽有些观点不乏偏见,仍然保持学术品格,但更多的对华研究被认为自觉或非自觉地为日本军国主义侵华充当吹鼓手。

内藤湖南(1866—1934)多次来中国收集资料,并以文化发展的角度描写中国历史,将中国的历史分为上古、中世、近世三个时期,打破中国传统历史研究中的王朝体系,开辟中国史学研究的新视野。1909 年,在日本京都帝国大学主持《"支那"绘画史》讲座,以现代新史学视角对中国绘画史的研究作了新的尝试。

1889 年日本东京美术学校创立,冈仓天心(1862—1931)任校长,编写教学讲义《日本美术史》。序论记载:世人目历史,以为编集过去事迹之记录,即死物。然是为大误。所谓历史,为正生存、活动之吾仲之物。古来之美术家若知历史,则不甘于古人之糟粕,而见一层进步。在内藤湖南的影响下,冈仓天心到中国进行艺术实地考察,撰写了《"支那"游记》《"支那"的美术》等中国美术研究相关的著作,但他对东方艺术的研究更多的带有强烈的日本帝国主义色彩和倾向。冈仓天心强调复兴日本美术,提倡"日本美术中心论",实际是内藤湖南的"文化中心移动说"在美术研究中的延续。

大村西崖(1868—1927),是冈仓天心的学生,1889 年考入日本东京美术学校学习雕刻,毕业后留校任教。1901 年,他出版了三卷本的《东洋美术史》,从史学角度对中国美术史进行系统论述。(冈仓天心的《中国美术史》于 1928 年出版,与姜丹书 1917 出版《美术史》时间相隔甚远,此文不做讨论。)1913 年,中村不折、小鹿青云的《"支那"绘画史》,专门论述中国绘画史的学术专著。

另外,早在 1887 年,法国出版了帕连劳(M. Paleologue)的《中国美术》。约1890 年前后,英国学者也出版了《中国美术》,他们揭开了西方人研究中国美术的序幕。19 世纪末 20 世纪初对中国美术史的研究,显然外国学者们走在了前列。

二、20 世纪初中国美术学现代性的标志作品——姜氏《美术史》

早在一千多年前,我国就有南齐谢赫的《画品录》和唐代张彦远的《历代名画记》这类绘画史论著作。这些著作对史上传世绘画作品做了详细的记录和整理，并按不同的标准进行了划分。但在现代学校出现之后，直至民国期间都没有系统的美术史论或教材之类的书籍。辛亥革命后，留学归来的蔡元培就任中华民国第一任教育总长，对美术教育非常重视，给教育部公布的师范教育大纲中列入了美术史教学的规定，当时现实所限，只是规定而无任何现成的教材。民国元年9月，教育部公布师范教育令，其中师范学校规程的第二章第二十二条就提到要开设美术史课，但"得暂缺之"。

20世纪初以来，引进西学兴办学堂，艺术博物馆的出现，美术出版事业的兴隆等，造就了吸收西学并任教现代美术学校的美术史作者，开辟了美术史研究的新方向。1911年，商务印书馆出版了吕澂编写的《西洋美术史》，这是对西洋美术的研究著作，对中国美术史的研究还处于空白。民国元年（1912）民国政府教育部颁布《师范学校课程标准》中，图画手工课程中列有"美术史"科目，注明"得暂缺之"。毕业于南京两江师范学堂图画手工科的姜丹书，在这样艰巨的情况下他毅然承担起美术史教学的任务，积极收集资料，边学、边教、边编写讲义，经几年努力，终于编纂成五年制师范学校用《美术史》一书，经教育部审定，于1917年由商务印书馆出版。

姜氏扎实的旧学根底，熟稔古代文史典籍，又在新式学堂中接受西式美术教育，他以艺术的、审美的视角书写美术史；民族自觉性又驱使他本能地意识到传统画学的优点，姜丹书《美术史》写作从撰写身份、撰写目的、艺术史观和撰写方法，实现了中国美术史学现代性的转折。

（一）撰写者身份

画家、官宦兼画学编著者于一身的历史一直延续到清末。张彦远出身宰相世家，世代好尚书画。曾任舒州刺史、左仆射补阙、祠部员外郎、大理寺卿。张氏对书画的酷爱至痴迷程度，"余自弱年鸠集遗失，鉴玩装理，昼夜精勤，每获一卷遇一幅，必孜孜葺辑，竟日宝玩"。或曰："是以爱好愈笃，近于成癖，梅清晨间景，竹窗松轩，以千乘为轻，以一瓢为倦，身外之累，几无长物，唯书与画，犹未忘情。既顾然以忘言，又怡然以观阅。常恨不得窃观御府之名迹，以资书画之广博。"①

朱景玄，吴郡（今江苏苏州人），元和初年（806—820，唐宪宗李纯年号）应进士举，曾任咨议，历翰林学士，官至太子谕德。朱景玄元和初年中进士，此为中国一千三百多年科举制度中科举考试的最高名次。翰林学士官职，始设于南北朝，

---

① 陈平：《从传统画史到现代艺术史的转变》，《新美术》2001年第3期，第44—56页。

唐玄宗李隆基(685—762),从文学侍中选拔优秀人才,担任翰林学士,掌管皇家机密文件,如:宣布讨伐令、任免宰相等。谕德也是官职。唐高宗李治(628—683)设置太子左右谕德各一人,秩正四品下,掌对皇太子教谕道德,随事讽谏。①朱氏为皇帝身边的谋士,又为皇太子的老师,身份、官位极其显赫。

《图画见闻志》的作者是太原画家宋代郭若虚,将门之后,曾祖郭守文跟随宋太宗攻取晋阳、北伐幽云十六州,以身殉职。郭守文去世后,宋太宗追封郭守文为谯王,并将他的次女纳为儿媳——宋真宗章穆皇后。郭若虚也因为这特殊的身份而成为宋仁宗之弟东平郡王赵允弼的女婿。②

《林泉高致》由郭思对其父郭熙山水画创作的一篇经验总结。郭熙于熙宁元年召入画院,后任翰林待诏直长。郭氏深得宋神宗青睐,秘阁所藏名画由郭氏详定品目,郭氏可以遍览历朝名画,终成一家。郭思,元丰五年(1082)进士,继承家学,善杂画。生平担任成都府路茶事、陕西府路买马监牧、秦凤路经略安抚使等职。

以上列举画学的撰写者都是出身传统官宦、家学渊源深厚或亦身居高位,由于这些文人、士大夫的编著,画学的美学观念、风格形式、衡量标准,尤其是编写的方式,与现代美术史的写作显示出极大的不同。他们所撰写的画学著作更多的是对书画作品进行"品、录、史、论"的深入探讨,编者的文化身份和社会地位的特殊因素对画学研究形成的影响往往被人们所忽视,以至很长时间内很难用一种相对多维视角研究中国美术史学现代化进程。

(二)撰写目的

唐代张彦远《历代名画记》开篇:"夫画者,成教化,助人伦,穷神变,测幽微。"说明当时绘画目的是为统治者作为维护统治、灌输儒家学说和封建伦理纲常的工具。张氏撰写这部画史的目的与动机非常复杂,或为家中时代珍藏的书画被迫呈献朝廷"世不复见";或又因祸乱散失,"存者才二三轴而已。"故"聊因暇日,编写此记……";或为统治阶级、上层儒士生活方式,帝王雅好丹青,促使臣下趋之若鹜,使画史著录活动频繁。

以书画为核心的美术研究在中国封建社会占据重要地位,是统治阶级进行道德教化的工具和手段,因此清末民初中国绘画史研究,无法依靠自身的能力摆脱封建史学的沉重枷锁,如果不是引进外来——不管是日本还是欧美力量,它自

---

① 徐建融:《大辞海·美术卷》,上海辞书出版社 2012 年版。
② 陆云达:《中国美术》,安徽文艺出版社 2009 年版。

己是无法走向现代的。民国时期，社会结构发生了巨大变化，民主国家的构建，国民意识的崛起激发了每一个近现代知识分子的创新革命精神，逐渐取代旧式文人因袭不前故步自封的学术研究模式。邹建林《民国时期中国美术史撰述的两种方法》认为民国时期的中国美术史撰述包含着确证中国文化价值的动机。姜丹书《美术史》的撰写不仅仅是教学工作的需要，更是重振民族精神、重塑民族自尊的神圣职责。

姜丹书对美术承载的文化内涵有着深刻的认识。姜氏《美术史》绪言中美术史之必要写道：凡一国之文化如何，国民性如何，国民思想如何，均可于其美术觇之。上下古今，东西各国。美术不可得而悉觇，则可于其美术史觇之。故美术史之研究，实从事美术者与史学者至要之事也。他对美术史的性质认识为，美术史者，研究美术之源流与变迁，盛衰与性质之专门史也，与教育史文学史工业史之类同。姜氏以文化史的角度解释现代美术史研究的必要性与学科的性质。

(三) 艺术史观

姜氏《美术史》自序中记载：我国自古重文轻艺，故文事有纪载，艺术无纪载。艺而近于文者有纪载，艺之纯为术者无纪载。即有之，亦不过东鳞西爪，散见杂籍而已，并无系统之纪载也……虽无通史纪其由来之变迁、历代之进化，然犹不乏专书，足资考订。姜氏提出了美术也需要"通史"的书写体例。"通史"这个概念在中国史官文化中，肇于司马迁的《史记》，唐代刘知几《史通》将通史一分为二，一为《史记》体例，二为《汉书》体例。宋代郑樵的《通志》本名《通史》。郑氏反对断代书写，力主编写通史，认为历史是一个整体，如同江河，后代之事与前代之事有"现因依"联系，唯有借助通史，才能正确理解历史的因果关系。

中国古代经史著作中常以"上古""中古""下古"划分历史时期，唐代画学史籍亦有分期的做法。画学代表作《历代名画记》的"论名价品第"中，张彦远将"今分二古，以类贵贱"，"上古"指后汉、三国，"中古"指晋宋，"下古"指齐、梁、陈、北周；在"论画六法"中，张氏又将有记载的绘画史分为四个时期："上占""中古""近代"和"今人"。现代史学代表人物梁启超在《中国历史研究法·补编·文物专史》中论述了分期问题，对20世纪初治美术史家有深刻的影响，美术史家通过分期体现作者的历史观，通过分期阐述对中国美术史内在逻辑的认识。

藤固、郑午昌的美术史著作闻名于世，最突出的特征便是对艺术史的分类和分期问题，学者们对此讨论经久不衰，视为20世纪上半叶美术史学研究的代表人物。艺术史分期并不是简单地如何组织材料的问题，它反映了艺术史家的艺术史观与方法论。从20世纪初期至上半叶，新的艺术史观最显著地体现于对美术史的分期上。这些分期并非直接承袭了古代的传统分法,也不完全接受西方的"古代史""中世纪"和"近代史"的三分法的影响,当然古代作法与西方艺术史观有相通之处。

《20世纪上半叶中国美术史研究概述》一文认为姜丹书《美术史》对建立现代形态的中国美术起到了开创作用,虽然还有一些不足和欠缺,但对当时各大美术院校的教学和普及中国美术史知识起到了相当大的作用。姜氏独特的分类和分期的美术史编写方法,成为以后编撰中外美术史最常见的两种基本方法。

薛永年在《20世纪中国美术史研究的回顾和展望》一文中认为姜氏《美术史》的出版,标志着美术史研究划时代的变化。曹意强的《中国美术通史的观念》认为,姜丹书于1917年出版的《美术史》堪称我国出现的第一部现代意义上的美术通史,并总结了20世纪中国美术通史的过程,从19世纪20世纪之交,世界史学界出现建构通史的热潮,20世纪70年代至今是解构通史的时代。从整体上来说,国内美术通史在观念上迄今为止仍未超越姜丹书为首的这一代先驱们的天真愿望。

三、解读"工艺美术"专有名词

中国古代的美术史(画史)著作中,普遍存在重文人轻工匠和重书画轻工艺的价值取向,明代董其昌进一步把重文人绘画轻工匠(院体写实)绘画的倾向发展成南北宗,树立了以文人画为正统的绘画史观念,对清一代影响甚巨。明清以来的古代美术史著述对于以上观念的继承和囿于统治教化和仕、儒、商贾的需要,美术史料限于美术家生平和作品流传的情况,所著多为传记、著录,只见罗列材料不见有系统、有见解的美术史。传统画学著作著录中丰富的史料,并对书画、著录有着独特的品评和记录方式,但西方艺术史学重视理论、方法、观点和逻辑的建构,在这些方面中国古代书画史就显得不足。

虽然姜丹书没有留洋的学术背景,但他毕业于西式美术教育色彩浓重的南京两江师范学堂,日籍教师的教学,和翻译介绍东西方的美术史著作、教材,极大地影响了姜丹书日后对美术史的撰写方式。姜丹书在美术史撰写的过程中继承中国书画史中的精华部分,分门别类的方法组织材料,赓续中国书画史的发展。姜氏继承张彦远提出"书画同源"观念,即"绘画脱胎于象形文字,象形文字者,字形象物形。所以示天之象,地之法,鸟兽之文。为书,为画,初无二致。厥后,异域乃成殊途。相传始作图画者,皇帝之臣史皇,继皇而作者。舜妹名嫘,世以画祖称之。"姜氏《美术史》研究以文献材料为主,原因之一可能与19世纪末20世纪初中国的考古尚未发达,没有丰富的出土材料;原因之二,姜丹书撰写美术史的目的包含着确证中国文化价值动机。

从古代文献材料为主的写作方法会导致以画家为中心，重视笔墨传承关系。"笔墨"是中国传统绘画的本质，那又会回到中国传统书画史的撰述模式。文献材料也受可靠性的限制因素，姜氏没有完全依赖古代文献材料作为写作的唯一方式，他认识到物在美术史研究中的重要性。如果完全遵循"张彦远"式的传统画学著述模式，建筑、雕刻和工艺美术无法被纳入美术史研究体系。因此，姜氏借鉴西方艺术史的理论、方法和观念，以资中国美术史的研究，将《美术史》分为中国美术史、西洋美术史；从建筑、书画、雕刻和工艺美术四大门类分别来论述中国美术史。

姜丹书认为对于艺术的记载仅限于与文接近，如文人画，而忽略了与技接近的雕刻、建筑和工艺美术。序言的陈述表达了对中国传统画学的责难，主攻两个要害：一是忽视绘画与其他艺术形式、社会和文化的关系；二是缺乏描绘艺术进化的模式。姜氏对传统美术史观的不满，无疑是受了西方进步民主思想的影响。姜丹书采用通史的叙述方法，讲述中外建筑、雕刻、书画和工艺美术史的嬗变。改变前人封闭的书史、画史研究思路，增加以无名工匠创造的建筑、雕刻和工艺美术史为治学对象，在古人忽略的领域中迈出了拓荒者的步伐。

序言中又写道：至雕刻、建筑以及工艺美术之类，更何所取材乎？以视东、西洋艺苑著作之林，图史并陈，涉笔成趣，固何如者。此编美术史之所以难，而尤难于本国一部也。予何人斯，敢云著作？只以身任讲席，课有定程，责无旁贷，乃不揣谫陋，稽古撼今，行粗浅之文字，述中外之大略，自惭獭祭成篇，殆亦聊胜于无云尔。[①] 美术史的书画史料来源固然从中国古籍文献和文物藏品中寻找、梳理，然而对于往往被人忽视的雕刻、建筑和工艺美术之类的美术形式的选择和关照，凸显了姜氏学术研究所具备的现代性与大美术观念。上文中提及的受新史观和近代西方进化论影响，采用科学严谨的治学态度，使得姜氏在撰述《美术史》时，运用近现代西方科学的新观念、新方法，以近代学科的观点考辨收集资料，从体例、门类和描述方式都具备了现代范式。

（一）"工艺美术"被提出的时间顺序

"工艺美术"这一名称在我国得到传播和广泛应用，蔡元培先生功不可没。蔡氏《美的起源》于 1920 年出版，书中提出了"工艺美术"一词。此后，"工艺美术

---

① 姜丹书：《美术史》，商务印书馆 1917 年版。

教育"等概念也相继产生,并迅速获得人们的重视和认可。① 于是国内许多学者认为"工艺美术"是由蔡元培最早提出,但这一论断并不科学。姜丹书《美术史》中就出现了"工艺美术"篇章(图 2-3),据目前史料显示是国内第一人提出该美术专有名词。20 世纪初,对工艺美术的研究和关注经历了从无到有的阶段,以姜氏《美术史》中的"工艺美术"为切入点,解读"工艺美术"这一专业名称在国内的起源。

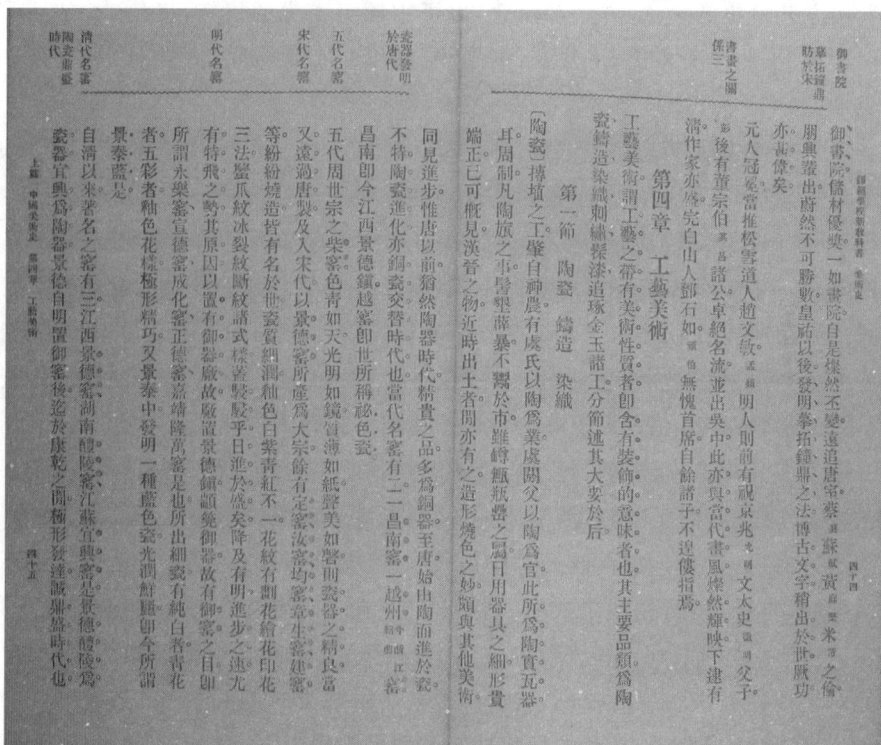

图 2-3 《美术史》工艺美术章节书影

从姜氏对这一特殊美术形式的选择从时间顺序上看,他走在了时代的前列。在民国早期,他最早将工艺美术列入美术史研究中,拓宽了美术史研究的范围,提升了工艺美术的地位与作用,极大地推动了后学对工艺美术史研究的进程。因此下文以美术史为命名的著作为限定范围,说明姜丹书是传统美术史学研究现代性的先行者。

① 吴伟平:《民国工艺美术教育的办学新式研究》,《兰台世界》2015 年第 8 期,第 117—119 页。

　　1917 年,姜丹书编撰的《美术史》由教育部审定通过并由商务印书馆出版。书中姜丹书将中国美术史部分划分为建筑、书画、雕刻、工艺美术四个章节。工艺美术章节中由独立的篇幅形式介绍陶瓷、铸造、染织、刺绣、髹漆、金玉工等六大门类的工艺发展简史。

　　1929 年,腾固《中国美术小史》商务印书馆出版。① 此书内容中有建筑、雕刻的发展情况。继而,郑午昌于 1935 年出版了《中国美术史》,郑氏将中国美术史分为雕塑、建筑、绘画、书法、陶瓷五个类别。郑氏以"类"为纲,在不同"类"中贯穿同一个历史过程。② 此书体例特征源于姜氏对美术史的研究,与姜氏《美术史》相类似,都采用分类合编,其中的建筑、雕塑和陶瓷部分相当于工艺美术类,介绍这些类别从古至今的发展历程。1936 年,李朴园等人著的《中国现代艺术史》中,分别由音乐、戏剧、电影和工艺美术部分组成。③ 工艺美术章节由李朴园编写,李氏对工艺美术的概念、范围及和人类社会的关系问题,一一做出解释。

　　此后便有了独立的工艺美术史著作的出版——《中国美术工艺》④,1932 年,张光宇《近代工艺美术》;1935 年,雷圭元《工艺美术技法讲话》;徐蔚南于 1940年出版《中国美术工艺》等。以单篇形式介绍玉器、瓷器、刺绣、景泰蓝、雕刻等工艺的发展史,⑤1941 年,冯贯一《中国艺术史各论》一书出版,冯氏将中国艺术分为:文字和书法、绘画、铜器、陶瓷、玉器、漆器、丝绣、地毯、明器、碑碣、砖瓦等,工艺美术部分占据重要内容。⑥

　　以上这些著作中的工艺美术章节,都是在工艺美术类目下再进行广泛详细描述。基于以上的研究探索,中华人民共和国成立后学者们才展开了对工艺美术的整体研究和叙述。20 世纪 60 年代早期,文化部组织艺术院校教师编写出版《中国工艺美术史》;陈之佛、王家树先生也分别出版自己编著的工艺史油印本。1983 年,人民美术出版社出版了由中央工艺美术学院编写的 10 余万字的

　　① 沈玉:《滕固绘画史学思想探究——对滕固两部绘画史著的考察与比较》,《文艺研究》2004 年第 4 期,第 123—127 页。

　　② 朱剑:《郑午昌——中国美术史研究》,《南京艺术学院学报》2011 年第 1 期,第 36—39页。

　　③ 陈池瑜:《民国时期工艺美术和设计艺术的写作成就和特点》,《南京艺术学院学报》2011 年第 5 期,第 1—6 页。

　　④ 徐蔚南:《中国美术工艺》,上海中华书局 1940 年版。

　　⑤ 李砚祖:《工艺美术历史研究的自觉》,《装饰》2003 年第 7 期,第 6—7 页。

　　⑥ 陈池瑜:《民国时期工艺美术和设计艺术的写作成就和特点》,《南京艺术学院学报》2011 年第 5 期,第 1—6 页。

《中国工艺美术简史》。1985年,田自秉先生也出版了《中国工艺美术史》;同年,龙宗鑫出版了26万余字的《中国工艺美术简史》。1993年,卞宗舜等人合著32万字的《中国工艺美术史》。1994年,王家树撰著《中国工艺美术史》出版。这些研究的结果是治中国工艺美术史的学者辛勤耕耘的结果,与姜氏的初期草创是分不开的。姜丹书最先涉猎中国工艺美术史的内容,他为中国工艺美术的整体研究开启了先声。

另外,有学者把许衍于1917年撰写,由商务印书馆出版的《中国工艺沿革史略》也作为中国工艺美术史专著,这个观点有些偏颇。虽然许氏一书涉及面很广泛,工艺部门中包括电气、煤气、金属采炼等,但内容是对工艺发展的历史做了梳理,主要研究技术的发展进程,并没有把美术或审美与工艺技艺结合做研究分析。这种研究和描述与姜丹书、现代学者们所指的工艺美术史内涵有很大差异。[①] 因此,本书暂不展开论述。

(二)"工艺美术"对新史观的回应

梁启超以西方"进化论"理论对国内传统史学提出了猛烈的批评,并致力于"新史学"的建构,写下了《新史学》《中国史叙论》《中国历史研究法》等重要的史学著作。其中梁氏指出旧史学中的四大要害:知有朝廷而不知有国家;知有个人而不知有群体;知有陈迹而不知有今务;知有事实而不知有理想。[②] 新史学对民国时期的学术界产生巨大震动,美术界也深受影响。

任何一本中国美术史的著作都不可能面面俱到,有些美术形式不具备代表性,有些则形式不确定;因此,编撰之际必定会对众多的美术形式有所选择。姜丹书在《美术史》一书中对工艺美术的认识,和对工艺美术形式的选择理由是什么?他是国内第一个对工艺美术做出选择和叙述的人,这不仅仅是技艺的传承和记录,而且涉及人类思想深层问题。什么是他要考虑的问题,也就是他对这种美术形式的选择的理由。姜氏对工艺美术的选择,是对梁启超指出传统史学几大要害做出的回应,是问题意识导向的研究叙述范式。

1. 知有朝廷而不知有国家的回应

姜丹书将美术史分为上篇"中国美术史"、下篇"西洋美术史"两大部分。西洋美术分篇章依次介绍埃及、东方列国、希腊、罗马等国美术史,中世纪美术和宗教美术及近世纪美术。不仅讲述了意大利的文艺复兴的初盛和衰退,还分别论

---

① 李砚祖:《工艺美术历史研究的自觉》,《装饰》2003年第7期,第6—7页。

② 乔志强:《论梁启超"新史学"对民国时期美术史研究的影响》,《美术观察》2007年第4期,第82—84页。

述了中欧和西欧德意志、荷兰、西班牙、法兰西以及英吉利的美术。①

《美术史》将中国美术史置入在世界美术史的讨论范畴,不再限制在中国传统书画史的范围中,为学习者提供了更为广阔的学术视野。在新兴的美术学科萌芽时期出现这样一部美术史专著,把世界美术分为中国和西洋两大体系,抓住主流将上下数千年的美术历史发展大势作简洁扼要的纲领性叙述,划出了大轮廓,使得我国现代美术史研究实现了零的突破。② 这是个良好的开端,使得美术史学研究具备国际视野,不再只知有朝廷而不知有国家。

2. 知有个人而不知有群体的回应

新史学的进化论取代传统史观的循环论,注重人在历史发展中的创造性与主动性,尤其民众的力量和智慧,并把竞争作为历史发展的动力。传统史学与新史学两者都承认历史发展是客观的,不以人的意志为转移,但人可以顺应历史的发展规律。两者所不同的是对于人在历史发展中的作用与地位。传统史学认为人在历史发展中是被动的,除了个人的努力外,主要是看历史发展是否提供了条件与机遇,而持新史学观点的认为人是历史的创造者。1899 年,梁启超《自由书·英雄与时势》分析英雄与时势的关系,"余谓两说皆是也。英雄故能造时势,时势亦能造英雄;英雄与时势,二者如形影之相随,未尝少离。"梁氏把两者等同,突破了传统史学观,提高了人们群体的历史创造性。③ 描述民众中心取代帝王中心,以明确新史学的进化论在学界的崇高地位。

姜氏认为美术的起源是人类共同的审美感情的诉求,唯有发展程度差异,知识发达与否。对美术形式(建筑、书画、雕刻、工艺美术)选择,反映出他对美术概念内涵的理解。美术的范围甚广,应包括人类所创造的一切视觉审美形式和造物设计两大部分。视觉审美可分为绘画和书法,造物设计包括建筑、雕刻和工艺美术,一切形式和行为皆为人生直接的需要。姜丹书认为的"工艺美术",谓工艺之带有美术性质者。先民们浑朴无华,对衣食住的修饰虽未知追求的就是审美,然而这正是对审美和装饰的端倪的孕育。它的本质既是对物品进行工艺加工之时,对其带有审美装饰,使得工艺和审美的美术形式结合在一起,两者不再是各司其职互不相干,凡是有人类造物的存在,便有工艺美术的身影。这是首次对"工艺美术"一词进行了定义,将工艺美术门类纳入美术史体系中进行研究编撰,

---

① 姜丹书:《美术史》,商务印书馆 1917 年版。

② 中国美术学院:《史岩文集》,中国美术学院出版社 2007 年版。

③ 郑先兴:《进化论与新史学——论晚清民初文明史学的理论构建之一》,《固阳师专学报》2003 年第 9 期,第 49—53 页。

视工艺美术为美术的组成部分,并对工艺美术的定义、范围、性质和在人类历史社会中的作用及历史地位进行梳理和描述。姜氏对于工艺美术的性质和所指范畴与我们现代的工艺美术概念基本一致,这一称谓也就一直被沿用多年。

在人类漫长的发展历程中,工艺美术的创造实现以手工为主,产品为与人民生活息息相关的陶瓷、刺绣、印染、金木工、建筑装饰等物品。它是直接美化生活用品和生活环境的美术,既是一种生活的美术,也是一种生产的美术。① 工艺美术为人类共创一个美的物质世界,它也反映了一定社会的精神世界。姜丹书选择工艺美术作为美术形式之一,是基于工艺美术作为人类创造历史的不可分的部分。人类社会的发展进程不能没有工艺美术的身影,更不能没有生产者这一群体的身影。

按照工艺美术自身发展的特点和规律来理解工艺美术史也可以是一部造物史。在姜丹书眼中,造物不是依靠某个英雄或天才,而是民众群体的生产劳动改变既有的历史。创造新的规范,某种意义上劳动者才是真正的英雄。人类历史是不断向前推进的,发展也是有规律的,只要掌握规律顺从规律,民众也是可以创造历史的。工艺美术史不再是帝王将相的造物行为,普通民众也参与到人类整体历史发展的进程中。这种重视民众历史发展作用观,是对新史学中"知有个人而不知有群体"的积极回应。

3. 知有陈迹而不知有今务、知有事实而不知有理想的回应

每一类工艺美术品有视觉上审美的需求,也有使用上功能和形式的要求。那么,可以从设计的角度,造物的角度,社会需求关系等方面对它的历史和现状加以叙述和建构。

如,陶瓷:"自神农起,经过不断发展,经过汉晋、五代到宋明,自清以来,著名之窑有三:江西景德窑、湖南醴陵窑、江苏宜兴窑。是景德、醴陵为瓷器,宜兴为陶器。景德自明置御窑后,迄于康乾之间,极形发达,诚鼎盛时代也……道咸以后,日形衰退,民厂出品,每况愈下,泊乎末造。"②介绍瓷器中"釉下画"技术,不但作纵向对比还横向与西洋瓷器抗衡,非常自信地认为"足与洋瓷比短挈长"。叙述陶瓷器制品工艺的更替,对历代各地官窑和民窑的技艺和特色做了对比,分析陶瓷技艺的发展兴衰与社会大背景下经济变迁和市场竞争有着紧密的关系。

染织:"……于江南苏州杭州,特置织造之官。为今日,宁苏杭湖,尚为织物产出著名之区之近因。自顷为外货所刺激,应时世之需要,亟图振奋,力求精美,

① 田自秉:《论工艺美术学》,《装饰》1991年第3期,第8—9页。
② 姜丹书:《美术史》,商务印书馆1917年版。

发展之程,未可量也。刺绣:我国绣法,传至日本,亦在三国之际。而近今日本绣品几驾我而上之。以其能应用画理,我唯死守陈法,故也……然自有日本绣货发现以来,世人之注意,遂一转而在彼。试观北京之平金苏杭之采绣皆不能推陈出新。湖南之画绣虽足差强人意。顾犹虽恃以与日货争光。吾国人其尽亟谋求之。"①对刺绣的描述,回顾刺绣的辉煌历史和令人担忧的现状做出总结。究其商业竞争胜败的原因为能否"运用画理",作者认为彼时北京、苏杭等地传统刺绣"死守陈法"皆不能推陈出新,而转为被动局面。

工艺美术作为美术史的一个门类,姜氏有目的、有逻辑地进行了客观描述。篇章虽简略,但介绍了富于中国特色的、国民生活直接需要的工艺美术门类。文章结构清晰、主次分明,以简练的形式呈现中国工艺美术史的精髓。《美术史》的体例和叙述方式,既继承了中国传统书、画史的衣钵,又呈现了新型美术史编写对西方现代学科分类的接纳。尤其对工艺美术的选择与书、画的主体部分有着同等地位,成为不可或缺的组成部分。姜丹书对工艺美术技艺的现状评价论述平实概括且不失精准,他不完全依赖对古代文献材料的选取和整合,也不一味夜郎自大,对工艺美术曾经的辉煌沾沾自喜,而是对发展现状和现实做客观总结,分析其兴旺和衰败的原因。这在当时的美术史论著中,极为鲜见。姜丹书对梁氏的"知有陈迹而不知有今务、知有事实而不知有理想"发问做出学术研究上的回应。

作为国内第一批毕业的图画手工科本科生姜丹书,在全盘接受日本美术教育模式下,按照日本对中国美术史的研究和分类,把工艺和美术扭结在一起解释手工制品的定义,在中国美术史研究中最早将"工艺美术"列入美术史的研究范围内,这一论断就不足为奇。[2]

综上所述,从时间的顺序点上和对美术形式选择的理由方面确定姜丹书在《美术史》中提出的"工艺美术"一词,在国内应是第一人。通过对"工艺美术"专有名词在中国的出现及发展,使得我们清晰明了,新体例工艺美术的叙述呈现了社会生活范围上的扩大,中外文化的交融与互动,艺术与商业、生产者、社会生产等关系日益密切的结果。"工艺美术"的出现,表明了中国传统美术史叙述从传统单一形态向现代多元形态转变的趋势,并为其提供了坚实的理论背景和研究方法,使工艺美术史的整体研究和叙述在方法和历史观念上更具科学性和系统性。姜氏对早期工艺美术理论探索是我们对工艺美术史整体研究继续向前推进

① 姜丹书:《美术史》,商务印书馆 1917 年版。

的基石和向导。

中国美术的现代性有着多重性与复杂性，它的现代性历程贯穿于中国现代民主国家的构建过程中，20世纪初的美术史学的现代性与美术的现代性有相同的历史背景和现实需求。姜丹书出生清末耕读世家，科举制度下私塾教育为他打下坚实传统文化基础。现代民主国家的构建与新式学堂的科学文明开启了民主国家"新国民"意识，在清末民初西学东渐的社会大潮中，姜氏以一位独立自主、爱国爱民的新国民身份，编著了国人第一部《美术史》。从撰写者的身份、目的、艺术史观和文艺并重的编写方式给中国传统美术史除去了千年的风尘。《美术史》的撰写不仅仅是教学工作的需要，还是重振民族精神、重塑民族自尊的神圣职责，更是包含着确证中国文化价值的动机。

第二节　美术造型原理书籍的编撰

除了早年编著的《美术史》和《美术史参考书》，姜丹书在杭州国立艺专和上海美专教授艺用解剖学和透视学时，又孜孜不倦地写出了国内出版最早的《艺用解剖学》和《透视学》。

一、《艺用解剖学》对造型艺术的贡献

自从19世纪以来人体解剖学对人体结构的研究上有了较大的发展，对中国普及人体造型结构，做出了极为宝贵的贡献。国内真正全面系统的研究总结并介绍人体结构的理论应用于造型艺术，则始于20世纪30年代。对这门学科做出贡献的开拓者之一即是姜丹书先生。

追溯中国解剖学的发展历史，受儒家忠孝的思想影响，"身体发肤，受之父母，不敢毁伤"以至"医乃仁术"，不能剖剥人体，还往往受到传统习俗的制约。因此，在整个封建社会里，人们只能在兵荒马乱、刑戮、疫病暴发时机进行一点解剖。历来的封建政府也都制定各种法律条文，对人体解剖行为进行限制。所以中国造型艺术上解剖学的发展步履艰难，始终未形成一种独立的体系，发展非常缓慢。[①] 至于绘画上的人体解剖问题，更是没有多少现存的理论，因为中国传统绘画中一般是没有裸体，所以不需要从这方面努力。随着西方科学的崛起，人体解剖成为医学中的研究内容，《艺用人体解剖学》少不了向医学人体解剖学习借鉴。如何将医用人体解剖与艺术表现结合起来，显然是一个全新的研究问题。

---

① 曹兴军：《解剖》，中国美术学院出版社2009年版。

1929 年,姜丹书编写《艺用解剖学》(图 2-4),1930
年由商务印书馆出版问世。先生于五月在《艺用解剖
学》卷头语中写道:有位朋友说:艺术解剖学,在今日的
我国已十二分需要了!……幸而,近年有一个促进的
机会,就是上海美术专门学校和西湖国立艺术院,因为
暂时没有礼聘到呱呱叫的角儿的时候,姑且叫我来承
乏几天,我想,不承乏则已,既承乏了,就不应该空口讲
白话,弄得学友们连那校正笔记的张本也苦于一些没
有。所以实行尝试的勇气,忽然涌将出来。于是乎搜
集资料,起稿,试用,修正,再修正,再再修正,常常工
作,一直努力了两长年,方才成功了这些……再,本书

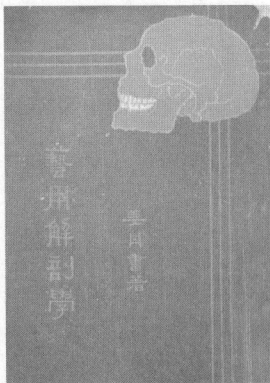

图 2-4　《艺用解剖学》

题名,初从一般熟语,称为《艺术解剖学》。旋与老友徐志摩君作逻辑的讨论,以
为"艺术解剖学"本是 Anatomy is Art 之意,然若门外人就字面解释,亦易误作
Anatomy of Art 之意,则大谬矣。按"艺术解剖学",拉丁文当作 Anatomy
Artibus。首先以汉字译题书名者,属诸日本著作物,其中有称"艺用解剖学"者,
有称"艺术解剖学"者二名之中,我国艺术界沿用,固以后者为普遍;然顾名思义,
则以前者为妥适,犹之"农用化学"及"药用植物学"等类云尔。本书为我国破天
荒之出版物,自应注意正名,故改作今称。关于此点,当深感徐君![1]

此后姜氏又据自己多年的教学经验,在 1958 年,
再度编著了《艺用解剖学三十八讲》(图 2-5),1958 年
7 月上海人民美术出版社出版。《艺用解剖学》,将"人
体解剖学之应用于艺术方面者也。"[2]姜丹书的这一著
作,可谓资料翔实,阐述细腻,且论理科学,自成体系,
颇具民族特色,是我国美术技法基础理论的权威著作
之一。

在姜丹书之后,艺用解剖学之类的书籍也开始陆
续出版。如:1934 年,张宗禹译绘《艺用人体解剖图》,
介绍法国波利奢博士所著的《艺术解剖人体学》一书。
1935 年,陈之佛《艺用人体解剖学》(开明书店出版)。

图 2-5　《艺用解剖三十八讲》

①　姜丹书:《姜丹书艺术教育杂著》,浙江教育出版社 1991 年版。
②　曹兴军:《解剖》,中国美术学院出版社 2009 年版。

1957年，文金扬编著《艺用人体解剖学》，流行于20世纪五六十年代我国各高等院系中。20世纪70年代初，高照、方增先、陈聿强等编著《艺用人体结构》，成为不少现代中青年美术家及学校美术的启蒙读物。

二、《透视学》的现实意义与价值

在美术技法理论中，《艺用解剖学》和《透视学》是非常重要的两门学科。近现代美术教育中引进了西方绘画理论，如人体的素描练习和雕塑中的人体塑像，都需要掌握人体比例、骨骼、结构等内容，这就需要掌握人体解剖知识。另外，在风景、静物、场景等绘画作品中对远景、中景、近景的安排，就是透视的学问了，所以对艺用解剖和绘画透视学的掌握成为学习造型艺术的基本功了。在教学实践中普遍重视对自然的观察和模仿，也就是如何真实地再现自然。对自然的观察和认识以及真实地表现就要求掌握科学的技巧和方法，掌握透视学和解剖学就是把自然逼真表现出来的必要前提技法和条件。

中国画也有自己的透视规律，如宋代郭熙的"三远法"（平远、高远、深远），我们称为散点透视。但是如何针对西画中的"一点透视"（定点透视或焦点透视）原理，编写新的绘画透视学教材或专著，是一个新课题也是个难题。[①]

民国二十年十二月，姜丹书从现实需求出发，结合教学实践编著《透视学》（图2-6），于民国二十二年（1933年4月）由中华书局出版《透视学》，1935年再次出版。透视学所涵盖的艺术范畴更为宽泛，其中人物绘画、建筑透视、舞台布置与美术都和透视的空间表现相关。先生在卷头语中讲：透视学，是图学上和画学上一种重要的法则。譬如不懂文法而做文章，当然做不好；不懂这种法则而制图（专指远近图），而画画，也是一样的不成功……我国学者努力研究西洋画的显明历史，已有二三十年，但是中国人自己著作的透视学书籍，可惜至今还是没有！我这本小册子，是从前在国立西湖艺术院任讲座时撰写的讲稿，常常撰

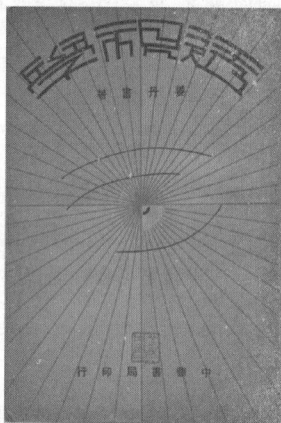

图2-6 《透视学》

写，直至现在，才告杀青。其中，亦曾经过上海美术专科学校试用，尚觉容易使学者领会。[②] 先生针对认为画西画要学透视，而画中国画则不必学透视的观点进

---

① 陈池瑜：《中国现代美术学史》，黑龙江美术出版社2011年版。
② 姜丹书：《透视学》，中华书局1935年版。

行了一番论证，指出了中国画也应该遵循透视规律，特别是国画中的横幅构图，也是要运用透视学原理。先生于 1935 年自述中认为"余致力国画，固已垂三十年。而前十五年中，亦同时致力西画。觉得西画有助于国画的三个方面分别是：构图、线条、渲染。中西画法之关系，非路人，乃是通家。非但通家，乃是姊妹花。"①先生以亲身实践现身说法，以西画学习为启蒙入国画的路径，有别于传统的教法，实属别具一格。

书中讲述透视学的基本原理、直线消失于视点时一定的规律、直线消失于距离点时一定的规律、曲线及曲线形体的透视规律、各种规律的应用问题、阴影与透视、反影与透视、写生上的要诀等十章。每个章节中都有图例说明，主要以例题的方式说明各个规律中的各种情况，类似数学教科书的例题。如，第一章关于正方体的研究，第二章，直线消失于视点时的定律，用十一个例子说明各种情况，先是设置疑问，然后给出解答，说明方法和理由。这样编写，简单明了，方便学生在掌握各定律的同时了解如何用到具体情况中。②先生非常注重对透视学原理和规律的阐述，同时也将如何解决的方法、范例的绘制加以结合，本书的意义在于他对绘画基础技法的重视，更强调了绘画创作本身的重要性，它是我国现代绘画透视学的第一本著作。

姜丹书先生曾说，要研究透视学，必须把它的原理了解明白，方能推广应用，左右逢源；倘若徒讲方法，往往不能触类旁通，知二五而不知一十。所以我的编制，注重在提纲挈领：先将千端万绪的线条，分为八类，即设八个"定律"，作为总纲；然后择要设题，为基本的演习，对于"方法"和"理由"，连带说明，且遇着学者易生疑问的地方，设为"问答"，反复指示；意在使人彻底明了，能够达到"一法通万法通"的要求。凡事，起初总是浅薄的，到后来，大家愈研究愈精深，方才有特别好的东西出来。这样，这本小册子的谫陋，自是当然的，希望大家指教。再，本书各图，承吾友邱玺君费神制绘，附此致谢。先生为此书写的卷头语，更是教学和研究的心得与教学方法。当时，先生自己曾说过，"这两本简陋的书，都是由在该校教学时的教材编辑而成的，也算是最早开辟道路时所建筑的小小的桥梁。"谢海燕认为《艺用解剖学》和《透视学》这两本书"都是国内最早且较好的专著"。③先生的这两本著作被称为姊妹篇，对国内西洋绘画具有很强的辅导价值。

中国古代文人"达则兼济天下，穷则独善其身"的为人做事准则，在失利下退

①　姜丹书：《姜丹书艺术教育杂著》，浙江教育出版社 1991 年版。
②　于晓芹：《姜丹书美术教育思想研究》，上海大学 2008 年硕士论文。
③　陈池瑜：《中国现代美术学史》，黑龙江美术出版社 2011 年版。

而隐逸修身,崇尚清淡标榜老庄。放弃世俗功利,移情与绘画与自然对话,自我的精神满足。以笔墨功力评判绘画品格,使得传统绘画与科学技术,绘画与工艺生产完全分道扬镳,成为独立于科学之外的文人自娱自乐的高雅戏墨。绘画中的写实能力的示微,使得绘画丧失了实用功能。相反,西方的文艺复兴时期,图像作为一种叙述的辅助方式对科学的传播起到举足轻重的作用。即西方人用图文对照,相互印证的方式来思考和解决问题,才使得近代科学在西方萌生,瓜熟蒂落水到渠成一般顺利。① 现代科学文明的进程是西方国家社会崛起的强大推进力,成为侵略战争的主力军,中国近现代科技的落后导致了被动挨打的局面。

中西文化激烈碰撞的 20 世纪,无论在思想认识还是实践中,都存在怎样认识西洋美术的问题,也有怎样追问民族艺术存在价值的问题,两者都关系到艺术创作中的文化立场和文化策略。② 20 世纪之初,中国的知识分子引进近现代西方科学文明,对社会乃至整个客观世界的认识发生了翻天覆地的变化,民主与科学思想渗透到中国文化的各个领域,对传统绘画的弊病和呆滞不前的现状进行了猛烈的攻击,不少艺术猛以西方写实绘画对传统绘画进行改革。提倡自由发挥、抒写个性、不断创造的新美术;倡导写实精神,冲破文人画的禁锢,体现美术革命中的科学与民主。

西洋画是西方文明之物,中国画是东方文明之物,都有各自存在的价值,因此要守住佳者,继承垂绝者。在文人画家看来,艺术和科学是两相对立的,但新文化的精英们深刻认识现代西方科学文明对改造中国画具有强大的精神力量。从某种程度上反映了这个时代人们对科学求真的理性精神的崇拜。③ 在时代洪流中的姜丹书编著了透视学、解剖学和色彩学等理论著作,作为科学手段为艺术实践指导,推动中国绘画学习西方造型艺术技法,实际上也反映了他对具有科学写实精神西方绘画文明的追求。被描绘的客观物体比例关系、内在结构以科学的理解和写生的训练下,丰富了中国画的表现力。西方写实绘画对造型能力的掌握和对客观世界生活的关注,为中国画转向现代性、持续发展提供了新思路。

---

① 林凤生:《中西绘画的不同风格对科学传播的影响》,《自然杂志》2006 年第 6 期,第 357—360 页。

② 尚辉:《20 世纪中国美术现实主义内涵的变化与发展》,《文艺研究》2007 年第 6 期,第 92—100 页。

③ 尚辉:《20 世纪中国美术现实主义内涵的变化与发展》,《文艺研究》2007 年第 6 期,第 92—100 页。

第三节　《建筑通解》^①书稿解读

20 世纪初,建筑史的写作和教学始于西方近现代教育体系的引进,为了教学之需,近现代艺术教育先驱根据日本和西方学者的艺术史写作方式,将雕刻、建筑、绘画和工艺美术作为美术史的内容,撰写了近现代第一批美术教育教材,如,姜丹书的《美术史》,其主旨是"遵东西作家之先例,分建筑雕刻绘画工艺美术四大纲,汇类述之"。《美术史》中第一章便是建筑,其次是雕刻、书画部分和工艺美术。大概囿于草创阶段,资料匮乏,所述的内容相对简单粗浅。时过境迁三十年后,姜丹书又受中华书局之托,又单独撰写了《建筑通解》一书,手稿完成正值上海解放,未能正式出版,但是书稿被保存了下来,姜书凯(姜丹书幼子)将手稿整理并形成电子文本,并无偿提供与笔者,因此有幸能看到。1949 年 10 月,姜氏在自己书稿的序言中写道:编辑此书的目的是给读者一些常识和积累一些史料,纵论古今上下,横议东西南北,集成《建筑通解》一稿,以应中华书局之托。

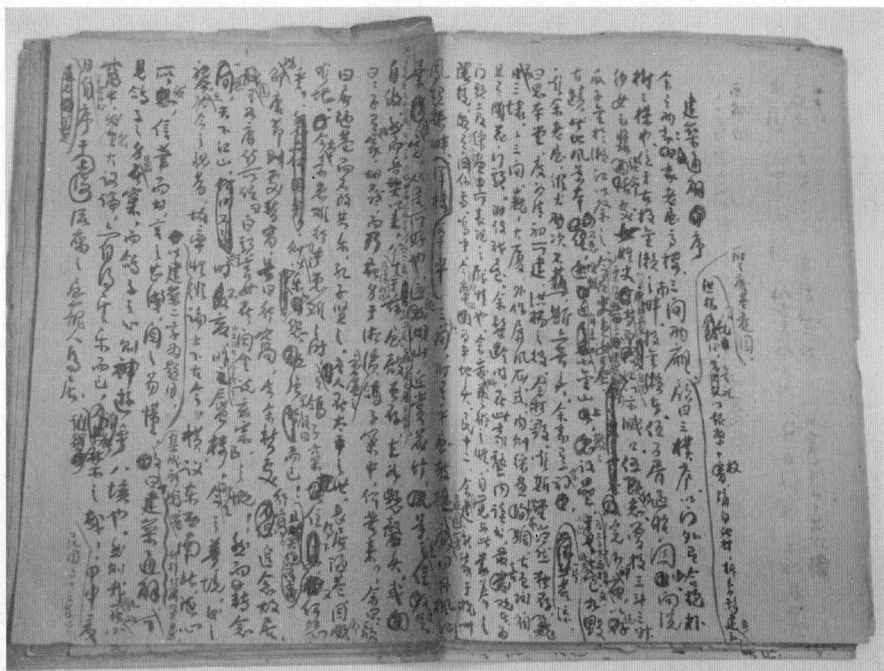

图 2-8　姜丹书《建筑通解》手稿

---

① 姜书凯提供《建筑通解》书稿手稿。

一、美术史视域下的建筑史形态

美术云者,即用思理以美化天物之谓。……咸得谓之美术;如雕塑,绘画,文章,建筑,音乐皆是也。[①] 鲁迅认为美术应包括雕塑、绘画、建筑、音乐和文章等,蔡元培也将文学、音乐、图画、雕刻、建筑等科目包含在美术中。《美术的起原》将美术分为广义与狭义。广义的是指各种美术外,又包含文学、音乐、舞蹈等。狭义的指雕刻、图画和工美美术(装饰等)等。[②] 由此可见,在清末民初时期,"美术"作为一个特定的学术范畴,其内涵和外延上逐步发展成一个完全不同于中国传统学术的独立"属概念"的学科雏形,它下面涵盖诸如文学、绘画、雕塑、建筑、音乐、舞蹈等一系列的"种概念"。[③] 姜丹书《建筑通解》书稿中第二解——"建筑与美术"中写道:从来称"建筑""雕刻""绘画"为"三大艺术",此三种艺术固然为各自独立的部门,但雕刻与绘画,尚可脱离建筑而独立,如建筑物不欲美化则已,如欲美化,则非连带雕刻与绘画不可!无论外国建筑与中国建筑,一切局部的装饰,非雕刻即绘画,故雕刻与绘画,实为"建筑的姊妹艺术"也!

如,墓室里的壁画和画像石、砖,石窟雕刻与庙宇里的彩塑和壁画,西方教堂里的壁画和雕刻等,离开建筑就无法解释和欣赏。建筑还是提供人类的生活空间,影响了人们的生活方式和内容。建筑史不和美术史链接,许多造型和演变也无法理解。西方建筑制图中的剖面图和三维效果图的产生,就接受了达·芬奇人体解剖图的启发;再比如英国18世纪园林艺术便与法国画家洛兰的风景画关系密切,有些园林中的布局或景点建筑就直接模仿了法国画家洛兰的风景画。所以,美术史与建筑史天生就纠缠在一起。[④]

不管人们是否意识到,绘画、雕塑、建筑、艺术设计和工艺美术在内的一切视觉艺术,便构成了一个艺术综合体,[⑤]文艺复兴时期的巨匠,莱奥纳尔多、拉斐尔与米开朗琪罗就是将这三门艺术加以综合研究并实践的。在西方的艺术发展史中,建筑在文艺复兴时期就跻身视觉艺术的行列,摆脱了纯实用的功能主义,成

---

① 鲁迅:《儗播布美术意见书》,选自《鲁迅全集》,人民文学出版社1981年版。

② 蔡元培:《在北京大学音乐研究会之演说词》,《在中国第一国立美术学校开学式之演说》,《美术的起原》,选自《蔡元培美学文选》,北京大学出版社1982年版。

③ 贺昌盛:《晚清民初"文学"学科的学术谱系——从"词章"到"美术"再到"文学"》,《学术月刊》2007年第7期,第113—119页。

④ 陈平:《美术史与建筑史》,《读书》2010年第3期,第157—161页。

⑤ 陈平:《建筑史写作中的几个问题》,《新美术》2006年第27期,第98—108页。

为表达新观念的主要媒介之一。① 因此在美术史的视域下,建筑是画家和雕塑家作品集中表现的对象,也是作品展示的场所,因此美术史家同样要研究建筑。

西方艺术史领域里,建筑归入美术的范畴,因此早期的建筑史的编写方式受美术史的影响颇深。建筑史的编写最早可追溯到瓦萨里的《名人传》,以传记的形式记载了文艺复兴时期众多的建筑师,如果把这些传记作品整合起来,便是完整的传记体文艺复兴时期的建筑史。瓦萨里的这一观念在西方的艺术教育中确立并传承下来,如,欧洲的第一所美术学院——佛罗伦萨设计学院及后建立的各大美术学院,都将建筑、雕刻和绘画融为一体,并且这一做法遍及欧洲各地的美术学院。这种三合一的整体美术观一直延续到现代。1919 年创立的包豪斯,任教的教师都是西方建筑、绘画和雕刻领域的先锋艺术家,就连校长本人也都是著名的建筑师。佩夫斯纳在其著作《美术学院的历史》中认为现代建筑的创新与绘画、雕刻和装饰艺术中的革命密不可分,现代建筑是整个现代艺术运动中的组成部分。②

然而,中国的美术史上,建筑、雕刻往往被忽略,其中的原因可能有,一是建筑艺术能明显展现的石窟和寺庙艺术的衰微,二是文人画的崛起成为精英文化的主流形式,三是建筑和雕刻被视为"皂隶之事""匠作之事",建筑和雕刻都是体力劳作和粗重材料打交道,为文人士子所鄙视,所以在清末之前不可能进入文人的视域进行研究描述。因此,我国历史上有画学但没有雕塑学或建筑学,有画史而没有建筑史或雕塑史。③ 其中的原因非常繁杂,但其中之"重道轻器"的观念是至关重要的因素。

正如梁思成所言:建筑在我国素称匠学,非士大夫之事,盖建筑之术,已臻繁复,非受实际训练、毕生役其事者,无能为力,非若其他文艺,为士人子弟茶余酒后所得而兼也。然匠人每阁于文字,故赖口授实习,传其衣钵,而不重书籍。数千年来古籍中,传世术书,惟宋、清两朝官刊各一部耳。此类术书编纂之动机,盖因各家匠法不免分歧,功限、料例漫无准则,故制为皇室、官府营造标准。然术书专编,士人不解,匠人又困于文字之难,术语日久失用,造法亦渐不解,其书乃为后世之谜。对于营造之学作艺术或历史之全盘记述,如画学之《历代名画记》或《宣和画谱》之作,则未有也。至如欧西,文艺复兴后之重视建筑工程及艺术,视为地方时代文化之表现而加以研究者,尚属近二三十年来之崭新观点,最初有赖

---

① 陈平:《建筑史写作中的几个问题》,《新美术》2006 年第 27 期,第 98—108 页。
② 佩夫斯纳:《美术学院的历史》,陈平译,湖南科学技术出版社 2003 年版。
③ 陈平:《建筑史写作中的几个问题》,《新美术》2006 年第 27 期,第 98—108 页。

于西方学者先开考察研究之风,继而社会对建筑之态度渐改,愈增其了解焉。①

在西方的艺术文化中,建筑、雕刻和绘画的联系不但十分密切,而且被官方教育制度化了。② 于是,建筑是美术(或称为视觉艺术)的重要一部分,西方的美术史家写作建筑时,将其放置在美术风格的背景下展开描述,如,贡布里希的《艺术的故事》每个章节里的第一张插图必是建筑,建筑在视觉艺术中的位置是首要的,他可以作为一个风格时期的标志,也是一个民族文化艺术的表征。③

姜丹书是一位美术史论家,从他的《建筑通解》撰述可以看出建筑史与美术史的亲缘关系,这种关系源于西方人"美的艺术"传统,将建筑、绘画和雕塑合并于一体。但是在中国人的传统视域下,建筑并未被作为艺术来对待。然而,将匠人之作的建筑视为艺术,并以美术史的观念来研究并撰写建筑史,这是一项非常了不起的挑战之举,遗憾的是最终书稿没能出版,世人无法阅读到这本《建筑通解》。

二、进化论的建筑史观

中国传统学术史上,并无统一的视觉艺术的概念。近现代的艺术(美术)范畴内,由于它的社会功能"成教化,助人伦,穷神变,测幽微"维护着政教统治和伦理纲常,在文化方面可补文字之不足,与"六籍同功",所以绘画的地位也就最显著。从唐代张彦远的《历代名画记》伊始,到清代张庚《国朝画征录》,画学著作汗牛充栋,而中国建筑史学的撰写始于 20 世纪 40 年代的梁思成先生。梁思成堪称中国现代建筑学界的领军人物,他的《中国古代建筑史》和《图解中国建筑史》这两本著作完成于 20 世纪 40 年代,但直到 80 年代才首次出版。其中《图解中国建筑史》的撰述方法采用了西方美术史学中风格、形式分析方法。梁氏的做法是从中国建筑中最基本的结构部件即圆柱及斗拱入手,通过测量其比例、尺寸和造型的演变进行分析,并以风格来划分时期。④ 姜丹书撰写建筑通解的期间,阅读到梁思成的建筑著作的可能性极小,一是梁氏的著作并未出版,二是在他们的学术研究上没能发现有联系的迹象。因此,姜丹书对建筑的研究和撰写源于他自己多年来的美术史研究方法和书写方式。

---

① 梁思成:《中国建筑史》,选自《梁思成全集》,梁从诫译,中国建筑工业出版社 2001 年版。

② 陈平:《建筑史写作中的几个问题》,《新美术》2006 年第 27 期,第 98—108 页。

③ 贡布里希:《艺术发展史》,范景中译,天津人民美术出版社 1998 年版。

④ 梁思成:《中国建筑史》,选自《梁思成全集》,梁从诫译,中国建筑工业出版社 2001 年版。

撰写建筑史讲究方法，了解作者的史学观后才能领略书中旨趣。姜丹书在编写书稿之际，就开始研究方法了，以风格、地域、功能来编排内容，并且延续美术史的编写方式，一反朝代兴衰和政权更替来分章节编写。他将建筑艺术的发展比作人的身体一样，有着诞生、成长、衰亡等客观规律，这也是西方艺术史论写作的原始方法称为生物循环法。

书稿中第一部分简要地叙述了从"建筑与人生""建筑与美术""世界建筑的系统与中国建筑的国风"。第二部分把中国的建筑划分为"中国的原始建筑与进化的初期过程""中国建筑进化的中期过程""中国建筑进化的近期过程"，附加了"西洋建筑进化的特色与中国"。第三部分论述了"中国的建筑工程及建筑物""防御性的建筑物各论""住居行的建筑物各论""纪念性的建筑物各论""宗教性的建筑物各论""交通性的建筑物各论""游观性的建筑物各论"等内容。

对"中国建筑进化的进程问题"，姜丹书在《美展》刊物上作了阐述，发表在1929年第10期《中国建筑化谈》一文中，概述中国建筑的起源和样式的演变历程。受新史学观念的影响，姜丹书将建筑划分为中国建筑史和世界建筑史；中国建筑按照类型来进行分类，建筑的发展演变按照进化论原理分期：初期、中期和近期。

（一）中国原始建筑进化的初期阶段

建筑初期自人类"穴居、巢居"进入杙工建筑时代，初期只能利用天然的材料，施行人类本能的技法，而造成土墙草盖的原始房屋。在号称开发文明初祖的黄帝时代，虽有所谓宫室，所谓明堂，以及楼、阁、庙、灶等名目，然不论高贵的帝居与贫贱的民居，一概都是草屋；降及唐尧虞舜时代，还是如此。

建筑到了周朝，一是重重难关已被打破，二是周朝的政治方针定为尚文主义，故为发达时期。其前期因有周公的计划，规定种种建筑制度，载于《周礼》者，班班可考。官家建筑物及公用建筑物，如朝堂、宗庙、学校、城池、市街、道路、桥梁等，无不整齐、宏大而华美，至后期春秋战国时代，又因天子失权，王制破坏，一切毫无约束力，于是各国诸侯，肆无忌惮，竞奢斗靡，为所欲为，无不崇尚宫室之美，且各自为政，各树其分，造成各种地方性的式样，同时又出了许多技术人才，所以中国建筑式的大体形制，便确立一种"奕世典型"了。

西周时代，政令统一，所谓"车同轨，书同文，行同轮"（《中庸》）的时代，建筑制度亦必大同，且《礼记》中"王制篇"及"月令篇"，皆载有"作为奇技淫巧者，杀无赦"的明文，可见在天子握权时，亦无人敢斗新立异，到了东周以后，王纲解纽，列国诸侯，各自称王，各自为政，无所谓制度。因此必以风尚的不同、设计的不同、材料的不同、技巧的不同，而生出许多大同小异的地方性作风来。故《史记》有曰："秦每破诸侯，写放其宫室，作之咸阳北坂上"，"写放"者，描写模仿之谓也。照此看来，可见当时各国多有特殊样式的宫室，秦王（即始皇）爱之，一一仿建，煞是好看，故当时的咸阳北坂上，赛过各式建筑模型的陈列场了。中国建筑史上趋于进化发达的境界，此是一个大明证，且后世各地建筑作分，发生许多大同小异的观感，此亦是一个大因素。

（二）中国建筑进化的中期阶段

姜丹书归纳建筑发展的过程，自秦到唐，为中国建筑的中期。中国建筑独创于上古，促进于"桀""纣"，胎形完成于周朝，体制完成于汉朝，南北朝时期经历的佛教的影响。佛教对建筑的影响不大，只是增添了许多宗教性的建筑而已，与胎形无关，对于体制上不过皮相上略有增减而已，根本上并未发生大变化。

始皇帝嬴政在建筑方面最大的功绩便是，国防功能的万里长城，其次是阿房宫和坟陵。《史记》曰：秦每破诸侯……南临渭，自雍门以东，至泾渭，殿屋复道，周阁相属。复道，就是"高架走廊"，术语称"走马楼"或"走马廊"，上层可走，下层可走，为许多宫室互相交通的御道，晴雨不择，日夜可走，故曰复道，曰相属。又曰：关中计宫三百，关外四百余。这真是了不得的宏大壮丽了！所以《史记》又曰：项羽屠咸阳，焚其宫室，三月火不灭。

汉的建筑体制，当然比诸周、秦，更为完善，且在建筑装饰上，又添了许多新花样，而流传到今日不衰。如飞鱼鸥吻、藻井和铜凤。铜凤，台或阙的顶上，置铜凤作为装饰。到了三国，因佛教的关系，大受外来的影响，故自汉朝以前，建筑的发展向以宫室为中心，至三国，经两晋南北朝，一变而以寺塔为中心。《后汉书》曰：陶谦（汉末人）大起浮屠寺，上累金盘，下为重楼，又堂阁周廻，可容三千许人，作黄金塗像，衣以锦彩，每浴佛，则多设饮饭，布席于路，其就食及观者万余人。

汉以后、隋唐以前，为整个的佛教美术发展时代，不但建筑以寺院为中心，即雕刻、绘画亦全蒙宗教的色彩，寺院内所雕刻的装饰物，如狮、象、莲花等，采用现有题材，所画的壁画，亦多为鬼神、云气、地狱以及其他佛经上的故事，可见已混成一贯的作风，尽量发展寺院方面。

隋朝统一天下，建筑中心复归于宫室，又大兴土木，营造宫室。到了唐朝，国运大转，整个文化，蔚然昌盛，即以建筑艺术而论，宫室既承前朝累代的遗产，又添许多有名的新建筑，如大明宫、华清宫等等，其三内（皇帝居处称大内，唐时大内以太极宫为西内，大明宫为东内，兴庆宫为南内，合称三内）的平面配置图记载在《长安图志》，阅之诚历历如见，唯一关于体制上，仍旧观，未有何新花样添设出。

五代，又是乱世，中原与北方，战祸最烈，独东南一隅，幸有吴越王钱氏祖孙五代都抱持保境安民主义，所以没有卷入战祸，且信崇佛教，好做功德，所以那时的政治中心杭州，变成后世所谓佛地，许多寺院，大都为那时所建，今日有名的西湖三塔，即其一也（三塔者：雷峰塔、保俶塔、六和塔是也）。

（三）中国建筑的近期过程

近期起始为宋，宋朝起初建都于汴梁，以开封为东京，以洛阳为西京，两京的宫殿，宏伟壮丽。太宗之时，田锡有曰："军营马监，靡不恢崇；佛寺道宫，悉皆轮奂"。不但宫殿，宗教的建筑物，亦继续增盛。南渡以后，迁都于杭州，号称南宋，从此杭州为政治中心，寺院的兴盛，尤过于宫室。

宋朝建筑的文献，《营造法式》编修成功。此书之编修历二三十年之久，以皇帝的命令，专职人才，既博考群书，探讨建筑的原委，又召集各专业匠师，讲究式样、技法、工程等实际问题，著成此书，为中国的建筑宝典。我国自古以来，建筑无专书，虽有各种典籍，偶然记载其一时一人，或一事一物，亦是东鳞西爪，道其皮毛，极少涉及实际技法的著作，故历代建筑艺术，由于各种匠人师徒传授，藏于腹中，出于手上，无法提供任何人研究，自亦老死不知变化。自从《营造法式》一书出，中国建筑学上一大进步，实为继往开来，从此以后，一切体制、一切技法，都了如指掌，欲加研究，有所取资。

元朝崛起于蒙古，灭金灭宋，统一天下，仍都北京，添造宫室，踵事增华，因其自家"蒙古包"，并无先例可仿，故一切建筑制度与式样，完全属于汉人的固有化。

清朝，崛起于满洲，在未入关以前，已在奉天大起宫殿，既入关后，便在北京享有现成江山。前半段的一切政制都步趋明朝，所居宫室，固然承制前代的遗产，而新添者亦不少。北京有所谓"样子雷"者，自明初以来，承建历朝宫殿的工头，姓雷氏，所出的小样，即某宫、殿的雏形，所藏的各式雏形甚多，且世世代代以此为业，故因而出名也。清朝到了中叶以后，西洋的文化思潮，传教的因素，西式的教堂建筑，实现中土；继而通商的关系，西式的建筑，又现于各口岸，于是中国的建筑，起大变化，非但外形上的作风不同，技法上亦大大不同。

建筑美术，不比其他美术的隐约而难宣，它既是实用又是庞大，且是露天的，所以它的宣传性、诱导性、模型性甚大而甚速。但国人的思想久受八股的束缚，守旧的风气十分顽固。所以近百年来，西洋建筑的作风，虽已传入中国，然其初仅属于基督教堂及通商大埠的大洋行、大洋楼而已，都属于外国人自建而自住的,此风气,政制上亦有所不许。而皇宫内之有西式建筑,只有乾隆年间,在"圆明园"内特建一座西式的宫殿,乃为例外。直到光绪庚子(廿六年,义和团事变,八国联军侵入北京城)以后,一切政制大加改革,废科举兴学堂,京师及各省省会新起的大学堂,首先采用西式建筑。于是上行下效,风气大开。

民国成立以后,一切政制,加大改革,关于建筑体制的采用,完全自由,于是通都大邑之中,不论公私建筑物,凡有兴作,必多趋于时代性的改观,绝少完全守旧。

姜氏归纳中国建筑独创于上古,促进于"桀、纣",胎形完成于周朝,体制完成于汉朝,第一次外来的大影响是南北朝时的佛化;第二次外来的大影响,是清末以至现代的欧化;佛化的影响,不过大量添出许多宗教性的建筑而已,与胎形无关,即对于体制,亦不过皮相上略有增减而已,根本上并未发生大变化;至于欧化的影响,却是甚大了,但胎形与体制完全不同,将中国前所未有的西洋建筑物,整个的搬入了中国,所以不但有些地方起混合作用,除固有的以外,添出许多新型建筑。

三、建筑史的撰写方式

王国维的文献与考古相互参证被陈寅恪归纳为"二重证据法",对史学研究产生深远而广泛的影响。王氏的文献便是文字材料,考古是指安阳出土的青铜铭文和甲骨文等材料。通过"二重证据法"的考据,得出较为可信的结论。这些结论一般是历史事件,如它发生的时间、相关人物等用这两种材料相互论证,在中国近代学术研究非常重要。[①]

(一)典籍文献法

姜丹书的典籍爬梳能力极强,发挥个人的强项运用典籍研究法,引用大量文献考据和建筑物相结合来对待研究对象。姜氏言:我国的房屋式样,向无一定明目,房屋中最讲究者,莫如宫殿,故凡四角翘起的房屋,便泛称它为宫殿式;但我于民国六年编印《美术史》(商务印书馆出版)时,却赋予一个特色的名词,曰"翚飞式",此乃周朝时所确定形成者也。

如,宫殿庙宇四角张飞的式样为例,亦可从《诗经》中《斯干》一诗中得到印证。周宣王新宫落成,臣下所献的颂词。此诗有云:"如鸟斯革,如翚斯飞",是形容此宫的美态,文中描绘的"如翚斯飞"一词便可得到证实。"翚"便是雉鸡身上

---

① 巫鸿、朱志荣:《中国美术史研究的方法》,《艺术百家》2011年第4期,第62—69页。

的纹样，受了惊吓慌张扑飞着，它的头向前伸着，尾巴向后翘起，双翅左右分张。诗人的形容妙到极致，据此看来，得知四角出挑的宫殿建筑之美来自对鸟的模仿。周朝时，宫殿建筑的"翚飞式"便成为固定的样式。按：《纲鉴》载：黄帝时"凤凰巢于阿阁"；《考工记》曰："商人四阿重屋"，所谓"阿"者，屋角也；四阿者，即四注屋也；照此看，四面出水之屋，早已作兴，至周宣王时所筑的新宫，必为四面有翼然之飞檐者，故以鸟革翚飞的形状比喻之。翚，雉鸡也，雉鸡身上，布满美丽的花纹，故古称南方文明之鸟，且雉鸡长尾娇翼，其飞翔时，头向前伸，尾向后翘，两翼向左右开展，极像宫殿式房屋四个挑角上举的样子，据此，已可证明那时宫殿外观的形状，与今日的仿佛了，故我本此意义，定其明目为"翚飞式"，谁曰不宜？[①]

凹凸寺的来历，《建康实录》曰：一乘寺，梁邵陵王纶造，寺门遍画凹凸花，代代称张僧繇手迹，其花乃天竺遗法，朱及青绿所成，远望眼晕如凹凸，就视即平，世咸异之，乃名凹凸寺。姜丹书在《美术史》中就已经记载了凹凸画的来历，印度僧侣，往来不绝，印度艺术，自必挟以俱来，况僧侣之中，不乏高手，道释画家，声应气求，故张僧繇所绘一乘寺之凹凸花，与印度阿近他窟之壁画同一手法，我国古来不用阴影法，至此始参印度晕染法也，此技巧进步之可见者又一。此种手法，同时传至日本，大和法隆寺金堂之壁画，是其明证。

姜丹书从《纲鉴》《古史考》《礼运》《书经》《禹贡》《孝经》《考工记》《周礼》《庄子》《诗经》《中庸》《礼记》《史记》《三辅黄图》《汉记》《西京赋》《后汉书》《高僧传》《宋书》《洛阳伽蓝记》《建康实录》《大业杂记》《长安图志》《六贴》《金图经》《易经》《论语》《说文解字》《武林梵志》《营造法式》《木经》《尔雅》《释名》《孟子》《清闲供》《园冶》《一家言》《名园记》等典籍中整理论证建筑的形式和发展进程，为建筑史的研究找到论从史出的文献依据。

（二）一问一答法

书稿的撰写风格亦是一问一答式，其中引证大量的古代文献典籍论述了中国古代住宅、宫殿、陵墓、祠庙、寺院、石窟建筑、雕刻、园林、桥梁、关隘、防御等建筑的发展演变过程。从最具有纪念意义到最不具纪念意义、从观赏性到功能性，编写建筑史。佩夫斯纳在《建筑类型史》中写道："如果你阅读任何一本关于西方建筑从开端到18世纪历史的书，你就会发现它几乎全部由教堂、城堡和宫殿组成……这种情形到了19世纪完全改变了，以至于今天的建筑师关心的是各种建

---

① 姜书凯提供《建筑通解》书稿手稿。

筑类型。"①与通常与西方的纪念性宏伟建筑史不同,姜丹书将建筑按不同类型进行分类,以风格、功能来解释建筑的缘起。从《建筑通解》书稿的目录可以看出,姜氏分类的基础是其社会的功能,是近现代民主主义思想影响下的史学观念。姜丹书为我们描述多种类型建筑的缘起,演变的历程,揭示了建筑的发展规律总是紧紧跟随着人类的生活方式的变化、技术材料的进步及审美心理因素的变化。书稿中的问题如下:

问:当时的油漆问题如何?

答:漆的发明很早,舜时已用漆写字。《禹贡》上已规定漆为扬州的贡品,至于五彩颜料,远在黄帝时代,早已发明,可见彩漆之使用,当然已施诸实际方面,不然,岂有所谓"瑶台""琼室""象廊"而为白坯房屋之理乎?

姜丹书关于建筑的技法上,讲述了能应用后世的科学原理,如:

规矩器的应用问题,《周礼考工记》曰:圆者中规,方者中矩,立者中垂,衡者中水。郑司农注云:治材居材,如此乃善也。按:规即圆规;矩即角尺;垂是用绳下垂,即取垂直的理法;水是用水定平,即取水平的理法;可知方圆平直的取法,无不合于数学的原理了。

基地的方位问题,《周礼·天官篇》曰:唯王建国,辨方正位。又《考工记》曰:置筑以垂,视以景(同影),为规,識(同志)日出之景,与日入之景,夜考之极星(北斗星),以正朝夕。按:后世的日晷指南针,即依此法发明的,可知那时已能应用天文学,来测定基地的方位了。

基地的平正问题,《考工记》曰:匠人建国,水地以垂。郑司农注云:于四角立植,而垂以水,望其高下,高下既定,乃为位而平地。《庄子》曰:水静则平,中准,大匠取法焉。按:后世的"水准器",即依此发明的,可知那时已能应用物理学,来测定基地的平正了。

起墙的高厚问题,《考工记》曰:墙厚三尺,崇三之。郑司农注云:高厚以为率,足以相胜。按:此谓建筑墙的制度,假定厚为三尺,则其高为三倍,即可九尺,如此比例,其重力的下压,尚能吃得住,过此比例,不免倾倒;假使再要加高,便须照此比例减算,斜收上去,结果墙脚必较阔,墙顶比较狭,其墙愈高,则其下阔上狭的差度愈多,如此叠罍矗立,方可稳固,岂不甚合于力学原理?

姜丹书认为,建筑从大体上看来,它是一个胎形,但从骨子里分析,自然各处有各处的特质。建筑风格与其国或其地方的政治、经济、历史、文化、宗教、地理、

---

① 黄倩、陈永怡:《佩夫斯纳的设计史研究方法探析》,《装饰》2013 年第 9 期,第 83—85 页。

气候、风俗、习惯、国民性等,皆有密切的关系。如中国北部的建筑,因为北方人民性质敦厚,不善变化,建筑风格表现出一种严整、庄重、简朴、厚重的气概;中国中部的建筑,因为这里的人们聪明、灵活,富于活动,故建筑风格表现为一种玲珑轻快、繁复和华丽的气概;而中国南部的人们比中部人更为爽朗活泼,且富于进取精神,故风格表现为一种绮丽、秾纤繁缛的气概。西藏建筑可谓是一种堡垒式建筑,融合中国、印度、西亚细亚的作风。蒙古包的性质是圆穹形,像个帐幕似的,这种蒙古包位于蒙古和青海一带,因到处是沙漠,不宜耕种,使他们的住所流迁不定,所以构造就特殊一些;又因他们的宗教观念很深,在帐幕里面的上层,往往放着神龛,全家男女老少在一起。假如有旅客经过,他们会很诚恳地留宿,并殷勤诚恳的招待。

书稿中我们看到了不同的地理位置、生活方式和观念异同,以及当地的特产影响了他们的建筑风格;宗教观念与生产方式等方面的差异,导致了他们各自不同的建筑形制和结构;不同时代的君主集权制是如何决定其宫殿及园林布局的;同样是建筑屋顶形式,不同的宗教及文化观念决定了其他不同的形制等等。如,建筑物的本身设计及装饰,多含有阴阳五行或其他政教上的寓意,像今日所谓象征主义的性质。《孝经·援神契》曰:布政之宫,在国之阳,上圆下方(按:上圆像天,下方像地),八窗法八风,四闼法四时,九室法九州,十二重法十二月,三十六户法三十六旬,七十二牖法七十二候。《孔子家语》曰:孔子观乎明堂,睹四门墉有尧舜之容,桀纣之象,而各有善恶之状,与废之诫焉。又有周公相成王,抱之负斧扆,南面以朝诸侯之图焉。孔子徘徊而望之,谓从者曰:此周之所以盛也!

文中对技术层面给予了关注,强调了材料和技术的极端重要性,如建造的规格、用材、工艺、形制等等方面。

问:何谓瑶台? 何谓琼室? 何谓象廊?

答:瑶、琼皆玉石,像是象牙,就是用最上等的石料及象牙等,做建筑物的附属装饰品,此乃我国最初期的美化建筑物,亦是建筑史上,应该特笔大书的一个典型。

问:这些大规模的、贵重的建筑材料从何而来呢?

答:《书经·禹贡篇》所载九州贡品之中,有属于此类材料的,如:怪石(怪异之石)、浮磬(浮生于水滨之石,可为磬料者)、蠙珠(蠙,蚌也)、金三品(金、银、铜也)、瑶琨(玉石名)、齿(象牙也)、砺砥砮丹(砺砥砮皆石也;丹,丹砂也)、银镂(镂,刚铁可以刻镂者也)、砮磬、球琳琅玕(球琳,美玉也;琅玕,石之似珠者)。以上这些金石宝贝,自禹制为各州常贡之品,积至四百多年,贮藏必甚丰富,而历代诸王又不享用,至"桀"之时,建筑瓦屋的计划既然成功,于是更进一步,正好大量采用,加以种种工艺美术的技巧,而成为富丽堂皇的宫室,此乃我国建筑物进于美化之最初期的范畴。

文章最后一讲,提及中国古建筑的存否,建筑文化上的"西学东渐"创新关系问题上,亦有姜丹书的先见之明。中国建筑在世界范围中的位置、互相影响以及其长期延续不间断的特征,体现了博大精深、极特殊、长寿的中国建筑体系。他认为建筑的改良、发展乃至创新,必须有一个过程。原因在于一种艺术和技术必有其进步之时期与成熟之时期。另外,从中国文化的同化力方面对中国建筑亦不会被淘汰作了自信的回答。

四、个人英雄史观

除了进化论史观,姜丹书还有一种客观公正的个人英雄史观。尤其对"桀""纣"和"始皇帝嬴政"在建筑上的贡献做了充分的肯定。夏朝四百年中建筑不见有何进步,原因为他们的起始祖宗禹王躬行俭德,不但自己"卑宫室",他还告诫子孙,不许崇尚宫室之美,甚至于说:如果"峻宇雕墙……未或不亡"。说得如此严重,所以他的历代子孙,当然不敢违背皇祖之训,而蹈亡国之祸;唯有末代子孙"桀"王因为要"金屋藏娇"的原因,便不管亡与不亡,胆大妄为,他嬖幸妹喜氏,所以创造瑶台、琼室、象廊等,使她安居享乐。所以,有乌曹氏作砖,昆吾氏作瓦,同时发明制炼石灰之法。此三种材料的发明成功,是建筑史上第一个重要记录。

结果虽然真至于亡国,然而建筑艺术跃起第一期的惊人大进步,即由于这个因素。虽然在政治上万人唾骂,然而在建筑史上,实有永不磨灭的大功。因为要造一所讲究的房屋,藏着他的阿娇,所谓的"倾宫、瑶台、琼室、象廊"等等破天荒的宏伟华丽的建筑。在"桀"统治期间,一一得到实现,以个人的力量让建筑的样式得以充分的实现。自从"桀"打破了第一次难关以后,上等建筑物的榜样已立,至商朝的末代,又出了个无独有偶的"纣",再来踵事增华的努力一下,于是建筑改进的观念,成为上下普遍的心理。所以到了周朝,自宗庙朝堂以及市里的建筑,都规模宏大,形式整齐了。

"桀""纣",真可谓是打破建筑重重难关而为异代亡国的难兄难弟;妹喜、妲己,真可谓一再促进建筑美化而为异代倾国的姊妹花。从来学者都只论他们的罪案,姜丹书却从反面看出他们的功绩。不然,倘以大圣王的见地与设施,关于住的原始生活,至少要多延续几百千年。①

---

① 姜丹书:《中国建筑进化谈》,《美展》1929 年第 10 期,第 4—5 页。

"始皇帝"被认为是怪杰的魔王,对精神文明上的打击摧残可谓是罪大恶极,然而对于物质享受上的建筑事业,颇有反面促进之功,最特殊的建筑是万里长城。据《史记》:始皇遣蒙恬,发兵三十万人,北伐匈奴,筑长城,起临洮,至辽东,延袤万余里,故号称万里长城,实则五千余里,依上所说,乃为"兵工"所作,先是已有燕赵及他自己祖先所筑的分段城墙,至此始连筑起来,工程之大,诚足惊世。

秦的宫殿最有典型意义,秦人对于建筑,素有特别的天才,故能展开特别的盛况,到了始皇时代如此,当初他的祖先立国于中国的西北部,即今甘肃陕西一带,那里建筑材料出产丰富,所以取多用宏,早已比诸中原的建筑,超寻常不少了。按:《三辅黄图》的序曰:秦穆公居西秦,以境地多良材,始大宫观,戎使由余于秦,穆公示以宫观,由余曰:"使鬼为之,则劳神矣,使人为之,亦苦民矣!"是则穆公时,秦之宫室,南临渭,北逾泾,至于离宫三百。可见其底子已甚丰隆,到了始皇时代,六国未灭以前起至死,更不断的大兴土木,以供御用,妙在只管自己享乐,不管什么民怨国亡,"桀、纣"以后,他是第三人,但是建筑发展史上,亦大有反面促进之功。

姜丹书眼中的英雄,绝不仅仅是美术范畴中的人物,而是所有能够以一己之力来推动历史发展的关键人物。[①] 姜丹书将自己的英雄史观反映到建筑史的研究中,认定英雄是创造新的艺术典型和规范,改变既有的历史现状,在艺术发展的进程中起到发动引擎的巨大作用。

建筑在人类的社会生活中占据了重要的位置,它不仅体现了人类的智慧和力量,还呈现了人们的审美趣味和精神价值。材料和技术构成了它坚实的物质基础,在宏伟的建筑面前,读者不仅需要材料和技术知识的装备,更重要的是用心去阅读去感悟。姜丹书表现出对建筑产生的社会环境的敏感性以及寻求历史关联的能力让我们佩服。作为美术教育先驱,姜丹书一再向我们表明,为建筑本身就是建造生产的过程,它是社会、经济和审美活动的综合,因此建筑史的研究要注重文化、历史、科技、材料等方面的因素。虽然,近代建筑史的写作趋势是宏观的史观著作让位于断代的、个别建筑师及作品的详尽研究,但姜丹书的最大的贡献在于通过他的教学和著述,使得大美术史观得以确立。

---

① 朱剑:《郑午昌——中国美术史研究》,《南京艺术学院学报》2011年第1期,第36—39页。

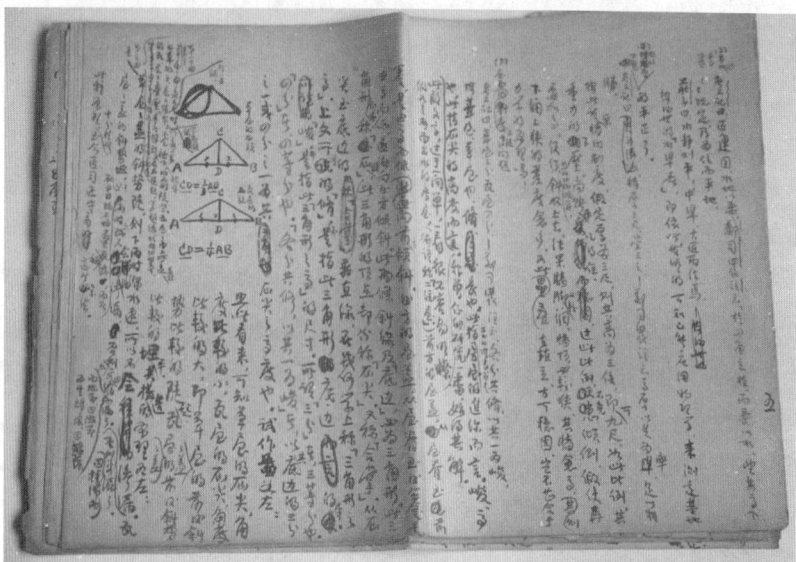

图 2-9　姜丹书《建筑通解》手稿

本章小结

　　姜丹书一生著述颇丰，撰写的美术理论著作多为填补国内教科书的空白，提出的艺术见解和学术研究史观，成为 20 世纪中国美术史学研究现代化转型的引领者。姜丹书的美术理论初创为以后的美术教育的理论研究起到了基础性的作用。虽然《美术史》全书只有两万余字，却要涵盖古今中外的美术历史的叙述，因此，很难做到两全。但它的历史意义是非常深远的。姜丹书的《美术史》，作为国人自撰的第一部美术史著作，它的研究范围、体例编撰及写作模式方面都具有现代范式意义，[①]引领 20 世纪中国美术史学研究的新方向。尤其是工艺美术的粉墨登场，掀开了中国美术史学研究的新篇章，为美术史研究提供新思路呈现新面貌。

　　《艺用解剖学》和《透视学》这两本书被谢海燕喻为"国内最早且较好的专著"。[②] 在当时这两本著作被称作姐妹篇，对国内西洋绘画具有很强的辅导价值。《劳作学习法》与《小学教师应用工艺》更是见证了我国工艺美术教育的核心。

　　《建筑通解》的撰述可以看出建筑史与美术史的亲缘关系，这种关系源于西

---

　　①　林树中：《近代中国美术史论著与上海美专》，《南京艺术学院学报》2011 年第 6 期，第 27—31 页。

　　②　陈池瑜：《中国现代美术学史》，黑龙江美术出版社 2011 年版。

方人"美的艺术"传统,将建筑、绘画和雕塑合并于一体。但是在中国人的传统视域下,建筑并未被作为艺术来对待。然而值得注意的是,姜丹书将匠人之作的建筑视为艺术,并以美术史的视角,来研究并撰写建筑史,力图摆脱书画中心论的笼罩,越来越关注非书画主宰的美术史的形态。作为美术教育先驱,姜丹书一再向我们表明,为建筑本身就是建造生产的过程,它是社会、经济和审美活动的综合,因此建筑史的研究要注重文化、历史、科技、材料等方面的因素。虽然,近代建筑史的写作趋势是宏观的史观著作让位于断代的、个别建筑师及作品的详尽研究,但姜丹书的最大的贡献在于通过他的教学和著述,使得大美术史观得已确立,雕刻、建筑的知识普及到广大师生和民众中,这是空前的。书稿中,姜丹书将建筑艺术与其他视觉形式及其他更为广阔的文化史勾连起来,尽管还很粗略,但是还是一个非常了不起的创举,值得我们深入探讨。

理论源于实践,是艺术家们在精神探索中的成败经验总结,是智慧的结晶。通过对智慧结晶的学习,艺术家可在艺术实践的道路上少走弯路少犯错误,更快地登上艺术的高峰。理论还是思想家、哲学家们对艺术的解读,对艺术创作方面的真知灼见,他们的见地能帮助艺术家们更深刻地认识和理解艺术。对于从事艺术创作的人来说,作品有没有思想将决定他是"工匠"还是"艺术家"。两者的区别是,前者只能模仿和重复,后者将源源不断地创作出作品。所有艺术的表现形式背后都隐藏着人类深层的思想意识,形式固然重要,但艺术的最高境界和追求应该是思想的表达和情感的抒发。因此,艺术理论的研究对实践的指导至关重要。

这正如姜丹书在晚年与其子姜书凯讲过的一段话:"譬如烧窑,我们就是第一窑陶器,虽然外表粗糙、形状简陋,但毕竟是从无到有。以后,通过一代又一代的努力,终于制成了精美雅致的瓷器和被世人视为瑰宝的景泰蓝。"①正是有了此期的草创与努力,才使得学校美术史课程的开设和美术史论研究的开启,更是未来美术学科的蓬勃发展。姜丹书走在了时代的前列,得风气之先,吸收融化西方艺术、科学、工艺、技法等各方面知识,结合本土文化研究和教学实践,为我国美术理论研究和美术教育做出了开创性贡献,这贡献是功不可没的。

姜先生曾这样形容自己的教育生涯:"我们当教师的,好比是育婴堂里的奶娘,婴儿要吃奶,就投在我们怀里,一旦能吃饭,就把我们忘掉了,到了他们长大成人,有的还不认得你呢? 所以他们以我为师也可以,不以我为师也可以。"然而

---

① 马佩君:《姜丹书手工艺术教育思想及其特色研究》,杭州师范大学 2012 年硕士论文。

他编著的这些美术教材和艺术理论书籍被比喻成现代美术教育急缺"奶娘"哺乳时代的醇馨的乳汁。① 先生如此坦荡豁达、不计较名利，实在是一位值得后学崇敬的艺苑良师。

本章注释

[1]1918年出版了《美术史参考书》作为《美术史》补充。这是近现代意义上我国出版最早的美术史教科书和参考书。该书还搜集姜所画《巴拿马运河图》作为图版之一。此图为先生任浙江女子师范学校时设计，由学生吴善蕙刺绣而成，此图曾在1915年巴拿马运河落成典礼中荣获万国博览会荣誉奖。《美术史参考书》是与《美术史》配套使用，起到导读辅助作用。"凡所征引，悉详举出处，或搜求本国四库之中，或采译东西名著，以及杂志新闻之类，无一语无来历，并摘录教科书原文，以昭瞻实，诚为参考必读之书……悉照美术史之章节。俾便检查。"这样，方便师生在教学有疑问时参照阅读。

[2]谢海燕在旧书摊上购买到姜丹书丢失的参考书——日文《美术辞典》（图2-7）。国内第一批毕业的图画手工科本科生姜丹书，在全盘接受日本美术教育模式下，按照日本对中国美术史的研究和分类，把工艺和美术扭结在一起解释手工制品的定义，在中国美术史研究中最早将"工艺美术"列入美术史的研究范围内，这一论断就不足为奇。

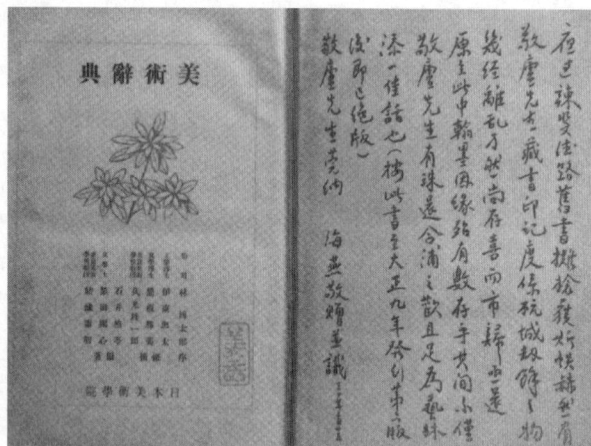

图2-7 谢海燕购赠姜丹书遗失的日文《美术词典》

---

① 阮荣春、胡光华：《中华民国美术史（1911—1949）》，四川美术出版社1992年版。

第三章　姜丹书的图画手工教育实践

姜丹书先生 1885 年出生于江苏溧阳,1911 年毕业于南京两江师范学堂图画手工科乙班,师从李瑞清、萧屋泉。七月受聘浙江两级师范学堂,任图画手工教员。1912 年春,姜丹书寄寓杭州,在校长经亨颐主持下,协助筹办三年制的高师图画手工专修科。姜丹书在浙江两级师范学校时期还兼任浙江省立师范女子师范、第一中学、模范小学等校专任教员,任中华书局主任编辑,创办教育工艺厂并担任经理。1919 年,浙江教育厅派遣赴日本考察中小学图画手工教育。1919 年 6 月于上海成立的"中华美育会",姜丹书担任责任委员。1925 年 3 月,任上海美专艺教系兼职教授,每周上海、杭州各教三天,美专师生戏称"航船教师"。每周五课时教手工和用器画,以及工艺理论,透视学,西画理论等课程。1927 年,参与编辑出版新中华教科书,初、高小用的 41 种教科书,初、高中用的教科书 55 种。姜丹书在图画手工教育中身兼数职,多方出击,与留日归来的李叔同等一批画家、美术教育家共同培养了众多学子,其中不乏日后成为美术领域的巨擘,如潘天寿、丰子恺、郑午昌、来楚生、米谷等,他对中国近现代的美术教育起着举足轻重的作用。

第一节　姜氏图画手工教育内容

姜丹书认为科学教育是理智的教育、是功利的教育、是唯真主义的教育;艺术教育是感情的教育、人格的教育、是唯美主义的教育。科学教育重在"求真""格物致知";求美的教育,重在"陶情养性"。一则是"唯物"的;一则是"唯心"的。两者固然不可偏废,而唯美主义的教育,有关于吾人之人生观的"善",似乎更高一筹。[①]

从 1911 年七月起,被聘为浙江两级师范学堂图画手工教员,至 1925 年离开学校的这十四年正是图画手工教育的黄金时期。当时学堂的手工课以姜丹书为主导,他在教学上花了很多心血,编写教学大纲、更新教学方法等教育实践。他本人所有的有关手工教育的教材、教育思想、教育方法都在这个时期完成并付诸

---

① 姜书凯提供姜丹书《艺术教育之特质——感情的、人格的、唯美的》文章手稿。

教育实践,并留下了珍贵的文字资料。姜丹书的教育思想中有既重视人格铸造,又突出"趣味、生活化的艺术和艺术的生活化"等的教育思想特征。姜氏教育思想的关键词和核心既可以归纳为"对美的追求""对手的教育""职业匠人的精神培育"等,他的教育思想内涵与内在逻辑紧密关联,凸显了浓郁的人格教育理念。

一、"美"与"美欲"

中国近现代美学在西方美学的推动下,以蔡元培和梁启超等为首的第一代美育代表人物的开拓,以及中国近现代社会、文化、学术发展的需求下孕育而生。中国近现代美学发展进程突出表现理论上对独立体系的建设,和精神上对人格美化、人生关怀的价值追求。这一特点使得中国近现代美学思想与美育思想紧密联结在一起,美学探索和美育实践紧密相连。[①] 所有的美学家几乎都非常关注美育实践,将美学思想理论与人生的审美构建相统一,呈现了美育思想的鲜明特征。

中国近现代美育思想史上,最早使用"美育"概念的是蔡元培先生,1901 年在《哲学总论》中引入"美育"概念并提出了"以美育代宗教"的口号。在蔡元培的美育理论框架下,姜丹书倡议通过培养对"美"与"美欲"的感化力和感受性,来完善现代国民人格的铸造,实现新国民立人的目标。

姜丹书在《现代中国艺术教育概观》文中写道:塾师教育与学校教育,是艺术教育变动中划分时期的分界线。因为塾师教育是遗弃艺术教育,或亦是排斥艺术的教育。曾记得自己幼时在书塾中,因偷画狗、花,偷折纸鹤、猢狲,偷做泥菩萨,偷刻竹椅子等艺术的玩意儿,而惹动了塾师的盛怒,甚至于受体罚,如家常便饭常有之事。这是时代的局限性,绝非少数人如此,与我们同辈的国人大概各个如此。追溯到祖父、父辈等以前中国人受的教育,亦都如此。所以说从前的塾师教育可称为仇视艺术的教育,唯有习字是例外,书法是科举的一种工具。那是因为中国古典形态的学术研究为了维护"经学"系统中的"理"或"道"等核心命题的主导地位不受动摇,将纯粹感性的"美"视为有害的因素而排斥在外。[②]

因此,旧时的中国人把美与艺术视为极少数人享用的奢侈品,这正是造成"生活不能向上"的原因之一,缺乏艺术与审美教育实践,导致国人的审美本能趋

---

① 金雅:《梁启超美育思想的范畴命题与致思路径》,《艺术百家》2013 年第 5 期,第 167—175 页。

② 贺昌盛:《晚清民初"文学"学科的学术谱系——从"词章"到"美术"再到"文学"》,《学术月刊》2007 年第 7 期,第 113—119 页。

于麻木。姜丹书提出了恢复审美趣味的途径是通过美术教育和实践。美术的功能就是把人的麻痹状态恢复过来,使没趣变为有趣。真正的纯粹的趣味应从对物质、功利的得失中超越,又始终抱着对生活的热爱与对理想的追求,实现过程与结果统一、手段与目的的统一。因为历史的洪流不绝地向前奔跑,学术界追求时代精神是唯一的使命,尤其是美术教育,在自由启发思想的年代,不得不加以相当的注意。

审美本领固人人都有,但感觉器官不常用或不会用,久而久之便麻木了。一个人麻痹,那人便成为没有趣味的人;一个民族麻痹,那民族便成为没有趣味的民族。美术教育的功用,即把这种麻痹状态恢复过来,使没趣变为有趣。使人人养成"美术的趣味",所以学校的图画、音乐、劳作等教育,就是要人人得些美术的常识功能,更使他们的审美能力扩展,以养成高尚的趣味。进而言之,使整个社会成员能养成美的风尚。

如,民国十八年教育部举办的全国第一次美术展览会以来,在各个层面得到了极大的反响。向来中国教育及一般人士心理上,认为艺术是特别少数人的事业;时至今天,各种观念在教育上日渐扩张,认为艺术应当是人类一种普通活动的表现,图画、音乐、工艺等等并不是几个专业人士所独有的产物,而是人类普遍应有的智能。爱美和求美不是神秘的事,也不是个人独享的利益;爱美和求美是人类的天性。国人应明白这个解释,打破旧成见而转变为新面目。艺术是一种社会的利益,是凡人应有的教育,是人们生活中不可缺少的调和剂。

所以,姜氏在《艺术的感化力与人的感受性——"美"与"美欲"》一文中强调对美的追求的本性和教育的重要性。这是因为,艺术有一种惹人迷恋的"潜势力",此种势力是极精微极奥妙、不可思议的东西。此种"潜势力"是什么?它是"美",美必生"趣",趣必生"情","情"必生"爱"。如一个很平凡、很通俗的人或人事,本来是不艺术的东西,被艺术家摹造而成雕塑品,或描写而成一幅画,便经过艺术的洗礼,而成为"艺术化"的艺术品了。此艺术品,便有"内在的美",便有引人入胜的势力。这是从"艺术"本身上来说。再就"人"的方面说来,又是如何?人性之中,潜伏着数种"欲",除了所谓食欲、色欲、知识欲、金钱欲而外,尚有一种"美欲"。此种美欲之发达与不发达,自然依其人之程度而不同,但无论何等人,总是必有此欲的。——小孩子喜欢着花衣,普通人喜欢着花鞋,原始人喜欢文身、捏面、穿耳、穿鼻、缠腰、包小脚等等,以及今日自命为文明人,也是喜欢涂面、饰发、画眉、染指、评短论长、翻新立异,其动机都是因为有美欲在内心起作用。

"美欲"碰着了"美",犹之乎火柴碰着了火。孟子曰:"物交物,则引之而已矣。"如画家或雕塑家在人体教室内习作,在外行人揣度起来,殆以为这作家之魂,必被"模特儿"的色身所摄,在内发昏了吧?殊不知大谬不然!除修养功夫太少者外,在这作家的眼光里,只是充满着线条之美,色彩之美,姿态之美,静心壹志,艰苦描写,而忘情于其色身,非但未尝发昏,而且如若无事,此乃行家所公认者。人体以及其他自然物之美,是"自然美";艺术品之美是"人工美";不论他是自然物或人工物,只要他有"内在的美",便具有一种感化力。人从视觉上发生"外诱的美感",便会引起了"内心的美欲",此正如引火物之于火,感应非常灵捷,而且极其精微,极其奥妙,极其不可思议的。

美感与美欲,固然是天赋的,人人所有的,但其能力之强弱,却大有不同,此乃"教育"问题,尤其是"艺术教育"问题。文学家、艺术家一到了风景美丽的地方,便会立刻兴奋起来,于是乎诗也来了,歌也来了,画也来了,一腔优美的情操,自然而然地发抒出来了!然而农夫、樵夫、渔夫,日日在美丽的原野、山林、薮泽之中,而不知其为美,且或反有砍奇松、毁怪石等类"煞风景"之事,此即所谓教育问题。因而,艺术的感化力,出于其内在的美。人的感受性,本乎其内在的美欲。而其美欲之发达不发达,则视其所受艺术教育之程度如何。①

但是要民众真正得到艺术的趣味,根本的普及还是要从学校里艺术教育着手,如图画、音乐、劳作等课程开豁学术的智慧,助长学生的兴味,活泼学生的思想,练达学生的技巧,并在各种学科上有互相联络的作用。此外,姜丹书还对培养趣味的教育做了探讨,他说:"我们并不希望学生都去做艺术家,而是期望国内民众有鉴赏艺术的兴味,要民众养成鉴赏艺术的习惯。尤其是在儿童教育方面不得不提倡,因为儿童教育中的艺术科目是养成能鉴赏、能了解艺术的根本培植时代,陶冶儿童的艺术心的见解,启发儿童爱好艺术的本能。"②关于教授的方法和目的需含有美的要素,使儿童从本能上发生美感,并且引起美的趣味。

作为一个人格完整的现代国民,首先是具有审美能力的人,懂得艺术的鉴赏。这种能力每个人与生俱来,由于在后天的生活实践中,审美感官常常不用,就会使得这种美感渐渐"麻痹"。个人麻痹,那人就成了没有趣味的人,人人都"麻痹",整个民族便成了没有趣味的民族。审美的本能和"趣味"相互联结,成为人格完整的现代国民的核心要素,因此,造就这样的国民必须通过艺术的教育实践,把麻痹了的、对美无动于衷的国民,唤醒对美的趣味,使他成为有"趣味"的人。教师教育学生是为学问而学问,为活动而活动;所有学问,所有活动,都是目

---

① 姜书凯提供姜丹书《艺术的感化力与人的感受性——"美"与"美欲"》文章手稿。

② 姜丹书:《姜丹书艺术教育杂著》,浙江教育出版社 1991 年版。

的,不是手段,学生能领会这个见解,他的趣味自然终身受用不衰。[①] 姜丹书在教育中主张对审美趣味的恢复,从教育与美育的本质出发,核心目标是要培养一种健康的完整的人格与积极的生活态度,保持对生活的热爱和美的发现,在现实生活中获得人生的乐趣和美的欣赏,达到人格的完美。

美的趣味既是生活的、情感的生命状态,也是具备"责任"与"兴味"的"艺术生活化"的精神。这种"趣味"的培养和建立,在人格精神的本质上强调个体生命超越人生途中成败得失的实践品格,即与众生宇宙"进合"的诗性生活艺术化境界。因此,恢复对"审美的趣味"是姜丹书教育思想中的一个重要范畴与命题。姜氏主张通过"趣味"的恢复来完善现代国民人格的塑造,实现新国民人的目标。通过人人的美术趣味的激发和建立,把对美的问题思考和审美人格的构建,审美人生的过程统一起来。

《艺术化的人生观》中姜丹书写道:我执教于艺术教育界,自民国前一年以来已近四十年了。积四十年之经验,对于艺术家为人之道,或虽非艺术家而欲学艺术化的为人之道,略有所悟。窃以为艺术家所抱的人生观,应该如次:钞票等于花纸儿,美人赛过观世音;偶像当作雕塑品,世事无异演戏剧;乾坤好比大观园,人格毕竟真宝贝……所以自古以来,大奸大恶之人,未始没有兼长艺术者,然而你几时看见过多少书画或其他艺术作品,是著名小人的遗迹呢?即使有之,亦必因为好奇而收藏之,并非以其高贵而收藏之,一旦出示于人,人必指其遗迹而唾骂之。反转来说,贤良方正之士,不问他是个显贵或是个隐逸,其笔墨高超者,固然为寿世之宝,即使笔墨稍逊者,亦必物以人重,同传不朽,且即使不是艺术品,如文天祥之遗履,方孝孺之血迹石等,亦必物以人重,同传不朽!我为此文,是针砭财迷、色迷、戏迷(断章取义)以及一切迷信、迷惑、迷妄之人;不但针砭他们,而且教导他们种种解脱圈套的法门;更不但为艺术家立言,即一般人亦都应该抱此艺术化的人生观。

姜丹书把人们生活中计较利害的观念,变为艺术的、情感的人生观念,并倡导通过对生活环境、日常用品、人体装饰等的美化来解脱生活的平庸、鄙俗与痛苦。这种"生活艺术化"理论侧重于艺术的功能和艺术解脱生活痛苦的效用,从美的趣味恢复开始,最终聚焦在"人格构建"和艺术化人生观的理想上。因此,在姜丹书这里,对审美的教育途径包括了广阔的人生实践,最高目标是在生活和生命实践统一,成就审美的人格和艺术的人生。

---

① 梁启超:《梁任公学术讲演集》,商务印书馆 1922 年版。

中国传统的文人士子也追求艺术化的生活趣味,但未形成理论依据。梁启超以"知不可以而为"与"为而不有"相统一的趣味主义精神,来倡导一种与功利主义根本相对的不执成败不忧得失的纯粹生命实践精神,以一种小我生命活动与众生宇宙运动相融合的生命春意。它不是从宗教求寄托,而是热爱生命热爱生活,执着豁达,是现实生存中生命的超越。① 在梁氏弘扬的大艺术观念背景下,姜丹书认为这种"趣味"的恢复,既可以通过艺术教育的途径来实现,也可以在日常生活中去涵养。

比如《艺术化的人生观》文中以诗为例:"不上高山临大川,哪知小己亦参天;是翁欲养浩然气,出没烟霞已几年。"此是姜丹书画成一幅壮美的山水后,追想历次航海登山的憧憬而发的。小小的我,竟能上这样高的山,泛这样大的海,已足以自豪,况又能将这高山大海的缩影画出来,同时更能将自身的"神我"画进在内,岂不更有放声大叫"造化小儿"的气概乎! 又一首:"腾身天目上,俯瞰白云堆;山头作浪头,动荡天地催。初阳嫩光照,冷白映红腮;云山几万重,混沌忽复开。天上视人间,万物一尘埃;既为天上人,不亦仙乎哉。"此游东西两天目山,观云海,归后作画时的感想。好像自己已到过天的目上,眼孔当然放得很大,胸襟也觉得非常开阔了。

他吸纳了中国文化中的诗性传统,视大自然宇宙为生命体,人类与万物一样都是有情感有灵性的生命。因为宇宙是自然万物构成的,众生也是由各个个体组成的,所以将人的个体生命与自然万物合二为一,把个体的生命与宇宙众生合二为一,合并的途径只有通过对美的追求或对美的欣赏,只有通过对自然宇宙中真、善、美的追求和吸纳才能提升和超越人生。因此,在姜丹书这里,审美的教育途径包括了广阔的人生实践,最高目标是在生活和生命实践统一,成就审美的人生和艺术的人生。

通过对美的趣味恢复和唤醒,来实现"新国民人格"的目标建构,在生命与自然宇宙合并中最终达成"艺术化人生观",体现了姜丹书美育思想的基本途径和意图。姜丹书对恢复美的趣味的教育思想中以人的社会生活和生命的实践为中心,融会贯通情感的陶冶和趣味的升华,重视美趣、强调兴味,突出了美的趣味在国民人格构建中的显要位置,这种关注人生、生命的美育导向,在当下有其独特的人文意义和人文价值。

---

① 金雅:《梁启超美育思想的范畴命题与致思路径》,《艺术百家》2013 年第 5 期,第167—171 页。

二、对"手"的教育

图画手工课程这个名称里对"手"的理解,其实很多人没有深入仔细的研究和重视。对于美术教育而言,动手的过程不仅仅是单纯获取技能,更是直接触及心和脑、提升创造性思维能力的过程。"手是第二个脑"是一种方法论,即表明创作思想的展开常常是通过手与实践而得以实现的。对于美术学习来说,手的教育似乎是天经地义的事。动手的过程不仅仅是单纯获取知识和技能,也是直接触及脑和心的过程。想象不出不通过具体的、反复的动手训练就能够学会画画、学会雕塑、学会设计。因此,在美术设计中,缺乏基本的手的活动,缺失了亲身的认知、感悟和体验,如同消解了思考,削弱了脑、心功能在更深层面上的展开。[①]

对此,姜丹书多方积极提倡对"手"的教育的重要性和不可替代性。"不劳而获"是人类之蠹,人生之羞。"习劳"是做其"劳而获"的现代人生活之入手功夫。1931—1932 年间,教育部特将手工科的内容革新,且改为"劳作科",尤其在中小学教育方面,格外注重实际生活中衣食住等的锻炼,这便是教人从小习劳作,且从切身的生活做起,打破所谓"斯文人不会动手"的习惯,实践"生活的平民化"和"艺术的生活化"的主张。要达到这个目的,除非取道于手的教育,这是手的教育不容忽视的内容。[②]

姜丹书非常重视对手的实践动手能力,他认为:手,是人类独有的天生万而能的工具。手的本能非常之大,不必训练也能做日常动作,如抓、搔、摸等;然若加以普通训练,可以使它有超乎本能以上的普通技能;如加以特别的训练,又可使得越出普通技能以上的特别技能。各种手工艺人之巧手,正是通过技能的训练,成为陶工做抷的手、木工雕花的手、丝绸厂里打结者的手等,以及书画家、雕塑家、音乐家等各有各的妙不可言的手,足以证明对手进行训练,可以发展能力至不可捉摸、不可思议的程度。

对教育者而言,姜丹书认为对手的结构不可不知道。人类的手与野兽的前脚大不相同,人类手部的骨骼构造及手的筋肉生法,具有许多特色,这些是其他动物所没有的。只有人的上肢称手,其他动物的前肢都称脚。因为手有手的资格,即天赋的许多特色所决定。

这些特点如:(1)手骨的"肘骨节"及"上尺扰关节",能做屈伸运动,又能为反

---

① 赵云川:《手是第二个脑——兼谈中日艺术设计教育之差异》,《南京艺术学院学报》2010 年第 3 期,第 153—156 页。

② 姜书凯提供姜丹书《手的教育问题》文章手稿。

手、复手等运动；(2)"腕关节"受反手、复手的联系影响，而能自由运用其腕力；(3)拇指的掌骨，生得特别上而开，且能为"旋转运动"，手指特别灵活；(4)五个手指长短分配非常恰当，故能有做一切姿势、一切动作的妙用；(5)筋肉的生法，恰与骨骼的构造相适应，故能成为"双手万能"，创造世界。

手须受了教育，方能创造世界；不受教育，不过是"脚的哥哥"罢了！环顾中小学校内，用意在训练、锻炼手的功课，有什么呢？唯一的只有向来所谓的"手工"，近来所谓"工艺"，只此一门，并无他道。因此，姜丹书认为"手是创世的工具"，而且是"万能的工具"。作为一个现代人虽不容易做到各个有特别手技，但仅有本能，实在不够。因此在学校里，学生们的手如能受到种种训练的机会，唯独只有手工课程，这是手的教育不容忽视的一点。①

在这个过程中，手的操练锻炼了意志，欲望被克制，人的灵魂得到升华。这也是古希腊"三杰"极为推崇的身体教育理念，并认为是一切教育的根本基础。②如若将手的教育仅仅定格为技能的训练，那严重曲解了"图画手工教育"的真正内涵和本质价值。动手操练不是终极目的，是实现既定人脑意图合一的实践手段之一。肢体接受教育使得人的生理和心理协调一致，各司其职，从而培养身心均衡发展的现代公民。儒学中对肢体接受教育从深层探讨，是以善为本的修身立德的根基之学，因此对手的教育被姜丹书认为是教育的基础。如，在劳作课上金工教员上课要求初学的学生依照一定的尺寸，将一块铁皮锉平锉方。不使用器械，必须是手工锉成。作业结果不符合要求平就重新锉，如某一面不平重新锉过；或面平整而体不方重新锉过，平了方了但是尺寸差了，又要重新锉过。训练目的是劳其筋骨，久而久之，他的心静下来，他的手法自然可以养成"律动"化了。因此，劳作课程的内容不需翻新花样粉饰门面而能做到训练学生的心与手合一的目的。③

学校里的手工教育，不是教会学生做东西，如单纯为了使得学生会做东西，那么只要把他们送到作坊、工厂里做学徒即可了。具体地讲，通过手工操作，将脑中无形的意念，实现为空间存在的物品。一切造型的工艺品，必先肇端于手工操作。如飞机的发明，最初的雏形也不过是先有这个创意，继而通过手工制作模

---

① 姜丹书：《小学教师应用工艺》，中华书局 1933 年版。

② 王晓茹：《刍议礼乐之"文"与艺术之"泛应"》，《民族艺术研究》2014 年第 6 期，第 29—34 页。

③ 姜丹书：《劳作教育的药剂性及关于实施的先决问题——上教育部的一封书》，《浙江教育行政周刊》1933 年 4 卷第 31 期。

型,反复试验改进,精益求精。直到小小的雏形成功,然后放大机械制造,才完成、实现。所以,手工教育是艺术创造的法门之一。

图画手工教育是心、手、脑合一的技能教育,是现代艺术设计教育不可或缺的一个阶段。19 世纪中叶,英国艺术设计理论家拉斯金曾认为:设计教育应该始终贯穿对脑、心、手的全面教育。这三方面的全面发展是塑造一个设计师所不可缺少的。对于脑的教育,其作用重在从事设计理论的研究和对设计进行反思;对于心的教育,其作用是发挥设计师的个体创造精神,了解他将面临的社会发展趋势,以及作为设计师的社会责任感;而对于手的教育,其作用是掌握工艺技能,并通过亲自制作、体验过程,掌握设计的方法和程序,最终设计出所需的产品。

应该说,设计教育中这三者皆不可偏废,手的教育而言,无疑更充分体现着艺术设计教育的最大特征。"手是第二个脑"表明动手的过程不仅仅是制作,更是在思考,不仅仅是在感受和体验,而且是在这一过程中完成对艺术设计知识和技能的掌握,通过动手过程中不断提升心、脑活动,进一步完善设计思想,并通过手才能最终完成。由此我们可以理解包豪斯所开启的现代设计教育,到当代许多大学的艺术设计教育,为什么都要遵循"动手"这一基本的教育理念。艺术设计教育的教室工作室像作坊、车间或工厂一样,因为这是学习艺术设计最有效的方法,也是最符合艺术设计教育规律和本质的基本途径。[①] 显然,若将手工定格为艺术技能的训练,岂非严重误读了"图画手工教育"的真正内涵和本真价值。

三、职业匠人精神的培养

工匠的身份和职业历来受到鄙视,姜丹书在《手的教育问题》中分析了中国封建社会世代做官的家庭中不愿子弟去学习农、工、商业的现象,那是思想上中了封建社会的遗毒,"万般皆下品,唯有读书高"的思想牢牢扎根于中国民众心中,严重阻碍了中国现代社会的发展。人类有天生的惰性和虚荣心,从前官方的鼓励和科举制度将一般职业造成"竖"的阶层,比如宝塔,读书人(极少数)坐在塔尖,各种普通职业者垫着塔底,如若宝塔大起动摇,塔崩塌下来会压倒许多人。欲要避免此祸害,需赶紧将职业的阶层转化为"横"的不可。所谓的"横"阶层,如长桥的排椿,就比较稳当。这个改造的工具,手工教育为唯一的利器。[②]

姜丹书从社会发展的纵横两方面提出了培养职业匠人精神的重要因素。通

---

① 赵云川:《手是第二个脑——兼谈中日艺术设计教育之差异》,《南京艺术学院学报》2010 年第 3 期,第 153—156 页。

② 姜书凯提供姜丹书《手的教育问题》文章手稿。

过对手的教育实践把封建思想的遗毒从纵向方面驱除,"匠"的职业转化为"横"的形式。通过手工教育使得学生从小便懂得职业平等,无高低贵贱,皆是无上上品。职业匠人精神得到社会的认同和尊重,社会才可能和谐的发展和前进。

姜丹书在教育实践中认为通过对"手"的教育,一直陶怡了多年,无形之中所受到的训育功效必先入为主,推至将来不论贫富贵贱人人接受这个"手"的教育,消除"尊己卑人"的见解。那么,社会上众多子弟自立志愿,不必挤到"文绉绉"一条狭路上,所以对"手"的教育是医治封建遗毒必不可少的一剂良药。姜丹书认为从前一般人所有那种传统的观念,原因当然很复杂,原因之一大概是没有手的教育之故。大人先生们瞧不起匠人,弄得匠人们自己也瞧不起自己,长此以往,各持其弊端。知识分子手无抓鸡之力,劳动阶层目不识丁。那么社会和谐从何谈起?工业如何进步?大概是没有手的教育之故。在现代的学校教育中便有手工课程,捏泥巴、弄竹木、铁匠、成衣匠等无一不做,当然这些"匠",表面看似"匠"的手艺,也是不容易的。如此亲切而有味的指导,在是非高下本无成见,而且正好活动、不怕操劳的"儿童心理"上,当然能够充分领受。同时,也能得到工作的趣味和"成果不易"的感悟。

"用教育的方法使全民获得生活工具与兴趣,以尽其群居社会的义务。"[①]姜丹书在教学中践行职业匠人教育的使命感,因为接受教育的是天真烂漫的孩童,如目标太抽象脱离生活实际,那么教育的意义和价值不能完全体现。在姜丹书看来,从低龄学生开始接受手工教育,课程内容范围包括泥、竹、木、铁、服饰等方面,切实能体验劳动的乐趣和建立职业匠人成就感。职业匠人精神的培养不是让他沦于训练各种行业专门技能的一项手段,它是教育中要培养、重视的一个内容,他的最大目标旨在培养学生具备坚定、持久、精益求精的职业匠人的精神。在学校接受教育,除生活上应有的知识与必要技能,出了校门后便能很快适应生存需求服务于社会。教育过程本身即是目的,利用眼前的生活内容进行教育,为日后职业服务做有意义的精神准备。如若文化教育中没有职业匠人精神的培养和建立,就如旧社会中一部分迂腐的读书人那样,有可能成为社会寄生虫。姜丹书在图画手工教育中强调职业匠人教育的使命感,这种使命感既考虑到个人生存又兼顾了社会责任。

现代在这个大工业生产为背景,特别是互联网的广泛应用和电脑的辅助设计,强大的数据库使得设计师从手工制作中解放出来。然而庆幸的同时,没多少

---

① 曲铁华、罗银科:《近代职业教育内涵辨析》,《河北师范大学学报》2010 年第 11 期,第 94—99 页。

人真正关心如何实现"大设计"中的"小设计"。设计似乎只要解决创意问题即可,从概念到概念,从文本到文本,只愿意做设计哲人,没人愿意做一名设计匠人,认认真真地将设计务实化。① 李超德教授强调设计教育中呼唤"匠人精神",一方面是在设计专业学生中倡导匠人般的踏实精神;另一方面通过动手实践,体会材质的性状、肌理,以及塑造带来的形式美感。匠人精神的本质是专注。美国著名社会学家理查德·桑内特认为:"所谓专注,不仅意味着痴迷、精益求精的匠人一心想把事情做好,而且还意味着他或她认为自己所做的事情有一些客观的价值。"② 现代设计需要创意,但不能忽视制造;制造为创意服务,但设计的过程中包括制造的工艺和方法。传统手工艺人认真、细腻的操作被机器生产方式所取代,但不意味着它的消失。当人们在使用工业化、批量化、标准化的产品中获得巨大的满足的时候,很多人开始怀念传统的那种与手工艺产品的亲近之感,怀念手工艺人的专注和精湛的制造技术,他们用手艺将材料的灵魂释放出来,令人过目不忘。其实,这就是匠人精神的体现,现代的设计师需要传承这种匠人精神。③ 姜丹书提出的这种"匠人精神",有人认为是缺乏创造力、机械重复的代名词。然而,在当代具备匠人精神有着更深远的现实意义,它实际上代表了一种踏实、敬业、坚定、专业和精益求精的气质和品格。

第二节 姜氏图画手工教育思想源泉

在中国近代思想历史进程中,新文化运动以 1915 年《新青年》杂志的创立为标志,被誉为一次激烈的反传统思想运动。学界通常强调新文化与传统文化间的异质特征,来凸显其思想特质中的"新"。因此,人们普遍认为新文化和传统文化两者不可融合,甚至是对立。但在新文化传播的过程中,部分被认为是处于对立位置,另一部分则与新文化中的新特质相结合,在民主国家建构中发挥自己的影响。④ 姜丹书对于"人格铸造"的论述,即凸显了这方面的思想特征。从外在的身份来看,姜丹书接受了新式现代学堂的教育,历经辛亥革命和五四运动的社会转折,为近现代新型知识分子一员。姜氏竭力提倡"人格铸造",从思想渊源上看,与西方独立人格的思想主张关系密切。虽然解释"人格铸造"阐述中反映出

---

① 李超德:《中国设计呼唤匠人精神》,《美术观察》2013 年第 2 期,第 27 页。

② [美]理查德·桑内特:《新资本主义的文化》,上海译文出版社 2010 年版。

③ 王宏飞:《现代设计需要匠人精神》,《装饰》2014 年第 6 期,第 56—57 页。

④ 朱晓江:《新文化与旧传统:匡互生关于人格教育的论述及其现代意义》,《学术月刊》2015 年第 47 期,第 103—111 页。

西方现代思潮的影响,但在实践"人格铸造"时,中国传统修身治学的工夫,王守仁的"知行合一"说,占据了主导作用。

姜丹书回忆 20 世纪中国美术教育认为,清那些学堂,譬如是先河;民国以后那些学校,譬如是后海。看今后的发展情况,将要扩海而成洋了。中国美术教育的形成和发展与每一种艺术表现形式一样,都有它的过去、现在和未来。历史割不断,传统和现代是一种辨证交互的关系。过去的文化基因可以借鉴,在融合中张扬民族特色和个性。追溯姜丹书的教育思想,要将之置入思想历史进程的背景中,才能挖掘他的教育思想源头。

一、传统儒学修身工夫基石

阳明学说的"知行合一",是中国儒学需解决的重要命题,其渊源可追溯到《大学》。其中修身工夫的内容为:古之欲明明德于天下者,先治其国;欲治其国者,先齐其家;欲齐其家者,先修其身;欲修其身者,先正其心;欲正其心者,先诚其意;欲诚其意者,先致其知。致知在格物。① 儒学的终极目标是"明明德",但在如何达到终极目标的途径问题上,儒学内部出现了"知与行"的问题分歧。陆九渊强调"尊德性",修身必"先立其大";朱熹则强调"道问学",认为经由知识学习到达个体德性修身的目的。② 朱熹的"道问学"认为格物致知需一步一步往上走,先求知再修身,于是"知"与"行"便有了分离的可能。朱子学在明代一朝是显学,他注释的《四书》是科举考试的权威教科书,众多读书人只关心考试做官,并不关心道德的基础知识。③ "知"与"行"两者出现了分离,从而导致了"言行相违风气大坏",在此背景下王阳明针对朱子"道问学"提出了知行工夫本不可离的"知行合一"学说。④

阳明学说"尊德性"的思想在晚明盛极一时,然而朱子的"道问学"的传统是从阳明心学的内在矛盾中反弹,从而开启了清代考据之学。⑤ 虽然清代学术思想以"道问学"为内在特征,但阳明的"知行合一"说仍以各种面貌流传到近代中国思想界,包括五四运动,为 20 世纪初的中国思想史发展提供了思想乃至信仰

---

① 朱熹注:《大学集注》,上海古籍出版社 1987 年版。
② 朱晓江:《新文化与旧传统:匡互生关于人格教育的论述及其现代意义》,《学术月刊》2015 年第 47 期,第 103—111 页。
③ 余英时:《中国思想传统的现代诠释》,江苏人民出版社 2003 年版。
④ 朱晓江:《新文化与旧传统:匡互生关于人格教育的论述及其现代意义》,《学术月刊》2015 年第 47 期,第 103—111 页。
⑤ 余英时:《中国思想传统的现代诠释》,江苏人民出版社 2003 年版。

层面的支持。① 笔者大致描述儒学内部思想进程,是因为作为儒学思想史上的发展阶段在 20 世纪中国现代思想进程中,仍发挥着重要作用。

五四新文化运动中启蒙思想是最为核心的部分,但在现代启蒙思想中仍可以找到传统思想因子。在近现代,对"知与行"的讨论不再是主体道德建设的问题,也不再是个人的求知修身问题,而是牵涉到民主国家的建构问题。20 世纪初的中国思想界的最为关心的是如何"立人",如何实现"立人"的路径,思想界提出了众多意见。

1912 年,中华民国成立后,教育总长蔡元培在《对于教育方针之意见》中,明确提出了教育的使命为军民主义、实利主义、德育主义、美育教育和世界观教育等五个方面,"五者,皆今日之教育所不可偏废者也。"② 既是在这样的时代大背景下,以主体德性建设为核心的"知行合一"的思想在 20 世纪初仍然存在,即出现了姜丹书"对美的追求""手的教育"和"职业匠人精神的培养"的教育实践。从人物的自编年谱来看,从 1893 年到 1905 年,自七岁至二十一岁之间,姜丹书先由祖父、父亲开蒙读书,后入私塾拜师修习。这段时间里,读书虽苦,但收获颇丰。③ 在这一段时间里,姜丹书深受儒学影响。这种学习经历,部分影响到他后来的教育思想。1907 年,考入溧阳官学堂,接受新教育。但童年和青少年时期接受传统儒学教育对整个人的世界观和人生观的形成占有重要的地位。姜丹书晚年的回忆中道出:我的文学基础是建筑在科举教育上的,旧的和新的知识,给我在造型艺术和美术教学上打下了一定的基础。姜氏的教育思想及其实践可以在以上阐述的思想发展脉络和人物受教育背景下展开论述。

（一）尊德性的人格铸造

从总体上看,姜丹书的教育思想是非功利的。《艺术教育之特质》文中,把艺术与科学作对比分析,他认为科学教育是理智的、功利的、求真的教育;而艺术教育则是"感情的、人格的、唯美的"。姜氏认为教育不可以偏于狭小的主义,如果都以功利为前提的教育,结果会造成人类社会全面进步发展的障碍,应采取"较全面、较完整"的教育方针。

姜氏认为教育对被教育者的训练,从来都是注重灌输知识和锻炼意志的,唯独属于艺术性质的科目如图画、工艺和音乐等是陶怡感情的,人与人之间的关系

---

① 朱晓江:《新文化与旧传统:匡互生关于人格教育的论述及其现代意义》,《学术月刊》2015 年第 47 期,第 103—111 页。

② 朱有瓛:《中国近代学制史料》,华东师范大学出版社 1990 年版。

③ 姜丹书:《姜丹书艺术教育杂著》,浙江教育出版社 1991 年版。

恰恰是感情最需要的。人如无感情，小之不能成家立业，大之不能成社会与国家民族，何况对于世界人类，尚有何同情之言？一般而言，科学教育是求"真"的教育，科学教育属于物质方面的、以功利为中心的教育，重在"格物致知"。求"美"的教育重在"陶养性情"，是人格美的教育（固然也有涉及功利之处），两者固然不可偏废，求"美"主义的教育对于人生观的"善"，似乎更高一筹。科学求真之结果所发明创造之物有善有恶，如同炸药与炸弹之分，科学能利人亦能害人，科学能缔造世界亦能毁坏世界。唯独艺术则唯美是求，美化人生、润色世界。

姜氏的"人格铸造"不单是新文化中人格独立的含义，重点在于如何修炼人格。这个修炼过程的理论支撑来自于中国儒学的养分。虽然现代民主国家的构建过程中，近代知识分子们所持的新国民观中包含人格独立的概念，姜氏思想上接受现代西方思潮的启迪，但缺乏强大坚实的理论背景，因此传统的儒学中修身工夫有了一席之地。

"人格铸造"其实分为两层意思，一是从学生的角度要培养学生的人格，使其成为一个独立完整人格的人；二是从教师本人的人格魅力如何去教育学生。《手的教育》文章中描述了关于人格的修炼：做现代的人，要有现代做人的人格。今日之人，固不可不受教育，然所受的教育，如果完全忘记了手，那么他所受的整个教育，总有一些缺陷，缺陷便在手！环顾中小学校内，用意在训练、锻炼手的功课，有什么呢？作为一个现代人虽不容易做到各个有特别手的技能，仅有本能，实在不够。姜丹书认为"手是创世的工具"，而且是"万能的工具"。因此在学校里，学生们的手如能受到种种训练的机会，唯独只有手工课程，这是手的教育不容忽视的一点。① 强调对手的教育，其作用在于医治懒惰病、虚骄病，这些病如能在根本上医治，才可踏进"诚朴、勤俭、节约、廉洁、坚贞"诸道德圈内。"诚之者，人之道也。"②宋明儒者对"诚"的解释为真实无妄、天道本然等，人因私欲而使得"诚"被蒙蔽，因此须修道回归真实的诚体。姜丹书举例上古的贤能、明君等人物的品行和生平都说明所谓的"人格"都是和个人的道德操行相关联的。因此，姜丹书所理解的"人格"，是一个在教育培训下不断修身的过程，并到达儒家的道德范围圈内的概念。

"天命之谓性，率性之谓道，修道之谓教。"人既然有这个天性，当然应该依着天性因势利导进行教育。姜丹书将人格铸造置于非常重要的位置，在他的教育思想中，传授"知"并不是教育的终极目标，人格的培养和修炼才是教育的宗旨。

---

① 姜丹书：《小学教师应用工艺》，中华书局 1933 年版。
② 朱熹：《论语大学中庸集注》，上海古籍出版社 2013 年版。

上文提到姜氏认为美术教育固然有涉及功利之处，然受教育后成为艺术家的最重人格，早已成为一种风气，无论古今中外，皆所公认。从事艺术工作者们能安贫乐道、能恬淡于功利之场，从大自然中找寻资料创造生活；自身获得滋养同时享乐人群。艺术家们自己未必骄矜，但他人却自然而然的敬之爱之……此皆因所谓"神我"的奥妙故也。而外表观之，就可谓是一种"人格"。姜氏认为教育仅仅是知识和技能的传授，那么教育的最高境界和意义便失去了。假如不以人格教育作为背景，那么就不算真正的教育活动，这些意见和儒家心学的思想保持了一致。他的教育思想里就有了相当于儒学中"尊德性"的特征，把人格的铸造作为教育中的最高追求。

作为教育者自身的人格，姜丹书在《艺术教育之特质》一文中，认为艺术教育者对于被教育者能直接给予最深的影响，而且在其人格上留下不可磨灭的印象。若教育者的技能、知识、学历无论何等优秀，而其人格下劣，决不能行真的教育。反之，技能与知识即使稍有不足，只要有在自性中体验神我的优秀人格，必然被教育者所追慕。

从教师本人的人格来讲，艺术家或艺术教育者应具备艺术化的人生观，姜丹书赋诗：钞票等于花纸儿，美人赛过观世音；偶像当作雕塑品，世事无异于喜剧；乾坤好比大观园，人格毕竟真宝贝。① 艺术家对于"钞票"应作"花纸儿"看。钱财固然是人人所爱，然见利必须思义，否则由于利欲熏心便利令智昏，竟将人格或性命殉葬于钞票堆里，岂不冤哉枉也！须知钞票不过是花纸而已，哪里会比人格及性命还值钱呢？子曰：不义而富且贵，于我如浮云！孟子曰：富贵不能淫；贫贱不能移。《艺术化人生观》文中归纳了多条艺术家或艺术教育家所抱的人格，其中从对待钱财、为人处事等方面论述了高尚的人格何等尊贵。劝告艺术家、艺术教育者们对于"人格"，应作"宝贝"看。世人只知道岳飞一肚皮的好文章、一手好字，殊不知秦桧的文章及书法亦皆好，但无人认可之，非但不传其作品，还用铁铸像跪在岳坟之前，大家公开对他溲尿，何以如此，人格关系而已。故孔夫子曰：志于道，据于德，依于仁。可见君子之为学，先德性而后文艺，徒有文艺而无德行者，不能见重于世。在人格铸造的前提下，姜丹书在思想层面提出并实施对"手"的教育，很值得我们进一步讨论。

（二）实践躬行"知行合一"

对"手"教育的过程中涉及知与行两者的合一关系问题，知行是中国古代哲

① 姜书凯提供姜丹书《艺术化的人生观》文章手稿。

学、伦理学的一对基本范畴，从先秦直到近代一直备受关注与长期激烈地被讨论。① 古人对知识的学习并不是首位的，而在于如何做的问题，求"善"才是中国古代之学的宗旨。《大学》：止于至善。《礼记·学记》：玉不琢，不成器。② 《论语·学而》里孔夫子明确地主张：入则孝，出则悌，谨而信，泛爱众，而亲仁。行有余力则以学文。③ 孔子认为对做人和道德的切实践行是人生的首要任务，学习知识是有余力之后的事。荀子也认为"知之不若行之，学至于行而止矣。"王夫子等强调知来源与行，当然还重行；朱熹强调先知后行，同样也重行。但是，朱子"先知后行"的观念对那个时代知行脱节问题客观上起了助长作用。④ 此后，宋明儒者们皆以讲读为业，讲学辩理，讲说多而实践者少，多数儒者士子鄙视劳作，言行不一使得社会道德虚伪空洞。这种不良习性引发有识之士的担忧，起而矫正。于是代表人物王守仁针对知行脱节问题提出了"知行合一"说，更加强调行的重要性。王守仁一再强调了教育不是灌输书本知识，而是要让学生学做人，辨是非善恶，这种教育皆要落实到行动，是知行合一的教育观念。古代先贤基于这样的共同认识，说明"善"不能只是在文字上、口头上，必须落到行动实处。因此，中国古代圣贤认为求知是为了指导行动，行动才是求知的目的。

自从废科举、兴学堂以来，中国的教育模式发生了空前的巨变。新式学堂教育以西学为中心，虽然尊德性的"修身"课程仍存在，但是教育的强度大大降低。20世纪初期，自新学堂创立后，如何有效地进行德性教育是所有有识之士强调的一个现实问题。人格的完善是教育的本质，虽然是被中外教育家们所认同的教育理念，但在现实中行之有效的教育模式内，对德性修身教育作为一门学科知识讲授，如何结合生活内容才能达到德智双修的境界，姜丹书对这个问题有着深刻的认识和进行切实的实践。

1937年出版《劳作学习法》与《小学教师应用工艺》（高中师范科用）中更是强调了对手教育的重要性。先生对手工的实践动手能力重视尤为突出，他的一生正是对"知行合一"的演绎和实践。如，在《劳作学习法》序言中写道：欲人知道何以要勤其四体，劳其筋骨，这是"正心、诚意"的说数。这是说"心"和"身"，也就是"致知"和"力行"的说数。的确，凡事如要使他能够努力实行，必使他有彻底的

---

① 张锡勤、关健英：《从中国古代的知行学说论及德育的内涵》，《道德与文明》2012年第5期，第99—103页。

② 高时良：《学记评注》，人民教育出版社1982年版。

③ 晏子然：《论语》，浙江古籍出版社2013年版。

④ 张锡勤、关健英：《从中国古代的知行学说论及德育的内涵》，《道德与文明》2012年第5期，第99—103页。

自觉心，才能"学而不厌、劳而不怨"；不然，有人督促则鬼混，无人督促则偷懒，哪里谈得到君子"为己"之学呢？他把手工劳作学习摆放在中国本位教育的学习程序中，如此重视手工劳作课程为数不多。他还认为：手，是人类独有的天生的万而能的工具。然而，手须受了教育，方能创造世界；不受教育，不过是"脚的哥哥"罢了！中小学校内，用意在训练、锻炼手的功课，有什么呢？唯一的只有向来所谓的"手工"，近来所谓"工艺"，只此一门，并无他道。① 书从劳作学习与心理建设，劳作学习与身体力行，劳作学习与技术顾问三个方面编写内容。姜氏采用"我"与"客"之间一问一答的方式进行。这本书为初中生编写教材，在注重实用的同时，更关注对学生进行劳作的思想教育。先生用了很大的篇幅去阐述什么是劳作，为什么还要劳作。什么是正确的劳作态度，应如何树立正确的劳作观念等等。

对于作为谋生的工具"手"的教育被提出来，同时又超越了仅仅作为谋生工具的层面。手虽然作为个体物质生产的基本工具和个人的生存提供保障，但最根本的目的是实现人格的独立。姜氏"对手的教育"就是想要通过劳动获取人格的独立，培养平民化和平等化的新一代国民。姜丹书认为每个人如能从小到大，受家庭和学校一贯的系统的良好的劳作艺术教育，可养成的"品型"——如无现成饭吃，能自炊；衣裳破了，能自打补丁；衣物脏了，能自洗；如被朋友看见做这些事，不自以为难为情；凳脚坏了，能自装；电灯坏了，能自修；出门防雨，能拿纸伞或破洋伞；半途遇雨，能赤脚；平日能种菜养鸡，临时能樵柴捉鱼；黄包车夫敲竹杠，能拔起脚来自走；生活指数过于高了，同时生活费收入过于低了，不足以养廉了，也能做些小工艺品卖钱或自己利用……但是如能一旦飞黄腾达起来，同样可以做好官；因为既有这样能耐，处常当然清廉，处变不致失节，贫贱能自安，富贵不骄淫。②

这些阐述中，"对手的教育"就是作为人格铸造的前提被提出来，它内在逻辑的模式为：人能直接从事劳作，所以具备了"自作、自用、自食其力"的能力，即使处于社会危机中，无须向他人乞讨，从而获得人格的尊严和独立。这也是中国儒学伦理中最基本的要求，被姜丹书作为对"手"教育后，所要达到的教育目的。在对"手"的教育中包含"人格"的培养，而"人格"也借助手的操作得以完善。正是在这样的思维逻辑下，姜丹书对"手"的教育的提倡，不但没有影响他对"人格铸造"的重视，反而更有利于"人格"的建立，更是知行合一的结果。

---

① 姜丹书：《小学教师应用工艺》，中华书局 1933 年版。
② 姜书凯提供姜丹书《劳作艺术的意义》文章手稿。

姜丹书还列举历史大政治家的舜,是农夫、渔夫,兼烧窑司务出身;伊尹是农夫出身;我们的姜太公,也是渔夫出身;后生小子的朱买臣,是樵夫出身;陶渊明、诸葛亮之流,也实行种过田;还有许多朴学大师,都能自做生活,自奉生活,他们都是脑筋复杂、生活简单,肚里有货色,面上没架子。换句话说,就是能文能武,能粗能细的典型人物,未做官时或未发财时,并不天天想做官,夜夜想发财,既做官后,自然能拿出苦干的精神来,代公家做事,不像后世人尤其现代人这样处处摆架子,时时想捞钱,可见劳动与人格的建立,非但不相背,而且互相成。① 在 20 世纪初的中国教育界,姜丹书对"手"的教育提倡,其实质就是在追求人格的充实,在实际的动手做中,受教育者既可以获得生活技能的初级锻炼,同时也获得人格的铸造。

二、近代实用主义教育思想影响

中国古代文献中蕴藏着丰富的美育思想遗产,但是现代形态的美育思想,却是 19 世纪末 20 世纪初由蔡元培、王国维等人从西方引进。② 蔡元培为我国近代美学的开启者,《以美育代宗教》一文试图唤起大众的觉醒。通过美育改造社会的"美育代宗教"发挥了巨大的作用和影响。美育救国思潮正是特定的中国近现代社会现实中学者们的意识情结的产物。③ 中国现代美育思潮产生的前提和现实目标决定了它的民族路径和民族需求;它所追求的是民族整体性的富强。④

在社会现实需求的语境下,使得中国教育者们引进西方的美育理论,期待这一理论与中国的现实接轨,并能改变中国的社会。蔡氏以美育代宗教的口号来源于德国教育家席勒的观念,⑤席勒的美育理论认为从"自然的人"必须经过"审美的人"最终成为"道德的人"。其中"审美的人"是人在一系列"审美游戏"中找到自我并完善自我,才能成为一个人格完全、有教养的人。从而证明审美教育是无可替代的特殊性,由此,席勒认为审美教育可以承担宗教的职责,即所谓的"美

---

① 姜书凯提供姜丹书《劳作艺术的意义》文章手稿。

② 李天道:《中国美育思想研究的新拓展——评钟仕伦的中国美育思想简史》,《宜宾学院学报》2010 年第 8 期,第 125—126 页。

③ 罗小丹:《五四时期的文艺思潮与现代美术教育模式》,《宜宾学院学报》2006 年第 5 期,第 106—110 页。

④ 陆晓芳:《论中国现代美育思潮的理论起点与历史困境》,《福建论坛》2015 年第 3 期,第 103—107 页。

⑤ 王晓茹:《刍议礼乐之"文"与艺术之"泛应"》,《民族艺术研究》2014 年第 6 期,第 29—34 页。

育代宗教"。蔡氏提倡的"美育救国"是个非常宏观的概念，即通过心灵的引导，在精神上唤起民众，把美育和救国联系在一起，以期根本上解决问题。美育救国或美育代宗教，事实上奠基在神话世界的基础上，这种理想在现实生活中并不容易实施，也许是乌托邦式的理想主义。辛亥革命后中国社会环境的变迁，"民主"和"科学"成为中国教育发展的目标，"民主"和"科学"等口号极大地鼓舞了当时知识青年。

（一）杜威"做中学"教育思想形成背景及内涵

20 世纪初，美国教育学者杜威应邀访华，从 1919 至 1921 年间在中国的两年多时间里，先后发表演讲 200 多次，各地大小报刊和杂志对其进行广泛的宣传和报道，把杜氏的美育思想推向高潮。五四以来，他从"做中学"的教育思想在中国产生了极大影响，特别表现在师范学校和中小学的手工课程。[①]

杜威（John Dewey，1859—1952），其著作《民主主义教育》和《艺术即经验》涉及教育过程中较多相关美育的问题，杜威强调经验的真理性，认为"成功或效用"是衡量真理性重要前提。[②]

杜威美育思想形成中较为显著因素之一，就是当时美国工业的迅速发展，人民物质生活水平提高，同时人类也被机器严重的异化。随着机器的普及，生产由机械代替，从事手工劳动者选择的自由几乎消失殆尽。在这样的社会背景下，教育如果不采取相应的变革，就无法应对现实对教育的挑战。另外，工业化的发展进程需要大量的劳动者，教育必须培养出大量合格的生产者。所以产生的结果就是强烈的功利性教育，美育便无从谈起。杜威强调必须在美育上下功夫，努力恢复审美经验与生活的正常过程间的连续性。[③]

杜威美育基本内涵包括两个方面，一是审美与生命进程同一；二是艺术即经验。他试图通过生命的存在来体现艺术与审美的价值与功能。他相信美育可以解决上述问题，这是因为他认为生命与审美同在，相互作用相互激发。一个生命的成长，它总是成功经历了与周围事物的不断契合，使得生命得到丰富及获得审美的意义。艺术即经验，是从审美与生命同一性这个层面进一步深入探讨艺术就是经验。因为艺术是人的精神和心理需求得到满足，使得人和事实现了有意

---

①　项建英、杜莹：《外国来华教育学者与中国教育学术的发展》，《教育评论》2014 年第 4 期，第 149—152 页。

②　刘雅倩：《杜威美誉思想的内涵与功用》，《重庆社会科学》2015 年第 5 期，第 124—127 页。

③　［美］约翰·杜威：《艺术即经验》，高建平译，商务印书馆 2007 年版。

义的统一。这就需要在美育上下功夫,努力恢复经验与生活内容的关联性,通过这些经验获得的美,从生活中发现美、欣赏美和创造美。

(二)"做中学"教育思想的支撑

杜威实用主义教育的中心思想"教育即生活",这是针对"传统应试教育"而提出的概念。他认为"传统教育"远离现实生活,不能应付实际生活需求。[①] 当然,杜威的实用主义理论,及做中学的教育方式受到了反对的声音,反对的理由是完全按照学生的兴趣来编排课程,知识不成体系,学习的知识碎片化等。但是相对填鸭式的教育方式,杜氏的教育有着积极的意义。这与编年谱中姜丹书回忆当年在旧式书塾读书的经历非常相似,教师照本宣科,学生死记硬背,学生被老师体罚印象尤其深刻。在《现代中国艺术教育概观》文中写道,学童在私塾中,因为偷偷画画或是动手折纸、雕刻等手工制作,激怒了塾师,要遭受皮肉之苦。旧式的教育方式极大地扼杀了儿童的天性和审美的体验,把教育等同于知识的授受过程,这种教育方式是把人的生活与学习拉开距离,这也是杜威批判的"非此即彼"的思维方式。[②] 杜威做中学的教育在本质上是民主主义的教育方式,把学校教授的知识与生活中的内容和职业之间构建紧密关系是杜氏教育模式的基本观点。实现这种教育理念,一是它把社会的活动和职业纳入学校教育中来,用知识加以归纳推理解释的方式进行学校教育,二是把知识转换为社会活动中和职业的经验,进行教育。通过从做中学的教育模式,受教育者的现代国民人格获得有效生成,而且也获得参与生活中的完整经验的审美体验,那么教育价值在终极目标上通向了审美的境界。

姜丹书提出的对"手"的教育和杜威的实用主义教育,从相反的两个社会背景方向迈向同一个目标。杜威提出做中学的社会背景是工业的迅速发展,人们面临着被机器异化的情况下,呼吁从做中学的教育理念。姜丹书所处的社会正是民主国家构建的过程中,大力发展工业和机器生产的社会背景下,提倡动手的教育实践,使得学生积极地参与到社会生活。提倡"动手做"的教学方式,重视实用知识。动手做,就是让学生在实践活动中动手、动脑从而更有效地掌握知识和技能。如艺术创作中的绘画、泥塑、唱歌等;手工课程中的木工、金工、纸工、泥工、烹饪、纺织、缝纫、园艺等,这些实践活动和现实生活密切联系。从动手做的

---

① 郭晓明:《给杜威实用主义教育学以应有的评价》,《教育科学》1988 年第 3 期,第 5—8 页。

② 黄英杰:《杜威的"做中学"新释》,《课程·教材·教法》2015 年第 6 期,第 122—127 页。

教育方式,成为学校教育的一种重要组成形式,个体才能的全面发展因为有了现实的根基而成为可能。

《小学教师应用工艺》(图 3-1)卷头语中,解释了生活教育与生产教育的意义和目的。利用假期为各地方的中小学手工劳作教师讲学、培训,提高各地的手工师资力量。希望从小学、中学到中等、高等师范甚至是美术专门学校,都能有手工劳作教育和发展的空间,以培养公民良好的劳动习惯,改善好逸恶劳的社会风气。

书中从生活衣食住行等方面的手工技艺内容来培训师资力量,依次为:关于食的工作的教学做;关于服装制作的教学做;纸工的教学做;籐和麦焊工的教学做;陶工和泥水工的教学做;木竹工的教学做;金工的教学做;

图 3-1　小学教师应用工艺

关于制图的教学做;关于一般的修理工作;关于重要的地方特产工艺。每个章节都先提出问题:为什么要研究或做这项工作,然后是研究和实习的事项。为学习者提出问题,再如何解决问题。

姜丹书十分重视工艺发达与否的问题。从微观来说关系社会经济,宏观来说关系国家的富强,因此强调工艺教育的重要性关系到国计民生,是何等重大的问题。对于地方特色工艺,尤其要负责改良与发达;关于社会和国家的进步为己任,联系自身的学习任务与工作内容,贡献自己的力量。在地方特产工艺章节后面的研究和实习事项里,要求学习者们详加调查,依据调查所得缜密研究,围绕工艺的生产材料、现状、销售、国内外的行业竞争力和后续发展的前景等等,提出了二十多个问题,以供思考。

姜氏从动手做这一教育实践路径上,也曾受到人们质疑,把生活实际内容转化为课堂教学内容对于学生来讲意义何在。在《商榷不可废除中学劳作科问题》文中,上海市颁布的"暂行中学课程时间表(草案)"中,就删除了劳作科目。其中反对的理由为:第一,为升学目的学生只注重文理科目,不必浪费精神、光阴和金钱于无用的劳作课。第二,学校中的木工做不成一张板凳;学校里的金工做不好一把开水壶;劳民伤财毫不实用,不如干脆废除。姜丹书给予了反驳,针对第一个理由是,中小学生志向未定,故"近朱者赤,近墨者黑",习惯成为第二天性,倘使常常接触各种材料、工具和技术指导,自然而然产生兴趣,倾向与工农方面的志趣而显露其富有技能性的天才,结果会投身于生产职业界,大材则大用,小材则小用,而不至于走错路一事无成。就以文理科目优异者而论,真是直线上升成为博士,若在中学时代做些劳作作业,亦不至于四体不勤、五谷不分,成为五十年前留长指甲的老先生。劳作课上所教的技法都是实际生活中所需的技能,如劈一棵柴,补一块地板,种一畦蔬菜,都是生活上遇见的,哪怕是做了大官,发了大财,岂可肆意享乐,仍应向工农生活看齐!假如有个科学家发明一个新奇的作品,最初必先依照设计方案,制作雏形,经若干改造,方能成功。倘若此人有些金工、木工的经验和技能,便能自己依照计划,自造雏形,得心应手,事半功倍;不然,必处处乞求于匠人,必事倍功半。技能素养的培养,唯一只有在学校的劳作课上。针对第二个理由的回答是,在中小学里的劳作课程,是普通教育不是专门职业教育;一星期中只有一两个小时练习,何能抱"操一豚蹄,酒一盅,而祝:'瓯窭满篝,污邪满车,五谷蕃熟,穰穰满家'"的妄想呢?

反对的理由当然属实,然而普通学校的手工教育,本来就不是为了教学生会做东西而设立的,如果单是为了要使他们会做东西,那么只要把他们送到作坊、工厂去当学徒,不是更好吗?学校里的教育宗旨与工厂、作坊有着根本的不同。教育目的之一要把人的各种潜能发展,作为它的最高价值和目的。

三、动手做的教育理想与挑战

根据上面的描述,姜丹书认为劳作手工教育的内容必须围绕生活现实中的活动和技能,这里涉及两个方面需要解决的问题。一是从动手做的教育实践与人类知识整体性是否存在矛盾;二是从动手做的教育实践是否能完善现代新国民的人格。

中国科举制度下的教学模式,都是个体被动地接受知识,教育目的就是考取功名升官发财。在这样的情况下,学生就成了浩瀚庞大的人类知识的奴隶,把一切事物、知识教给所有人,无论怎样教,都不可实现。相反,一切人类知识都可以融入现实生活中或者说围绕生活实践被激活,再经过个体的再创造,对人类知识有选择地激活,这样人类知识在每一个个体的创新中有效传承。因为,生活实践也同样具有深刻的历史意义,它就像人类文明的"活化石",凝聚着人类的共同智慧。杜威论述"经验"的观点,认为真正的经验具有可持续性和不断的完满性。[①]在这个层面上理解,知识就是要行动[②],实际生活的内容是学生接受知识和道德训练的背景,在这个学习环境中家庭教育得到延伸和拓展。同时,个体知识在整体知识王国中被整合被主体化的那部分知识获得更为成熟的智慧,为后来的实

---

① John Dewey:Experience and Education,Free Press,1997.

② 黄英杰、陈理宣:《教学做合一释义:兼轮实践教育哲学如何可能》,《教育学术月刊》2014 年第 7 期,第 32 页。

践活动或解决问题提供更科学合理的智慧形式。受教育者参与各种类型的活动实践，成功的教育能使个体知识丰富并充实整体知识，个体知识为整体知识发展注入新鲜血液。

杜威认为，受教育者积极地参与社会意识才是一切真正教育的开始。[①] 动手做的教育不仅仅只是知识的传授，它还有更深远的价值目标追求。这个价值追求就在动手做的教育实践中，完善现代国民的人格。受教育者在接受实践动手教育的过程同时就是积极主动地参与社会意识。社会意识是个复杂而庞大的概念，20世纪初的中国，在民主国家构建的过程中，民主、科学、独立的意识是主流意识形态。从社会的角度看，它包括政治的、文化的、经济的；从学术专业角度看，它包括宗教的、科学的、艺术的；从善恶是非角度看，它包括真的、善的、是与非等等。姜丹书从教的职业生涯正处于民主国家建构过程中，民主与科学是当时社会意识的主流。民主的教育就是要学校知识和社会实践活动建立紧密关系，引导个体积极主动地参与社会实际中，在完成教育的过程中铸造、完善现代新国民的人格。在这个大背景下，姜丹书实践的动手教育，并不是纯粹的物质生产活动，而是借助动手操作生产过程进行教育的方式。在教育实践中，师生结为共同体参与社会意识。在动手做的教育过程中，人人皆是平等参与社会意识的一员，通过实际内容的讨论和解决，在社会意识层面完善现代国民人格，提升个体的社会意识与社会责任感。

如前所述，"人格铸造"是以非功利的教育思想为前提而提出的，所谓的"非功利"，不但要包括摒弃个人的私欲，还包括国家主义层面的功利思想。20世纪初的二三十年间，中国社会以启蒙与救亡为核心的主流思想占据整个中国社会的思想界。在国家功利主义教育目标下的"救亡或救国"是整个教育的最终目标，姜丹书的人格铸造与功利主义的教育拉开了距离。在非功利主义的教育者看来，如果一个人的人格不够健全，在各种势力包围、利益的驱动下，很可能改变初衷，或蜕变或消沉，结果"救亡"的责任也无从谈起。从姜丹书个人的生活经历和当时社会环境考察，他对生活中的人和事的态度及个人看法，都表明了他非常强调人格的培养和建立。

因此，这种非功利的人格铸造思想的形成，从思想史的脉络追寻，就可以看到中国传统儒学中修身功夫及现代民主思想的影响。当姜丹书看到当时社会上的一些旧式纨绔弟子转变为新滑头，足上流光身上笔挺，伸手端碗缩手放筷，尤

---

① John Dewey：On Education，University of Chicago Press，1974.

其是一些新式太太们卷首血爪,自己不会又不肯劳动,且鄙夷他人勤朴的美德;更将自己的孩子从小娇生惯养,养成一股娇懒奢浮之风,久而久之成第二天性,真是不可救药!另外,当时旧军阀政客的私欲作祟,政局糜烂腐败,在现实的政治面前假如社会的道德基础不够坚固,行事者没有健全、高尚的人格做基础,那么即使涌现再多的革命勇士,中国现代民主国家建构的前途仍不容乐观。从现实的境况出发加以解读,"人格铸造"是教育者们从教育的层面所能实现救亡图存的必然选择。就是在这样的救国路线的转变中,提倡人格的独立、对手的教育、匠人精神的培养,中国儒学思想中的道德理想、修身工夫,渐渐融入姜丹书的教育思想中,并在他的教育实践中成为价值观上的指导思想。

虽然"人格铸造"看似非功利的教育理念,实则紧扣"救亡图存"的时代主题,它脱胎于"新国民"的理想,提出的前提就已经包含了人格的铸造,如果人格足够健全,那么在他从事自己的职业生涯中踏实工作兢兢业业,取得的实际工作业绩,也许不比那些满嘴"救国"而不付诸实践的少。从这些方面,我们看到传统文化的精髓融入现代思想中,它的现实土壤非常丰厚。看似新观念的"国民观"与旧文化其实是可以通融,在共同的现实需求之下,为时代主题的解决提供一些有益的参考和方案。

第三节　图画手工教育迈向现代艺术设计教育

从晚清洋务运动至今,我国艺术设计教育走过了一百多年的曲折历程。中国现代艺术设计教育中的"图画手工教育",在不同的历史时期表现为不同的名称和形式,从工艺教育、手工教育、图案教育、工艺美术教育到艺术设计教育,这些变化见证了中国艺术设计教育的发轫和发展变化。[①] 每一个教育形式都是螺旋前进,不是一蹴而就。它们的发展有着自身的规律也受到外界的影响。其中的图画手工教育在现代设计教育过程中有着不可或缺的一环,因此,我们可以说姜丹书在图画手工教育中所做的努力和实践是近现代图画手工教育迈向现代艺术设计教育不可或缺的一环。

一、现代艺术设计教育之雏形——工艺教育、手工教育

在日益严重的国家危机压迫下,清政府被迫进行一系列的改革,如洋务派兴

---

① 马莉丽:《中国艺术设计教育百年回顾》,《吉林艺术学院学报》2011 年第 3 期,第27—30 页。

办学堂、实业,在新式学堂内开设与实用技术相关的课程,如声、电、光、化等"格致"之学。清政府实施了一系列的教育改革措施,在废科举、兴学堂浪潮中,制定以培养西洋化的功利性与实用性人才的教育体制。在这一特殊时期的艺术方面,大量宫廷山水花鸟画无法适应近代社会的要求逐步走向衰落,与传统文人画合流,产生了世俗化个性化的绘画风格。传统士大夫重"艺"的美术教育,与传统手工匠人重"技"的师傅徒弟形式的技艺传承方式,也已不再适应当时的社会经济文化生活。

(一)清末时期工艺教育

1840 年对于中国是个特殊的年份,中英鸦片战争爆发,此后中国社会发生了翻天覆地的变化。上文提到关于"晚清"这个时间的界定,从 1840 年至 1911 年为晚清。这个时期是我国历史上极为特殊的时期,经历了西方列强的入侵、西方文化的传播,太平天国农民运动、维新变法、清末新政,直至辛亥革命最终推翻了清政府二百六十余年的统治。随着列强的入侵,西方资本的输入,文化、教育制度等对近代中国亦起到了巨大影响。

两次鸦片战争后,中国社会由封建专制国家进入半殖民半封建社会。西方列强的入侵,古老的中华民族面临亡国的危险,清政府为摆脱困境求强求富,抵御内忧外患,维护自身的统治产生洋务派,兴起洋务运动。洋务派在"自强自富"口号下,办工厂、开矿业、修铁路、练新军;文化教育方面,在"中体西用"的旗帜下,兴办洋务学校。洋务派首领左宗棠、张之洞等官僚开办了福建船政学堂、江南制造局、湖北工艺学堂等教育机构。学堂的课程根据不同的工艺设置相关的课程,教学注重理论与实习结合,规定"各项工艺必须亲自操手,方能切实通晓,各生须听各门匠首教习指导,实力操作,不准袖手旁观"[1]。

1894 年中日甲午战争中国的失败,标志着洋务运动的破产,但洋务学堂的工艺教育并未因洋务运动的失败而停顿,相反得到进一步的发展。洋务运动虽然破产,但学堂的工艺教育在清末的新政中获得了发展。1901 年,流亡在西安的慈禧太后发布"变法"上谕,宣布实施"新政"。[2] 在教育方面,颁布了一系列学堂章程,建立新式学堂教育制度,健全从中央到地方的教育行政机构,统一教育宗旨,这些新政措施推动中国教育近代化意义重大。由于社会民族危机深重,迫切需要对国家民生有直接贡献的人才,和民族工业发展也需要技术人才等多方

---

①　张之洞:《张文襄公全集》(卷一二一),中国书店 1990 年版。

②　王献玲:《中国教育史》,郑州大学出版社 2011 年版。

原因,造就"新政"期间工艺教育的迅猛发展。尤其是新政期间的废科举、兴学堂运动,为工艺教育的开展扫清了障碍。

新政后,清廷任命张百熙为官学大臣,负责制定全国统一的学制系统。1902年由张百熙领衔设计新式教育体制,拟定《钦定学堂章程》,共包括六个文件。它将普通教育分为三段七级,另外还有实业学堂、师范学堂和仕学堂等。此章程于1902年8月15日颁布,又该年旧历为壬寅年,因此称"壬寅学制"。

由于该学制内容中存在诸多不足,公布后即遭到反对,虽经公布但未能得到实施。次年,张百熙、张之洞、荣庆共同修订《壬寅学制》,1904年1月(旧历为癸卯年),清廷正式颁布,即《奏定学堂章程》,史称"癸卯学制",这是中国真正实施的第一个近代学制。此学制一直沿用至民国元年(1912)被废除。[①] 全国统一的学制颁发在制度上为工艺教育的实施提供了保障,此外,在各级各类学堂内的工艺科目,包括物理、化学、图画、模型、几何、制色、髹漆、绘画、锻冶、镀金、陶画、制版、印刷、金工、木工、机织、陶器等科目,"以授平等程度之工业技术,设成为良善之工匠"。[②]

光绪三十二年(1906)三月一日《学部:奏请宣示教育宗旨折》中以"忠君、尊孔、尚公、尚武、尚实"为教育宗旨。并提出"格致、图画、手工,皆当"视为重要科目,以期发达实科学派。[③] 工艺教育作为新政时期的实利教育的重要部分得到特别的重视。

袁熙旸教授把晚清的工艺教育分为两个阶段,以1903年,清政府颁布的《奏定学堂章程》(癸卯学制)为分界线。癸卯学制颁布前,工艺教育已经以各种形式在各个层面展开。传统的师徒传承方式被新式学堂的工艺传习所或具有雏形的工艺教育所代替。此类教育大抵有教会创办的工艺传习所、民间女工传习所和洋务学堂中的工艺学堂等三种主要类型,其中洋务学堂的工艺教育在教学的规范性、现代性和社会影响力最为突出。[④]

(二)清末时期图画手工教育

工艺教育中包含了许多手工课程,在南京两江师范学堂之前,并没有以"图画手工科"命名的学科名称,因此,本书将师范院校中最早开设"图画手工科"的南京两江师范学堂为手工教育的最基本模式。建校之初,效仿日本师范学校的

① 王献玲:《中国教育史》,郑州大学出版社2011年版。
② 郑登云:《中国近代教育史》,华东师范大学出版社1994年版。
③ 陈学恂:《中国近代教育史教学参考资料》(上),人民教育出版社1986年版。
④ 袁熙旸:《中国现代设计教育发展历程研究》,东南大学出版社2014年版。

教育制度实行混合制,开设理化、农学、博物、历史、舆地、图画、手工等**必修课程**。在姜丹书教育经历中介绍了图画手工科的缘起和教学、师资、课程方面等内容,这里不赘述。

在两江师范学堂的影响下,1907 年天津北洋优级师范也开设了图画手工科,课程设置有西洋画、中国画、用器画、手工(纸工、编结、竹、金、雕塑、漆工)等,同时还必须学习数理化、经济、机械、建筑等课程。此后,四川省师范学堂于1909 年开设图画手工科,两湖师范学堂、两广优级师范等相继开设图画手工科。师范院校开设图画手工科的目的,首先解决师资奇缺的问题,其次也是培养设计人才,振兴中国的工艺与产品设计。①

袁熙旸教授将这个时期的工艺、手工教育的进步意义归纳为四个方面。首先,以学校形式的教育取代师徒传承形式,培训形式突破了言传身教的单一方法,师生之间不再有明确的依附、雇佣关系,采用规范化的课程模式。其次,教育制度的形式规范了各级各类工艺、手工教育专业教育形式。复次,在一定程度上认识到工艺与科技的内在联系,既重视科学理论、技术的传授,也重视专业实习与技能操作的实践,在校内广设实验室、工厂和工艺品的陈列室。最后,这时期的工艺、手工教育都初步意识到造物活动中艺术性设计与产品制作过程中的分工,尝试把工艺技能培训上升到专门化的设计教育层面。如,无论是染织、土木都开设了工艺原理,制作技能训练的同时,都必须开设制图绘画科目等等,用以培养专业的艺术设计人才。

虽然这时期的工艺、手工教育取得了相当的发展和成绩,但发展始终受陈旧的政治、经济制度和落后的生产方式和外来资本主义经济、文化侵略等等因素的束缚和制约,令它发展举步维艰。师范学堂开设的图画手工科的课程宽泛,要求学生掌握竹、木、金、漆、陶等多项工艺,而且必须学习西洋绘画、中国画及音乐等相关课程,专业素养较为全面,毕业后社会适应性强;但同时也体现了师范教育在于培养通才的特点,课程多为基础性的科目,工艺教育与社会实际中所需的产品设计有一定的距离。正因为此缺陷,后来的学者对中国艺术设计教育历史的研究认为中国的设计教育从图案教育开始,经工艺美术教育到艺术设计教育,但不能因为这个缺陷而忽视了它的历史地位和作用。

---

① 　袁熙旸:《中国现代设计教育发展历程研究》,东南大学出版社 2014 年版。

二、民国时期图案教育与图画手工教育

(一)图案的引进与教育

自近代[③]以来,中国接受了西方的教育模式,将手工艺师徒相传的传承方式改造为现代学校教育方式,其过程中西方的名词、概念也就不可避免的一并接受。如"图案"一词,明治十六年(1883)日本出版了《水车意匠法》。20世纪初日本效法西方现代设计,接受 Design 的观念,用汉字"图"和"案"组合成"图案"一词与 Design 对应。明治三十四年(1901)东京高等工业学校设立了"工业图案科"。从意匠到图案都表达了现代设计的概念,据日本相关著作介绍,这两种翻译都是借用了汉字的原意,或按照字面意思组合而成。[①]

俞剑华先生在《最新图案法》中给图案下定义:图案一语,近始萌芽于吾国,然十分了解其意义及其画法者,尚不多见。国人既欲发展工业,改良制品,以与东西洋相抗衡,则图案讲究,刻不容缓! 至美术工艺,下迨日用什物,如制一物,必先有一物之图案,工艺与图案实不可须臾离。[②] 陈之佛认为图案在英语中叫Design,意译是"设计或意匠"。[③] "图案"一词从表面看,则是"图"和"方案",即为工艺品、日用品和建筑装饰等所作的图样,但图案最初和最本质的意义是计划或设计,即预设目标并为此设定的方案。[④]

雷圭元先生1947年撰写了《回溯三十年来中国之图案教育》文章,将民国至中华人民共和国成立前的中国图案教育进行了系统的梳理和分析。文章提出中国图案教育始于1918年国立北京美术学校图案系,此后的三十年大致分为三个阶段。第一,初始阶段。在梁启超的倡议下北京美术学校创立,该校是中国近代第一所国立的美术院校。学校成立之际即开设图案系,标志着图案教育的开端。另外,1912年成立的上海图画美术院,虽然是中国最早成立的美术院校,但在1920年,学校扩充之际才增设工艺图案科。第二,发展阶段。1928年杭州国立艺术院开设图案系,至1937年抗日战争的爆发为图案教育的"发展时期"。以杭州国立艺术院为代表,该校机构完备、师资雄厚、教学规范,学生培养的规模与质量在当时的美术院校中独占鳌头,其图案教学也领先于其他美术院校。1928—

---

① 诸葛铠:《设计艺术学十讲》,山东画报出版社2006年版。
② 俞剑华:《最新图案法》,上海开明书店1937年版。
③ 陈之佛:《图案构成法》,上海商务印书馆1926年版。
④ 卢世主:《20世纪中国设计艺术概念的嬗变与定位调整》,《江西社会科学》2010年第2期,第239—241页。

1937年,该校的图案教学也取得长足发展,课程日益完善,并进行分组教授试验。教学还与社会实践相结合,获得社会广泛的关注和高度评价。第三,完善阶段。此时的图案教育方面,成绩最突出的首推四川省立艺术专科学校。此校肇始与1938年成立的中华工艺社。由于战争这一特殊的时期,在成都生活安定、物价低廉,学校教学设备齐全,所有这些条件对退居抗战后方的艺术家、教育家来说是颇具诱惑的。国内艺术界之俊才无不麇集于此,于是,一时间该校成为专业美术院校的后起之秀。①

诸葛铠先生归纳意匠和图案的语词意思为:意匠中的意表示"考虑、设计";匠表示"思考、技术"之意,综合起来便是创意功夫抑或创造型设计。图案中的图有描绘、谋划之意;案有设想之意,综合为"表示设想"的意思。意匠和图案为同义词,后者只是使用较为广泛。中国辞书收入"图案"一词最早的可能是1936年版的《辞海》,词后注有英文(Design),对词义解释为:美术工艺品及建筑物等,在工作之前,须预先考察其形状、构造、色彩、装饰等应如何配置,表示此种考案之图样,称为图案。有建筑图案、陶瓷图案、金木工图案及装饰图案、广告图案等。

图案学自引进中国以来,建立学科振兴实业、发展民族图案等方面的功绩有目共睹。20世纪的50—80年代,由于国人对图案的概念缺乏全面的认识和理解,词义逐渐萎缩,甚至变为纹样的代名词。在我国早期的工艺美术专业中染织、陶瓷继而印刷,习惯将纹样称为图案,久而久之,以讹传讹,结果将图案和纹样等同起来。图案最初的含义被压缩,只限定外延在美术工艺和建筑,以造型、样式、纹样等视觉因素的设计为主要内容,而忽视了内部的实用功能的设计。这样对图案的理解只是表达了设计(Design)的一部分。不少专业书籍、教科书都没有把图案的真正含义解释清楚;因此,在80年代初,学界呼吁重申图案的内涵,相当一部分人在港台用法影响下,主张使用"设计"一词取而代之。②

(二)图画手工教育与图案教育并行

民国时期与图案教育并行的艺术教育形式还有清末延续下来的各类各级学堂中的手工教育。清末颁布的学制中规定中小学及师范学堂都要求开设手工课程,民国初的中小学教育继承这一规定,强调"经世致用"的原则。1912年1月19日,国民政府教育部颁布《普通教育暂行办法通令》中明确规定:小学读经科一律废止,小学手工科应加注重;③1922年颁布的新学制将手工科改为必修课,

---

① 袁熙旸:《中国现代设计教育发展历程研究》,东南大学出版社2014年版。
② 诸葛铠:《设计艺术学十讲》,山东画报出版社2006年版。
③ 王凌皓、冯卫斌等:《中国教育史纲要》,人民教育出版社2005年版。

课时大大增加。①

这使得手工教育在中小学教育中占有重要的位置，手工教师的需求日益突出。师范学校广设图画手工科的目的，在于解决当时图画手工科师资奇缺的问题。民国初年，全国范围内的师范学校有二百多所，这里许多学校沿袭两江师范学堂的先例，开设了图画手工专修科。② 虽然师范院校的图画手工科沿袭南京两江师范教育模式，但在各地的院校中各有特色，其中姜丹书任教的浙江省立第一师范学校颇具特色。

1910 年底，姜丹书以最优等毕业（非最优等无复试资格），1911 年春赴京师学部复试，试毕，南返，在家休息数日，即往南京母校之附属中小学任教职。七月，应浙江两级师范学堂（后更名为浙江第一师范学校）聘任图画手工教员，代替日本教师，因之前国人中无此项师资。1912 年，校长经亨颐主持创办高师图画手工科，姜丹书担任图画手工科主任。课程包括图案、用器画，还有金工、木工、黏土工等，另外还教授绢绒造、美术嵌花，所用的器械、手工器具及材料多为日本购置。该科虽然仅培养了一届毕业生，但开办较早，填补社会手工师资需求，很多毕业生服务于当时各级各类师范学校及一般中小学，该校的图画手工教育在当时的社会影响非常大。

在民国初年的浙江两级师范学堂，李叔同教音乐图画，姜丹书教图画手工，特别是手工，是整个艺术教育门类中很重要的一个分支。国人之轻视手工，轻视动手能力，实在由来已久。姜丹书是一个具有深厚传统儒学背景的文人，他并没有轻视手工制作而是亲自去教手工制作，这种开创性的意义尤其了不起。他经常讲的一句名言就是："手如不受训练，便是脚的'哥哥'！"在经亨颐任校长时的浙江两级师范学堂，包括把留日回国的李叔同请来教音乐和绘画，实属非同寻常。他们两人同事，开了中国艺术教育的先河，这已经是有了定论的说法。后人认为浙江一师做了很多开创性的事情，姜丹书教手工便是一例。为什么姜丹书那么受欢迎和器重，可能跟他所教的科目有关系，因为图画和手工在当时的新式学校中属于新科目，必然缺老师，而且那时还没有像今天所谓的主科和副科之分，所以姜丹书受欢迎在情理之中。③ 手工教育在人生价值的培植方面，主张通过手脑并用的创造活动，达到人主体与社会客体的和谐一致。在促进社会发达进步方面，主张人人亲手劳作，参与造物实际活动，达到振兴经济的目的。

---

① 伍德勤等：《中外教育简史》，安徽大学出版社 2002 年版。
② 袁熙旸：《中国现代设计教育发展历程研究》，东南大学出版社 2014 年版。
③ 孙昌建：《浙江一师别传——书生意气》，浙江人民出版社 2011 年版。

另外,年谱中记载 1920 年 8 月,姜丹书兼任浙江省立女子师范学校图画教员,校址在杨凌芝巷,学校派轿子接送之。可见学校对图画手工科师资的重视和姜丹书的地位非同一般。

三、图画手工教育中的姜丹书

19 世纪欧美各国发展起来的公立学校图画手工课程,被明治维新后的日本所接收,并由日本传入中国。日本先前接收并吸收中国儒家文化的精髓,在文化认同上与中国是一致的。然而在时间上早于中国接收西方现代的教育理论,改造和实践德国的赫尔巴特教育学。并以儒家文化的理论来解释其教育的宗旨和教学形式、手段等内容。比如,以"仁、义、礼、智、信"这五个道德标准与赫尔巴特教育学理论中五段法逐一做了对应。

1868 年日本明治维新后,把儒家文化中的道德观念与现代西方资本主义经营方式联姻,提出了"利义两全论""道德经济合一论"等理论。一方面为摆脱儒家重义轻利思想束缚铺平道路,既继承儒学文化中节俭的美德,又承认追求利是合理的行为。因此,创造性地实现了东西方文化中"利义"观的统一。① 日本经历了由传统成功转向现代化,走上了富国强兵、文明开化之路。虽然姜丹书整个求学的过程都在国内,但姜丹书就读的南京两江师范学堂的"图画手工科",全盘接受日本的现代美术教育模式而创立的。就读期间,日本教习较多,教材也由日本教材翻译过来;毕业后,在浙江两级师范学堂任教时同事也有一些日本的教师,尤其私交甚好的李叔同也留学日本回归执教,这些日本的现代国民的"利义观"通过教师、同事直接或间接影响了姜丹书的价值取向。这种新式"利义"观对姜丹书日后的教育理念和工商业发展愿望埋下了深深的种子,用扬弃的方式来解读中国传统经典与近现代图画手工教育及工业发展的愿景。

(一)日韩两国图画手工教育考察及付诸发展实践

姜丹书于一九一九年二月一日,受浙江省教育厅委派赴日本、朝鲜考察图画手工教育。二日,傍晚,抵长崎借寓中国侨商旅店四海楼。三日,参观侨商公立的时中学校,所见图画手工成绩,与国内小学校仿佛,教材则是日本的内容。此校手工特别教室,是金木工合置者,他处亦有分置者,但共通可注意之点,即磨刀台之设备,皆甚周全,其台既长,而所备之各种砥石(粗砂石、细砂石、青石、油砥石等等)亦甚多。

① 江立华:《论近代日本对儒学的改造》,《文本问题研究》1996 年第 1 期,第 54—57 页。

该校手工实习,颇重工场训练:如工作精神、工具整理、材料经济、工场卫生等等,皆加注意。每日工作完了,学生必将窗户及地板等,揩扫洁净。手工成绩室中,有折纸、切纸、组纸、厚纸、黏土、竹、木、针、金等制品。以其成绩之优劣而论,与我国师范学校中成绩较优者相比,似未见超胜。

图画课程,大都为记忆画、想象画、随意画,类如提灯庆祝之情状;欢迎凯旋之情状;战场奋斗之情状……姜丹书记:而知其所课,皆以关于此番世界大战争之事项为材料。至以此种种教授之价值而论,方法可采,内容不足取。参观日本中小学的手工和图画课程后,感慨日本工业之发达并深感手工艺教育的重要性和紧迫性,归纳日本手工教育的宗旨为"养物品制作之能、长工业之趣味、养勤劳之习惯"。

姜丹书认为日本把手工教育与国家的工业发展、军工发展紧密关联,学校中的手工教育为以后的国民经济及军事人才储备作准备。1920年,又节译[日]手岛精一,《手工与工业》一文——夫惟有基于学理而依据于经济理论之工业,而后有物美价廉之制作品,输出于世界之市场,庶几无敌于天下矣!吾当思之,欲谋工业臻此根本上之发展与进步,以养成多数之优良技术者,为当务之急;而欲养成多数之优良技术者,又以先饷工业的知识于一般国民,为成材之基;欲饷工业的知识于国民,尤以在年少时代,即小学时代,养成工业的趣味为先入之主;幸而今之小学校,置有手工一科,不难借此以达其目的也……如彼德国工业之发达,实由普通教育上手工教育之力为多,久为不可掩之事实,吾国人其盍鉴诸![①]

译文从手工教育内容和目的、手工教育和工业发展,乃至国家命运角度阐述手工教育的重要性和必要性,并提出了手工教育目的在于智力、情感、意志的培养和开发。从教育入手正是反映当时五四文化运动中积极向西方探求自然科学真理,寻觅中国富强道路的每个知识分子的真实想法。

从日韩图画手工教育考察以来,姜丹书一直思考美术教育与工商业发展之间的关系。"我国以往之所以失败,其中原因之一是工商业与美术的分离……此他人之经济侵略所由来而所胜之重要原因也!"姜氏将工商业看成是国家经济之命脉,美术是工商业之命脉。他为"中国工商业美术作家协会"成立而倍感欣慰,主张加强艺术教育,"所望工商界与美术界今后更能彻底合作,以共同挽救国家经济之命脉"。[②] 姜丹书在《美术与工商业》(1939)文中指出了:"工商业是国家

---

① 姜书凯提供姜丹书原刊于中华美育会《美育》杂志第2期(1920年5月)图片资料。
② 陈池瑜:《民国时期工艺美术和设计艺术的写作成就和特点》,《南京艺术学院学报》2011年第5期,第1—6页。

经济之命脉；美术是工商业之命脉；工商业若不与美术打成一片，则商品与工艺品必不生色，必无灵光，亦即是其业务上之致命伤，无往而不失败者。我国工商界从前既坐此弊，此他人之经济侵略所由胜之重要原因也！"《美术与衣的工业》(1941)这篇文章中又提出："方今实是工战、商战时代，不进则退，不兴则替……布的工业，一曰纺；二曰织；三曰染。纺与美术虽无直接关系，而织、染与美术之关系至为重要。盖同一布也，白布黑布，人皆不顾；印成花布，众目所注；同一布也，质牢而形陋，人人嫌其陋；形美而质否，不胫亦能走。盖人人有天赋之爱美性，彰身之具，观瞻所系，甘自抑制者能有几人？故凡形、质均美者，固为上选；次则与其质胜于形者，毋宁偏喜形胜于质，至于国货与洋货，不遑问也，此普通人之心理皆然，实以性灵中有美欲驱使之故耳！"①文章中阐述我国近代落后的现象，分析落后的重要原因与欲要摆脱困境的手段和方法。试图将图画和手工课程的内容紧紧围绕社会生活，关注民生民用，解决现实问题，朝着连接商业发展工艺、振兴实业相结合的教育目的。姜丹书从图画手工教育中看到了美术、设计在国计民生中的重要性，对生产力发展和服务于生活的价值，视手工教育为发展工商业的重要途径。

从事手工教育多年后，姜丹书在杭州人脉渐渐繁密，声誉亦日起，遂而抱有缔造本乡工商界之意愿。他主张美术与工商业的结合发展，将图画手工课程内容与工艺、农艺、家事和国事结合在一起来开展教学活动，并将它应用于生产实践中。他计划通过手工教育来缔造工业和商业的发展，由里到外，由弱到强。那么从何种工业入手？姜氏原籍溧阳特产唯有丝和米，杭州为产绸之区，于是他决定从丝织业入手。从本乡援引子弟来杭州省立甲种工业学校（浙大工学院前身）求学，保送入学或毕业后入厂。最初计划以丝织业为中心，凡是出来的学生由先生指导，一些学机织科，一些学染色科、铁工机械科等等，造就全副人才，即可回乡开发绸厂。经姜丹书提携的本乡子弟受教育后，在绸厂、丝厂、搪瓷厂、纱厂、玻璃厂、印刷厂多为领袖人物。

姜丹书试图通过手工教育与商业相结合期待发达工业、商业之殷切希望。他在图画手工教学中，亲自创办中华教育工艺厂，为教育教学和实践相结合并接受工商业检验亲身示范。教学自编年谱载：1921年秋，筹备股份有限公司中华教育工艺厂。冬，成，本人为经理兼厂长及技师。此厂规模甚小，制造教育玩具及教具，厂址在下板儿巷。此厂办三年，因江浙战争而闭歇。成绩之最著者，成

---

① 姜丹书：《姜丹书艺术教育杂著》，浙江教育出版社1991年版。

功创制地理模型。以"西湖模型"[1](图 3-2)为例,拟推广制作各省分省模型,各地险要模型、风景模型等,未及实行。唯西湖模型制成多个,颇精美,行销一时。后两三年间,印度诗人泰戈尔来杭讲学,赠予西湖模型带回国以作纪念。① "西湖模型"曾以雕刻类著作权向北京内政部呈准注册,颁发执照(图 3-3)。该西湖模型姜老先生亲自设计,工艺厂生产制作,由他创办的中华教育工艺厂发行。[2]

图 3-2　西湖模型

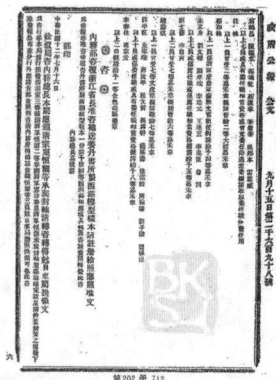

图 3-3　"西湖模型"执照

另外,姜氏自编年谱中记载道,1915 年 5 月 7 日,日本帝国主义者提出二十一条亡国条件期间,胁迫政府承认,限四十八小时内答复,否则诉诸武力。此称"哀的美敦书",实即强盗办法,顿时激起全国人民愤怒,罢课、罢市,舆情沸腾,并以抵制日货为对策。由此,抵制日货运动全面展开,严厉执行,且持久不懈。因此,各界不用种种的日货,期间,姜丹书竭尽自己所能,纷纷想办法克服困难;结果,收获许多积极的效果。

第一,自制粉笔。——此时全国所用粉笔,皆日本货。国人既不会制,而学校天天要用,我素知制法,实行自制……在手工课内,动员全体学生数百人,教导浇造,一星期内,制成白粉笔、色粉笔万千枚,供给一年之用而有余。同时,将制法公布于报纸,宣导各校(小学手工课上亦能制)自制自用,此一困难乃解决。此后,便有许多小型制作所出现,改木模为铜模,愈益精工,而日本货从此永远绝迹。

第二,厚纸板。——手工课内所用厚纸板,向用日本"马粪纸",那时尚无国货厚纸可供采用。姜丹书指导裱糊作坊利用旧报纸及桑皮纸等裱褙起来作代用品,并采用"布骨"(即用破布和废纸裱褙起来作鞋帮骨子用者)作代用品。

---

① 姜丹书:《姜丹书艺术教育杂著》,浙江教育出版社 1991 年版。

第三，颜色有光纸。——姜丹书指导纸店，用国货水月笺，染上各种颜色，再加磨坚研光，作代用品。

第四，黏土烧窑。——用黄砂缸搪成外窑，再教坩埚作坊（坩埚旧法制作，以供首饰铺熔金熔银）特制内窑，作代用品。

第五，釉药。——姜丹书率先研究成功，配制应用。

第六，金工、木工器具。——与武林铁工厂联络，指导制造并改进形质，以供采用，以后该厂出品通销全国。以上各物，一向采用日货，自此以后，一概摈绝。①

20世纪初的中国是个极为动荡的社会，大多数的中国知识分子心中充满民族自强、救亡图存意识，姜丹书以自己教授的图画手工课程内容的实际应用，积极行动响应抵制日货，把图画手工教育与爱国、救国紧密联系在一起。《易传》中提倡的"上交不谄，下交不渎"的君子人格，是儒家人格精神对中华民族面临危机的人生态度，对民族精神的塑造具有积极的作用。在国难当头民族危亡的关头，以行动支持正义与邪恶进行无畏的斗争。姜丹书从教学实际出发，解决现实问题。以此细化实施美育救国的阶段性目标和教学内容，通过阶段性的教学目标和实践朝向美术教育总目标的实现。这是中国特殊的时代背景下，教育者们对艺术救国思潮的一种回应和姿态。

（二）图画手工教育中"图"与"画"两者关系

自古图与画可谓一家，只是在近代图与画的关系有了明显的不同。"图"字，在辞海里共计六种解释。第六种解为"图"者谓画物象也。注：凡由绘画所陈事物之形象皆曰图。"画"字解释，亦为"画形也，画物象也。"如此解释图与画，似乎名异而实同，亦即皆为描绘事物之形象。图与画合并一词后，在《辞源》里的解释为：以目见之游形物，及想象之无形物，写而出之谓之图画。图与画可分二：图者脱离实物与精神上制成之，如，此图非实际所能审视，仅依测量之所得，显之于纸上是也。画者，以所见之实物，用点线浓淡色彩等表示之，以发其美之观念。大致为水彩、铅笔、钢笔、毛笔、炭笔、油画等数种……

那么，图与画究竟有何区别呢？很明显看出，图式偏向于实用方面，尚简明，重整齐，如地图、机械图、建筑图等皆谓之图。而画则偏向于欣赏方面，讲精神，重美妙，如山水画，人物画等则不宜以图名之，即说明图与画名异，而实亦有其不同之所在。图主要是为了工程、机械等服务的，它的主要功能是实用性；画主要

---

① 姜丹书:《姜丹书艺术教育杂著》，浙江教育出版社1991年版。

是供人欣赏的,具有艺术性质。虽然两者之间有许多相同之处,但是他们所肩负的任务有着本质上的不同。然而,一般人之措辞,往往不严谨,图字与画字之使用,每多混淆。于此,但求能知"图"字本意。

我国民国初期的洋务运动[3]创办的工艺学堂和当时洋人教会的工艺院会中,都开设了技术、工艺、图画等相关的课程,为培养工厂、机器生产需要的工人和专业技术人员。1903年,由张之洞等人制定"癸卯学制",规定当时的基础教育、师范教育中也均开设有图画、手工课程;在实业学堂中根据不同专业设置各类制图、绘图课程。这些图画课程中教授铅笔、毛笔、水彩和几何画法。① 这个时期教育中,人们对图画的认识有了一些近代的认识,图画所包含的范围比先前的范畴大了许多,但真正对"图"与"画"的区分并没有深入的思考与阐述。

对手工劳作作品的评判中反映出姜丹书对"图"与"画"两者的关系做过深入的研究与思考。如:在《沪市儿童劳美评判纪略和意见》中姜丹书先生对展出的展品一一做了点评,最后在个人意见中指出展品的"共通缺点",即基本的规律训练,尚欠注意。姜氏如是说,图画两个字拆开来,图是图,画是画,此次画多而图绝少。其实在高年级内的教材,应该采用些简单的几何形体及其应用图样,例如各种三角形、四角形、多角形、圆形、椭圆形、格子方形、六角形系、波状线系各式单位模型,以及各种陶瓷器、玻璃器、竹筒、木盒、厚纸盒、洋铁罐等,都是几何立体的变形,应该利用为正确的写生。大概低年级应该注重自由发表,中年级以上应该渐渐趋向到基本的规律训练,使得儿童对于一切物象的形成,认识一些科学的意味,同时可以得到多少正确的观念和条理的眼法手法。

例如,厚纸工可以做立方体、方柱体、多角柱体、圆柱体、角椎体、圆锥体、多角面体、各种结晶体及应用此等形体而为器物,例如应用圆柱体而为茶叶罐,应用截头方锥体而为笔筒,应用扁的正六角柱体而为牙粉盒,等等。因为做这些东西,非要先画"展开图"不可,故更可利用这个机会,使儿童练习画展开图及工作设计图。此次会中陈列房屋雏形很多,但没有一张房屋展开图及工作设计图,似乎大家都没有注意到此点。又在黏土工时,非但容易做成这些单纯的立体,且可更进一层而做"交错体"——"相贯体"。如先用泥做成一个圆锥体,而后横平插入一根小树段或小竹筒,便成一个圆柱与圆锥的交错体了。这些都是图画劳作与数理联络的教材,方法简易,观念明确,可说是儿童手眼规律训练的根本办法上之一个角度,希望诸位劳美教师对于这个角度内的教材教法,多加研究和

---

① 刘娟娟:《张之洞工艺思想探析》,《装饰》2013年第8期,第80—81页。

实施。①

　　姜丹书点评意见指出了图与画的用途与关系,图是工作设计图,在制作之前,应该先画"展开图",而不能忽略这一关键步骤。这是谋划、计划和预想的开始,然后方能动手制作实物。画是陈列展品的效果图,这次的展览画多而图很少,意见中体现了注重设计的先后次序,讲究现代设计的思维逻辑。指出加强对几何形状的应用与各种单位模型的练习,还提出了由易到难的训练方式,由单纯的立方体到多个形体的"交错体""相贯体"。造型上要由简到繁,再返简的深入过程,而且还要与数理联络,使得手工艺和自然科学相结合;强调几何形体可为器物包装、外形应用。

　　姜丹书对于"图"与"画"的认识与理解,落实到教育实践中,与现代艺术设计教育基础课程——构成课程相似,培养学生将造型的最基本元素——点、线、面、色彩等,按照美的法则处理形象与形象之间的关系,使得达到和谐、美观,以创造新的形象的能力。即是以"平面"为基础,通过"色彩"表现出来,从而丰富"立体"的内容。② 姜氏在这次点评中体现了他对图画手工教育中"图"与"画"两者关系的认识与理解,要求在教学过程中对空间和形体之间进行研究和探索,培养学生的造型能力、和表现能力,尤其是对"创造力"的挖掘。这种训练的方式和要求犹如立体构成,运用对形体分解、组合的方法对纯粹形体进行创造训练,强化形态空间概念,增强物体在空间表现;其次还包括工艺、技术、材料的综合训练,掌握造型设计制作的一些辅助手段,从而完成基础课程教学目的。这些训练广泛应用于展示设计、包装设计、建筑设计和产品设计及教育中。此评语写于民国三十六年六月初旬,是担任"上海全市小学劳作美术成绩展览会"劳作评判员,之后撰写了对展览的个人意见。姜氏对手工教育中图与画的关系及其在教育实践中的应用,与包豪斯基础课程的教学要求相同,一切物品复杂的外形都可以归纳为纯粹的几何形体,用几何形体来解释一切宇宙秩序和形状。这也是姜丹书在中国艺术设计教育引进"三大构成"之前,就已经提出并建议的教学理念,走在现代艺术设计教育的前列。

四、"工艺美术"与"艺术设计"

(一)工艺美术及工艺美术教育

　　"工艺美术"一词的出现也是晚近的事,但"工""艺"语词实在不是新鲜的概

---

① 　姜丹书:《姜丹书艺术教育杂著》,浙江教育出版社 1991 年版。
② 　万轩:《设计构成》,中国电力出版社 2008 年版。

念,亦不用进口。先秦《考工记》记载:审曲面势以饬五材,以辩民器,谓之百工。春秋时期沿用,"工"成为各种手工艺人的总称。"艺"字,1915 年商务印书馆出版的《辞源》解释为:①种植。②才能。《论语·子罕》:"牢曰:吾不试,故艺。"③准则,限度等。"工艺"乃"工"与"艺"的组合,包含百工之意。再如《说文》:"工,巧也,匠也,善其事也,凡执艺事成器物以利用,皆谓之百工。"①《新唐书·阎立德传》载:父毗,为隋殿内少监,本以工艺进,故立德与弟立本皆机巧有思。② 可见,"工艺"一词由来已久。

工艺美术这个概念起源于 19 世纪英国设计领袖威廉·莫里斯领导的"工艺美术运动",原文为 Arts and crafets。莫里斯反对机器生产,力图恢复手工技艺,又亲自设计时代需要的工业品,被模仿出售,反而成了近代公认的第一位"设计师"。工艺美术运动的历史实际是以"美术加技术"的内涵得到承认。但由于工艺美术运动的初衷是反对工业化、批量生产和对机械的否定,注定不能成为引领潮流的主流风格。③ 在之后的"新艺术运动""德意志工作联盟"等一系列设计运动和对"工艺美术运动"的思想扬弃,最终由格鲁佩斯创立的包豪斯设计学院完成了人类历史上首次的现代设计革命。

20 世纪 20 年代,工艺美术由日本传入中国,并逐步取代图案、意匠、工艺等词。1929 年,全国首届美术展览会也采用"工艺美术"名词,说明该词获得了普遍的认可。④ 工艺美术理念被中国引进的过程中,在认识上发生了一些偏差。这种偏差与国人对图案的认识同样,没能真正深入全面的认识和理解。1936 年版的《辞海》中"工艺美术"的注释为:"Industrial art",按照字面直译成"工业美术"或"工业艺术"。它被理解为内、外两个层面的解释,内涵应是:实际生活之需要,与各种器物上施于美术之技巧或装饰物;外延则是:如细木、髹漆、陶瓷、染织、刺绣、铸造、饰物等。可见,国人对工艺美术的理解只是以美化与装饰为目的手工技艺而已,基本不包括现代工业,于是"工业美术"与现代工业相分离。

20 世纪中叶,中国社会的物质生产和生活都处于较低的水平,与外界的联系亦不多,欧洲第一次世界大战后兴起的现代设计运动对中国的影响不大。在没有面对世界又缺少工业化生产背景的时代,我们从未感到不足和缺憾,这就使

---

① 李砚祖:《工艺美术概论》,中国轻工业出版社 1999 年版。
② 郭超:《四库全书精华·史部·第 3 卷》,中国文史出版社 1998 年版。
③ 王受之:《世界现代设计师》,新世纪出版社 1995 年版。
④ 秦菊英:《二十世纪中国艺术设计教育史》,浙江大学出版社 2013 年版。

得我们的设计观念长期停留在"美化生活"的层次。①

中华人民共和国建立后,沿着这条思路建立了工艺美术行业,并建立了以工艺美术学命名学科的工艺美术教育体系。为了满足社会对大量优秀专业设计人才的需求,作为艺术设计教育前身的工艺美术教育得到国家的重视。将分设于不同类型学校中的工艺教育、图案教育、手工教育等统一在工艺美术教育之下,形成高等、中与初级的专业教育并举,全日制教育和在职培训相结合的工艺美术教育机制,新中国的工艺美术教育得到了长足发展。袁熙旸教授将我国的工艺美术教育从 1949 年至 1976 年大致分为四个阶段。第一阶段,1949—1956 年工艺美术教育的整顿与改造期;第二阶段,1956—1961 年工艺美术教育的发展时期;第三阶段,1961—1966 年工艺美术教育的巩固时期;第四阶段,1967—1976 年工艺美术教育的停顿时期。在没有以工业大生产为背景下,工艺美术和工艺美术教育的缺陷和不足没有显露出来,但给日后随着工业的发展和变化埋下了伏笔。

(二)艺术设计及艺术设计教育

张道一先生在诸葛铠先生著作《设计艺术十讲》序言中评价道:他没有隔断历史,而是把一个世纪以来的"图案学——工艺美术——设计艺术"连成一条线。这是符合历史辩证法的。诸葛先生也认为,图案设计、艺术设计和设计艺术在本质上是相同的,它们都是对 Desgin 的一种汉译。

追溯"设计"一词最早出现于《三国志·魏志·高贵乡公髦传》,"赂遗吾左右人,令因吾服药,密因鸩毒,重相设计。"元尚仲贤《气英布》杂剧第一折中就有"运筹设计,让之张良;点将出师,属之韩信。"设计一词的字面意思可理解为"安排计划、预设方法"等。现代汉语中的"设计"更多含义属于"西学东渐"下,从日本词汇中引进而来。但是先民们的造物活动自始至终都沿着设计的历史发展轨迹,从最原始的打制石器到现代密集高科技的集成块,都是现实人类脑力和体力活动的结合。从本质而言,设计是人类为了达到预定的目的而进行的一种创造活动。② 萧伯特·A 西蒙在其著作《设计科学:创造人造物的学问》中写道,从某种意义上说,每一种人类行为,只要是意在改变现状,使之变得完美,这种行为就是设计性的。生产物质性人造物品的精神活动,与那种为治好一个病人而开处方的精神活动,以及与那种为公司设计一种新的销售计划、为国家设计一种社会福

---

① 诸葛铠:《设计艺术学十讲》,山东画报出版社 2006 年版。
② 黄厚石:《设计原理》,东南大学出版社 2010 年版。

利政策的精神活动,没有根本性的区别。

无论是萧伯特·A 西蒙(Herbertn A. Simon,1919—2001)还是帕帕奈克,都将设计抽象为一种人类最基本的创造性活动。虽然同样是人类的创造性活动的设计与自然科学,但他们两者之间有本质的区别。那是因为,自然科学关系事物是什么样子;设计它主要关心的是事物应该是什么样子,还关心如何用发明的人造物达到想要达到的目标。[①]

设计的含义几乎涵盖了人类活动的所有方面,并因地域、年代不同各有差异,本书探讨的是以"艺术"限定的"设计"——艺术设计,及艺术设计教育。早在20 世纪 30 年代,陈之佛先生向国内介绍欧洲的设计及包豪斯,但此后的数十年,并没有人对它进行研究和借鉴。艺术设计是关系国计民生的创造性活动,艺术设计教育是建立在经济基础之上又对经济活动的开展具相当影响力的教育活动。现代设计真正对中国产生影响晚至 20 世纪的 80 年代。

1978 年以来,中国的改革开放政策使得整个社会经济活动空前活跃,经济快速增长、经济体制的急剧变革等等,艺术设计教育也经历着历史性的变革,面临着社会经济的蓬勃发展与教育改革的双重任务。

"四人帮"被粉碎后结束了长期的社会混乱,中央拨乱反正的政治背景下,被"文革"取消的工艺美术院校得到了全面恢复,一批新专业陆续建立起来,恢复停顿十年之久的高考制度,工艺美术的教育迎来新的生机。据不完全统计,截至1980 年初,全国由 4 所美术学院、9 所综合性艺术学院、7 所轻工业学院,这些院校均办有工艺美术专业,另外有 1 所高等工艺美术学院和 13 所中等工艺美术学校,全国该专业的在校生大约 2100 人,教师人数约 750 人。[②] 经过几年的恢复,教学内容的改革提上日程,"一转、两改、三步、四则"的教改方案,成为改革工作的重点。"一转"即是原来的造型美术专业改造成体系完整的工业设计专业;"两改"即是专业设置的改造和课程的改革。"三步"是指分三个阶段进行教学改革;"四则"是教学改革必须遵循四条原则:一是从实际出发,积极稳妥、有秩序地进行改革;二是全面规划,统筹安排,调整师资结构和学术的知识能力结构;三是教学与生产结合,脑的训练与手的训练并重;四是课程改革要保持系统性、科学性,又要贯彻少而精的原则。[③] 此教学改革方案在实践教学中得到实施,并取得较大成功。

---

① 萧伯特·A. 西蒙:《设计科学:创造人造物的学问》,选自[法]马克·第亚尼:《非物质社会》,藤守尧译,四川人民出版社 1998 年版。

② 李锦璐:《工艺美术与工艺美术教育》,人民美术出版社 1990 年版。

③ 袁熙旸:《中国现代设计教育发展历程研究》,东南大学出版社 2014 年版。

"三大构成"课程的引进,包装设计、室内设计和服装设计等专业从造型设计中的分离,1986 年开始招收理工类生源,从而结束艺术设计只招收文科生的单一模式,各方面的改革逐步使得艺术设计教育形成"艺工结合"的培养特色。艺术设计专业的学生除了具备美术相关的知识和技能外,还需掌握广博的知识,如工程、技术、材料、工艺、历史、营销、心理等人文学科相关的知识。从 1981 年至 1987 年全国艺术设计教育的规模得到了极大拓展,但这种发展速度还是未能跟上社会对艺术设计人才和师资的需求。因此,很多人便呼吁加大艺术设计教育的比重,进一步扩大艺术设计教育的规模。

20 世纪 90 年代,中国的政治、经济的进一步开放,我国的设计抑或设计教育无论从观念、方法和理论,都受到西方更深的影响。手工生产不可避免地被退出历史的舞台,大工业化生产造物设计成为生活的主流。虽然,"工艺美术"与"艺术设计"两者概念没有对立,但各自的内涵有所不同。前者是以传统技艺、生产工艺、创作设计发展为基础,后者是以现代工业生产为背景,以人的创造创新为主线。于是,为了区分界定两者的特征和范畴,人们开始探索传统工艺美术及工艺美术教育向现代艺术设计及艺术设计教育的转变过程。

中国经济发展的模式从集中僵化的计划经济转向社会,经济发展的腾飞迅速而深刻地影响艺术设计教育,由于艺术设计教育的发展与经济的发展及体制改革保持基本同步的属性,促使传统的工艺美术教育向艺术设计教育的转型。

1998 年颁布的研究生专业目录将工艺美术学改为"设计艺术学",并确定为艺术学一级学科下属于美术学、音乐学、戏剧学等并列的一个二级学科,在下一级称"××设计艺术方向"。[①] 从术科到学科,意味着学术含量的增强,学术品质得到全面提升。然而,在这个过程中,英文"Design"与中文"设计"的含义有相当的差异,学界中人往往各取所需,在不同的场合使用各自的术语,结果造成同一学科的研究尚有不同的解读。2011 年,国务院学术委员会和教育部将"设计艺术学"正式更名为"设计学",才使得这一学科成为"艺术学"门类下的一级学科,而且,因工学和艺术学科的不同侧重,可授予工学和艺术学学位。这样,不仅强调了"设计学"学科的交叉性质,而且也明确了设计的综合性、创造性人才培养的目标。[②]

艺术设计和艺术设计教育的现代化进程是一个过程,而不是结果。社会在不断地发展和进步,教育也在不断调整完善。中国现代艺术设计教育吸收传统教育养分,引进西方设计教育模式和科技知识,逐渐成长起来。它突破传统设计

---

① 余强:《设计艺术学概论》,重庆大学出版社 2006 年版。

② 余强:《设计艺术学概论》,重庆大学出版社 2006 年版。

教育的束缚,发展壮大成为全新的艺术设计教育模式,这种艺术设计教育机制因根植传统的机体,因此具有承前启后、继往开来的根本属性和社会功能。从鸦片战争以来的一个半多世纪,从学科与专业名称的变化转化也就反映出中国艺术设计及教育一直处于动态的发展态势。

图3-4　姜丹书与滕固等上海艺坛名宿会餐

图3-5　约1935年摄于上海美术专科学校。姜丹书(右5)吴茀之(右3)宋寿昌(右1)

图3-6　1953年11月华东艺术专科学校教授在无锡凭吊倪云林墓,左起:陈大羽、谢海燕、姜丹书、张宜生、俞剑华、申茂之、施世珍、汪声远等

本章小结

姜丹书手工教育内容中主要体现为"美与美欲"、对"手的教育"和"职业匠人精神的培养"；这些教育内容来自传统儒学积极入世的精神，近现代科学、民主思潮的洗礼和社会现实的需要。姜丹书的手工教育思想贯穿于整个民国时期，他的教育观也因此被烙上时代的痕迹。他从教育实践出发，关注人格的锻造，心灵的和谐；从人本位出发，关怀人生，贴近生活。一生记录了大量的教育文献史料，所言恳切，朴实无华，多能切中时代弊病。一个处于动荡乱世的美术教育家，他具有深厚人文学术的美育背景，是现时生命与历史生命之间亲切的对话，是人文的关怀、心灵滋养，思想上无限的启迪和绽放。儒雅的人格性情如灵动的溪流，涓涓不息，在它的滋养下，人格、学术、艺术、教育各显其华又圆融一体。①

然而，逝去的记忆并非是已经死亡的历史沉积，仍然是当今社会的文化延续。随着时代的发展变革，重新寻找传统文化和现代教育结合点的突破，是我们当下的研究方向，继承和创新是人类历史前进的必由之路。正如姜丹书所言，我国今后一切艺术的前途，都倾向于科学化、现代化、大众化、中西调和化。结果，成为划时代的新兴艺术之花。当然，这些花中，有浓艳花，有清香花，也有野草花！②

姜丹书可谓是图画手工教育的代表人物，他的教育理念也正是整个图画手工教育的心声。他时常强调"世界上一切人为的物件都是手制造成的。故手是造世的工具，且是万能的工具。手不受训练，便是脚的'哥哥'！"在艺术教育中，能够专门训练并且多方训练手的唯有手工课程。姜丹书作为著名的手工教育专家，在全国范围内产生了较大的影响，同时也奠定了在这一领域不可替代的地位。

本章注释

[1]西湖模型图长43厘米，宽37厘米，非常轻便，可提箱行走。箱子外壳上用中文刻着"西湖模型"四个用金粉涂刻的字。打开箱盖，里面有6条详细的西湖导游路线，以及食宿安排等建议。导游图还根据游客游玩时间的长短，推荐旅

---

① 黄敏学、王旖轩：《康有为国乐改良思想及其历史影响探论》，《黄钟》2013年第2期，第16—20页。

② 姜丹书：《姜丹书艺术教育杂著》，浙江教育出版社1991年版。

游线路及住宿、购买旅游纪念品,以便游客在有限的时间内领略到杭州最好的景点。导游图开场白引用白香山和先生的两句话:"未能抛得杭州去,一半勾留是此湖""若把此湖带了去,犹之日日在杭州"。

[2]"西湖模型"的照片来自一个偶然的机会,姜丹书老先生的幼子姜书凯先生在读报纸的时候看到了一则"一个旧箱子,藏着老西湖"的新闻,引起老人的关注。新闻里介绍了这个旧箱子是近百年前以西湖为重点的杭州旅游立体全景图。姜书凯先生看到这则新闻后,多方联系,终于找到这个纪念品的收藏者,与藏家见了面,才有了"西湖模型"这张珍贵的照片。

[3]洋务运动:19世纪60年代初至90年代中期,清政府在"内忧外患"的形势下,为了维护封建统治,在一些开明官僚的主持下,采取了一系列"自强"措施,如:引进和学习四方科学技术,兴办近代工业,改革军事、外交、文化教育等。80年代清政府创办了许多专门性的学堂。1880年起先后在天津、上海、南京等处开办电报学堂,在广西创办西学馆,1883年在吉林创办表正书院,1887年在台湾创办西学堂,此外还办有商务学堂、医务学堂、矿物学堂等。参见刘冰远:《中国通史》(第2卷),云南教育出版社2009年版。

第四章 姜丹书的书画艺术

对于姜丹书书法的研究,需要与他所处的时代紧密相连。姜氏生活在清末民初,社会正处于政治制度、经济体制、文化观念急剧变革的时期,科举制度的废除,汉字的拼音化,钢笔和圆珠笔的引进,使得书法的延续和传承变得异常沉重。姜丹书与清末所有学子一样,出生在耕读世家,于祖辈善书者的家庭氛围中成长,启蒙时期接受私塾教育便开始学习书法,以便将来科举考试中有一手漂亮工整的书法,为自己赢得功名做准备。

第一节 姜丹书的书法艺术

姜丹书的先祖是位贡生,人呼老贡爷,父亲是位太学生。幼年的姜丹书跟随祖父学文识字,在传统科举制度下的中国百姓读书识字,书写的工具只有毛笔和墨水,每个读书人都练就一手过硬的书法基本功。家中藏有欧字帖及《爨宝子碑》等,青少年时期,姜丹书便自行翻出,反复临摹练习。姜丹书先从爨宝子碑、颜、柳、赵诸家入手,后涉猎行草,这对以后的书写打下扎实的基本功。成年后考入现代师范学堂,师从李瑞清继续研习书法,形成个人的书风至关重要。

李瑞清(1867—1920),字仲麟,祖籍江西临川县,少年随父在湖南武陵,读《说文》《三礼》《公羊何氏注》等。其祖李宗翰是著名书法家和收藏家,家藏古代书画、金石拓本、古籍等颇丰。少年李瑞清便对书画、金石产生了浓厚的兴趣。其后更多的是"习训诂,研六书",准备科举。1891年,在湖南考中举人。1905年任"南京两江师范学堂"监督(校长)。他是中国现代高等学府中创办图画手工科的第一人,聘请国内外名家教授绘画知识和培养美术师资,引进素描、油画等西洋绘画,为日后的中国现代美术教育开辟了道路。他本人也亲授书画,吕凤子、张大千、姜丹书、汪采白等都出其门下。

李瑞清是近现代美术教育家,也是著名的画家。他的绘画颇具特色且功力非凡。他一生临摹石涛的画最多,但皆不似石涛。他的画风十分独特,与当时的吴昌硕、任伯年、虚谷等大家画法截然不同。张大千曾到上海拜李瑞清为师,早年绘画学李氏,书法学李氏终生未变。潘天寿早年花鸟学吴昌硕,后改学李瑞清。两江的学子姜丹书、吕凤子、汪采白等都不同程度地受到李氏的影响。① 姜丹书在艺术实践上对传统文化情有独钟,坚持书写记录身边的人和事,从现存的手稿来看都用毛笔书写而成。凭借自身扎实的国学背景和广阔的视野,取法多元,融会贯通,博采众长,不拘泥于成法,形成个人刚柔相济的书风。

一般而言,书法作品分为书法家书法和学者书法。前者字体夸张,强调形式章法布局新颖;后者是学者书法,限于做学问绘画题词,借书法抒发个人性情,平实而含蓄。姜丹书与张宗祥、马一浮、张通谟一样,将学养与书法现结合,书法字体平实,讲究内功,不追逐形式和风格。姜丹书最擅长于行草,篆、隶、楷体都信手可成。(图 4-1、4-2、4-3、4-4、4-5)他的书风讲究整体、布局、节奏、虚实、题款,用印处都处理得十分得体。姜丹书以行书最为精研,连绵相继,遒劲有力,融篆隶之精到,兼有楷书之韵味。姜丹书平常大量的手札、读书笔记、日记、自编年谱、文稿等都以小字行草为主。作为一位蒙受旧学与新学双重教育的学者,从书法角度来看,他虽然还没有形成引领一个时代大师身上所具备的强烈而鲜明的书风,但观其书者不难发现,其字与字、行与行散发着从容飘逸的气息。

细细品味姜丹书的书法,就能发现姜氏的书法熔今铸古,将秀丽与强健、婉约与豪放自然地糅合于自己的书法之中,形成苍劲温润的风格。他与他同时代的学者书家们的共同努力,使得书法得以绵延传承,为保存传统文化艺术的精髓付出了毕生努力。智者已逝,多年后重新审视这一时期的书法艺术时,应该重视他们曾经付出的努力。

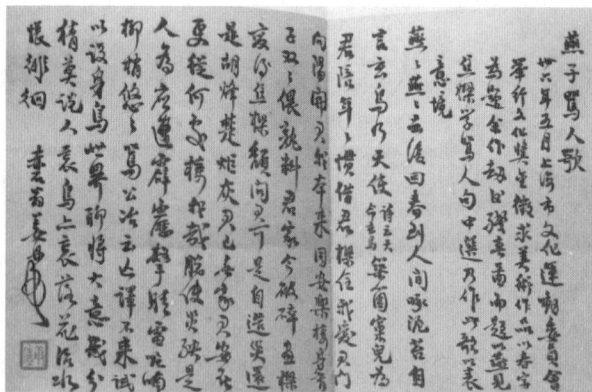

图 4-1 《劫后残春图》题词

---

① 郑芳:《品读人文——中国山水画画家与作品》,河南文艺出版社 2006 年版。

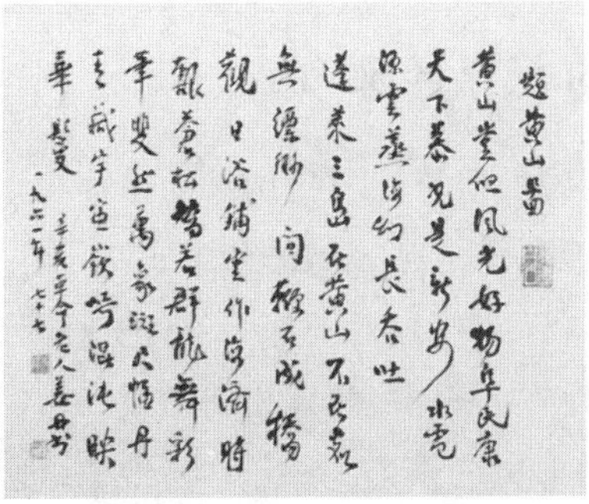

图 4-2 《黄山图》题词

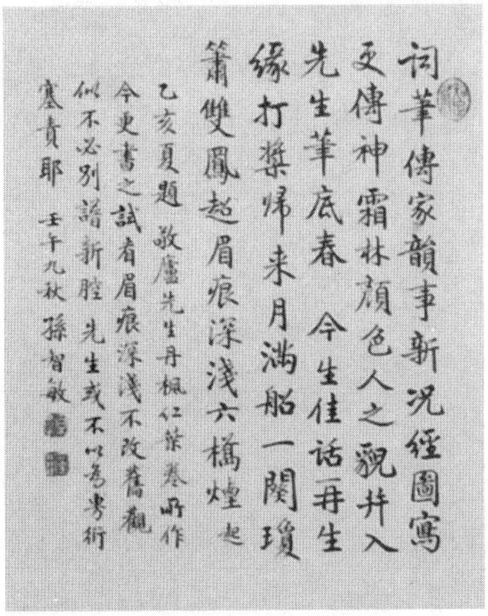

图 4-3 《闺情图》题词

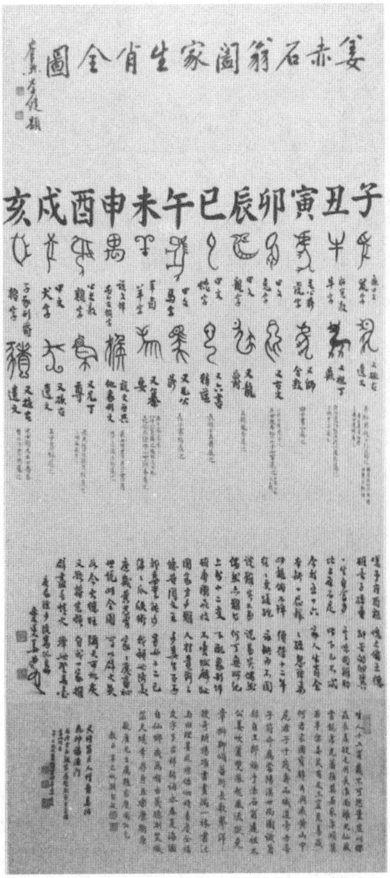

图 4-4 纸本立轴阖家生肖全图

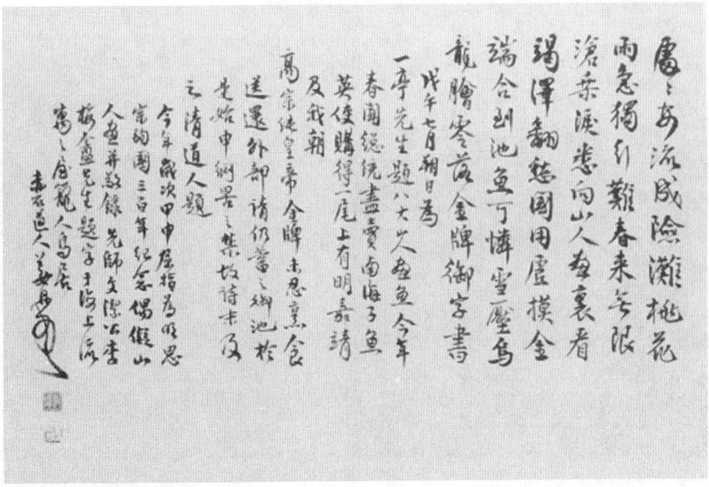

图 4-5 《白眼鱼图》题词

第二节　姜丹书的花鸟绘画实践

姜丹书求学时期，学习国画与西画，西画的研修课程比国画的多而长。毕业后致力于西画十多年，于国画三十多年。他总结自己多年的艺术实践生涯，认为西画与国画的形式虽不全通，但画理相通。因此打好西画基础，有利于国画的学习。虽然工具材料不同，然而取长补短的地方亦很多，两者相辅相成。本书再对姜丹书的花果杂品——《柿子图》做一个整体的考释，呈现出中国传统绘画在文化格局上的重大转型，集中体现在文人审美从重视审美客体逐渐转向审美主体。姜丹书以"柿"为题的花鸟杂品图在近现代美术中具有独特地位，表现出中国传统绘画在近现代文化境遇下生发而成的一些基本属性。从姜丹书的《柿子图》，得知花鸟画题材从"比德"到"抒情"的世俗化，中国传统花鸟画的意象人格由"君子"到"国民"的发展趋势。

姜丹书书画师承李瑞清、萧屋泉。喜作写意山水、花卉，尤擅蔬果，用笔用色疏放。他绘画中西兼善，尤以国画为精，喜作红柿、红叶。1931年，金城工艺社出版过姜丹书一册珂罗版《敬庐画集》，收集了姜丹书十六幅山水画作，至今上海尚有藏家收藏。但是姜丹书不是一位职业画家，他一直靠教书育人薪酬养家，并不鬻画谋生。20世纪40年代物价飞涨，民不聊生，用他自己的话说"教育饭越吃越饿"，因此也曾两次拟定润例，以卖画为贴补家庭生活开销。作为学者的他，精力主要用在研究和著述上，只是在课余时作些书画创作。抗战逃难到上海，学校的薪金微薄，子女多、负担重，所以还要靠卖画补贴家用，甲戌年冬（图4-6）1934年订一份，另1940年（图4-7）重新制订了润例[1]，随信寄给丰子恺。

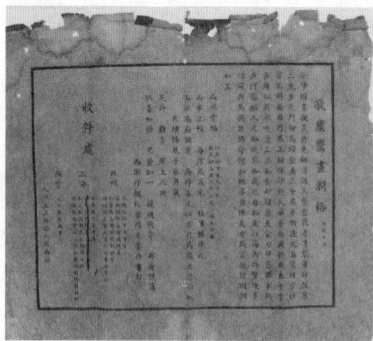

图4-6　《敬庐鬻画润格》

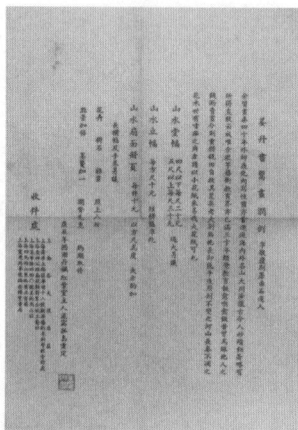

图4-7　《姜丹书鬻画润例》

自撰《艺术家的流浪生活》中记载,自 1937 年 8 月 13 日淞沪抗战爆发后,日寇飞机轰炸杭州,携家眷逃难前,将自己历年积存的两大箱画作精品送邮局寄往上海的萧屋泉老师处。历经艰难后终于到达上海,赶到萧老师家中才知画作并未寄达。后来得知,沪杭铁路因日寇轰炸而中断,两大箱子的画作不知所终,前半生的心血几乎损失殆尽。据姜书凯先生回忆,大约在 1955 年,姜丹书在无锡华东艺专任教期间,与苏州美专的张宜生老师聊天时,张先生说起曾在一朋友家中看到姜丹书的一张《斗牛图》,作品十分精彩。姜丹书听后非常高兴。此图就是丢失的精品中的一件,证明这两箱的精品画作并没有化为灰烬,依然流转在民间。姜丹书感到无比高兴,终于放下了这件困扰了他二十来年的心事。

除抗战损失的画作,还有不少赠送亲友及卖出的作品流传在世。在各地的拍卖会上,时而可见他的画作上拍,其中不少精品之作。如《黄山图》《红叶丹枫》等都是难得的精品。①

姜丹书在世时,多次参与师友抗日义卖画展,一生所作的书画数量今已无法确切统计。1956 年,无锡华东艺术专科学校祝贺姜丹书先生古稀之年,从事教育工作五十年,专门为他举办个人画展,此次画展上展出了七八十件作品。另一次个人画展于 1963 年 6 月,中国美术家协会浙江分会在平湖秋月的美术展览馆组织展览了他的遗作,以纪念他逝世一周年。2013 年,由姜书凯先生及家人的努力下,收集、整理并由浙江人民美术出版社出版的《姜丹书画集》,画集中的作品大多是从分散的家族后裔收藏和浙江美术馆、浙江省博物馆、南京艺术学院及一些名家藏品中收入,遗憾的是流传在世的另一些画作无法全部收入。画集中作品年代跨度较长,从 20 世纪 30 年代直到 1962 年,较为全面反映了画家创作的心路历程。

一、以"柿"为题

(一)柿子图的绘画类型学界定

花鸟画中的花果杂品,作为中国画的一种体裁类型,它不只是以动、植物为题材的写实主义绘画,更是以中国人特有的精神文化为主题的象征主义绘画。如花鸟画经典题材的"四君子"——梅、兰、竹、菊,历来就是君子高洁品格的象征。从四君子到花果杂品的题材转变,呈现出中国传统绘画在文化格局上的重大转型,也体现了文人审美重视审美客体逐渐转向审美主体。姜丹书以"柿"为

---

① 姜丹书:《姜丹书画集》,浙江人民美术出版社 2013 年版。

题的花鸟杂品图在近现代传统绘画中具有独特地位,呈现出中国传统绘画在近现代文化境遇下生发而成的一些基本属性,主要表现花鸟画题材从"比德"到"抒情"的世俗化的过程。笔者试从柿子图的绘画类型界定、传统花鸟画中"君子"人格的确立、花果杂品绘画在近现代社会情境中的变革需求、姜丹书的花果杂品——《柿子图》意象人格的现代性驱动等几个方面,叙述姜丹书在民国初期为花果杂品画现代性转型所做的努力。

宋元以降,"四君子"题材为主流的文人花鸟画转向与感官相联系的花果杂品,绘画中审美主体的转变发生在明中期的吴门地区,传统花鸟画中出现了蔬果、禽鸟、虫鱼、花卉等内容繁杂的花鸟画长卷。此类题材的花鸟杂画在画史上没有统一固定的称谓,考订"花果杂品图"一词最早出现在沈周的《花果杂品二十种卷》[①],题跋内容为:"玉溪藏史淳雅可重,因做戏墨杂品二十种移之。弘治甲寅季春。沈周"。除了花卉蔬果,还有水产、木石、家禽等,因此,"花果杂品图"之称谓即可包含此类题材的全部内容。此种类型的绘画作品曾用名:《写生卷》《墨花图卷》《观物之生册》《花鸟册》《四季花卉卷》《百花图卷》《蔬圃图》《花果图》,或称之为杂画等等。[②] 因此,姜丹书的《柿子图》归为花果杂品范畴。从艺术自身发展来看,同一题材的作品在不同时代有不同的表现方式和审美意象,但同时又与前人文脉保持着连续性。因此,以柿子为题的花果杂品图,表达了画家所处的时代审美意识和鲜明的社会现代性。"画什么"及"如何画"由画家所具备的文化习得,审美观念和生活的时代所构建。"四君子""岁寒三友"是文人画所要表达的主流意识,文人墨客乐于表现象征君子人格精神的自然事物。

柿子图作为世俗化的绘画门类,以画者的年代、身份和审美价值取向差异,对审美客体处理完全不同。因此,对柿子图进行明确的绘画类型界定,能更准确有效地描述画家与作品、画家与社会、画家与时代之间的关系,来对姜丹书的花果杂品——以"柿"为图的意象人格的现代化进行深入全面的叙述和分析。

(二)画"柿"缘由

姜丹书的艺术创作跨越近半个世纪,他的绘画题材非常广泛,存世的作品分为山水、花卉、人物、蔬果、虫鸟走兽,比较而言,其中姜丹书自言最喜欢和擅长的是柿子。柿子为题材的作品数量可观,且尤以红柿最多。大量创作的红柿作品,看似简单的作品与画宫廷台榭"难成而易好",相反,"易成而难好"。

---

① 苏州博物馆:《苏州文博论丛》,文物出版社 2013 年版。

② 余洋:《明中期吴门文人花鸟之新变》,《中国国家博物馆馆刊》2014 年第 8 期,第96—113 页。

姜氏自言:古人咏柿者多,画柿者亦有,但不多,且只画折枝,而画丛枝连干者我还没有见到。[①] 姜丹书间接地对牧溪的柿子作品做了评价,并对前人的绘画从审美价值观和表现力做出了个人的突破。姜丹书对区区一柿子,体味并练习了十多年才做到了得心应手。他的体会和感悟不取材于模仿他人,而是直接从生活中体验得来。在《画柿说》中,姜丹书道出自己是如何喜欢柿子,如何描绘柿子,再到题字,都是源于乐天的性格,因而获得一生康乐的成效。

姜丹书在杭州时几乎每年秋天都要到西溪两岸观赏朱果累累的柿林,端详枝头一个个圆里带方的铜盆柿,反复摩写,积久自成腹稿。眼中有红柿,心中更有红柿,千姿百态,随意挥洒,色调酣畅润泽,略勾虚实有致的墨线,质量感、色感乃至味感油然而生。先生详细描述作画过程如何用笔、用墨,柿子的方向、大小,以及柿子与树干、枝叶的疏密布局。姜丹书自然而然地将早年书法的研习感悟转化为绘画创作的最佳资源。起首阶段借助自己的书法功力和修养易于入手,很快掌握基础能力,而后登堂入室。这种援书入画的努力,尤其在山水人物花卉蔬果等文人写意画中左右逢源,崭露无遗。(《红柿板栗图》图 4-8,68cm×34.5cm,1938 年;《元旦书红图》图 4-9,99cm×34.5cm,1942 年;《红柿》图 4-10,71.5cm×34cm,1942 年)

图 4-8 红柿板栗图   图 4-9 元旦书红图   图 4-10 红柿

红柿是画家的精神向往。不难看出,以姜丹书的为人处世,学养见识,绘画实践诸多方面考察,自然应归入学者型画家行列。一方面具有学人的素养和见

---

① 姜丹书:《姜丹书艺术教育杂著》,浙江教育出版社 1991 年版。

解,另一方面又具备行家的绘画技法和功力。(《双喜全红》图 4-11,116cm×40cm,约 1939 年;《红柿嘉礼图》图 4-12,77.8cm×33.8cm,1962 年)

姜丹书用写行草的笔法画柿,画柿如同写字,偃仰反侧,疏密浓淡,各尽其态,极富变化,极少附以兰竹。姜丹书在世时,社会各界对其《红柿图》评价极高,求者盈门。下面这些画作,年逾古稀,正是绘画创作进入鼎盛时期所作。他对于画柿的各种笔法均熟烂于心,遂能出入古人法度,不再拘泥于形而一任笔墨沿着心灵的感悟自由驰骋,挥洒淋漓,趣味自在其中。如《红柿》图 4-13,73.5cm×38cm,1956 年;《红到梢头甜到老》图 4-14,约 20 世纪 50 年代,71.5cm×33.5cm。

图 4-11　双喜全红　　图 4-12　红柿嘉礼图

红叶分浓淡前后,取势向背,错落有致,有势若不尽之感。形态真实生动,手法清秀洒脱,笔力深圆厚重,画干如写篆书,笔锋力深;描叶如写草书,起笔雄浑而收笔俏丽,具有一种超脱而奔放的气势。作品题款中曾题词为:杭州西溪柿林盛产铜盆柿,色味最佳,余体会练习三四十年,方能写此。画家几十年反复

图 4-13　红柿　　图 4-14　红到梢头甜到老

练习揣摩,这些柿子图,技巧已达到炉火纯青的地步。

这幅《柿子图》(图 4-15),于 1941 年作,赠予钱化佛(钱君匋)六十祝寿。这是折枝带叶的柿子,熟透的柿子尾部相对长在一起,墨色厚重,题款"赠君一对甜

如蜜,博得老来蜜蜜甜。① 辛巳国庆日,写祝化佛先生六十寿即正。赤石翁丹书。"上右盖上一方"丹书",紧接下方花押长条印"姜"。

据唐人段成式《酉阳杂俎》载,柿有七绝:"一多寿,二多阴,三无鸟巢,四无虫蠹,五霜叶可玩,六嘉实,七落叶肥滑,可以临书。"②"柿"与"事"谐音,人们便将诸多种喜庆吉祥的内涵融入其中,如"事事如意""四(五)世同堂"等。又与"如意"之物组合在一起,组成"事事如意"的吉祥图案,常用于生辰、庆贺、婚礼之器物,广为流传。

图 4-15　赠予钱化佛的《柿子图》

以"柿"为题的画面中易犯上重下轻的弊病,故在章法上取枫枝及芦花等做陪衬,竹石便不相宜。这些花卉蔬果虽说可以随意,往往就是在随意间透露出画家深刻体验过生活,真正是源自生活而高于生活的艺术形象。他是位画"柿"名手,求其画者,多指定要他的红柿。③ 画家对柿子的偏爱是从柿子给人的视觉上带来喜庆和味觉上给人以甜蜜的缘由。柿子,原产地在中国,已有上千年栽培史。一般十月成熟,果实扁圆,颜色浅黄到深橘红色不等。杭州的西溪、东岳到杭州留下一带盛产柿子。每到农历八九月,累累朱果如树灯,煞是好看。若是在西溪的万亩芦花齐开时,一片映白,加上岸上间杂几株柿子树掩映着,令人感到"雪中送炭"的寓意。取柿子为表现题材,既美丽又富盛,受到人人喜爱的一派乐观气象。"红到梢头甜到老",或"赠君若个甜如蜜,博得心头蜜蜜甜",或下句为"博得生平蜜蜜甜"(赠婚礼),也可以为"博得老来蜜蜜甜"(赠寿礼)等题词,都是很美满、很健康的,是他最常用的题句。姜先生为人情深爱笃,他对红柿有如此深厚的感情,以及他名其所居为"丹枫红叶室",都是同他对夫人朱红君的真挚爱情相联系的。

从两宋伊始,经济繁荣,在宋代的江南地区农业十分发达,是富庶的鱼米之乡。市民阶层扩大,艺术审美发生了世俗化的变化趋势,表现生活中果实类的题

---

①　于建华:《南社名家书画鉴赏》,中国书店 2012 年版。

②　文震亨:《长物志校注》,江苏科学技术出版社 1984 年版。

③　谢海燕:《近现代中国艺术教育的前驱姜丹书》,《艺苑》1991 年第 4 期,第 8—12 页。

材风俗画应运而生。由宋入元,再历经明清,此类的题材得到不断的发展。从宋末元初到了明代,吴门画派领袖沈周学习法常,他的许多蔬果花卉作品取法于法常。[①] 以"柿"为图在清代一般都是文人的笔墨趣味。在古人看来,人们对口腹之欲的亲近和排斥是个人节操高低的表现之一。

清末民国及近现代,经过扬州八怪、海派艺术家的发展以及齐白石、姜丹书等人的创造,画家笔下的柿子都是现实生活中的柿子,具有生活气息,亦能勾人食欲。如,姜丹书的《红柿双雀图》(图 4-16,98cm×33.5cm,1954 年)、《红柿子》(图4-17,68cm×34cm,1956 年)等,都是十分典型的作品。

姜丹书的柿子作品让人觉得亲切,就是因为它跟人的口腹之欲有了关系。他笔下的柿子图已经不是纯粹的客体审美对象,这些画面元素可以进入人的身体,让人产生味

图 4-16 红柿双雀图　　图 4-17 红柿子

觉上的快感。大家普遍认为,味觉比视觉更有交融感。所以大家对这种味觉会更加兴奋。姜丹书早年在家乡也曾经历耕读生涯,蔬菜瓜果与他生活息息相关。1911 年,姜丹书离开家乡远赴浙江杭州浙江两级师范学堂任教,每逢佳节身在异乡,就像古代的文人一样感时怀乡,于是寄情于诗文、书画。诗人刘禹锡《咏红柿子》写道:"晓连星影出,晚带日光悬。本因遗采摘,翻自保天年。红柿于眼前,无限情趣生。"赏柿,画柿,食柿,亦是金秋时节一大乐趣。[②] 姜丹书的柿子图、蔬果画面涵盖了一种思乡情结,并且表现了他对生活的热爱。如他非常喜欢画柿子,不仅是因为柿子有"事事如意""红到梢头蜜蜜甜"之意,还因为他爱柿子犹如生活的甜蜜。他尊重自然,热爱生命,将乡间情趣的题材转换为文人画的表现方法,注入了日常生活中最简朴而直接的感情,不管是他的柿子图还是其他蔬果

---

① 王雅琳:《食柿与画柿》,选自《三联生活周刊》,http://www.lifeweek.com.cn/2014/1104/45281.shtml,2014-11-04。

② 王雅琳:《食柿与画柿》,选自《三联生活周刊》,http://www.lifeweek.com.cn/2014/1104/45281.shtml,2014-11-04。

图,都十分具有生活气息,而不是像前人一样可看不可食,所以他的柿子题材图广泛受到人们的喜爱。姜丹书以最平常的柿子入画,给我们展现了一种平常心。这种对于现实生活的关怀让他的艺术独具一格。

　　姜丹书于红柿之外,花鸟虫鱼也间或为主。艺术家与科学家同样有求真、求实的精神。如果艺术家对客观事物形态的确切感受和视觉上逼真的表现,并对客观物体运动变化的规律(如透视学、色彩学)及其人体的生理结构与运动变化(艺用解剖学)一样作为科学研究,那么,这种求真治学的态度可与自然科学家相提并论。

　　民国二十九年秋,先生接到私立中国纺织工业专科学校的开幕请柬,为了表心意,以棉花为题材,作了《棉花草虫图》(图4-18)。一来联想到纺织娘娘,二来可以兼表纺织字之意。然而在动笔之际记不清棉花的枝叶结构,手头既无图可参考,又无植物学家可以咨询,岂可潦草下笔,贻笑大方呢! 为了弄清"棉花"的枝叶究竟是互生还是对生以避免"贻笑识者",甚至求诸街坊馄饨店燃棉箕者。经历数家,止步观察,然后才下笔挥毫。[①] 于是就有了这幅作品。

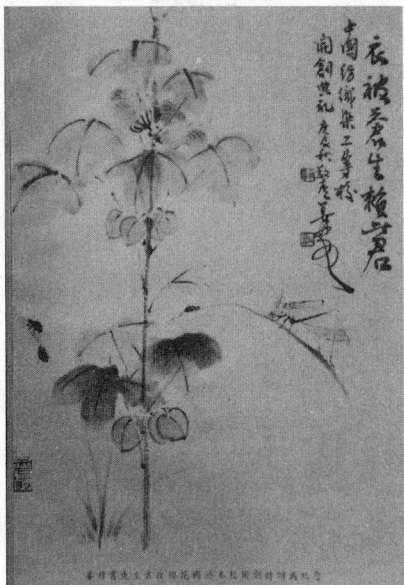

图 4-18　棉花草虫图

　　在《姜丹书画集》中,我们还发现有这么几张作品中的落款是潘公恺先生,笔者采访姜书凯先生时,特地询问了其中的缘由。姜书凯回忆整理收集父亲姜丹书的作品中,发现有这么几张没有落款和署名。姜潘两家的关系和交情非同一般,经过再三思量决定请潘天寿先生的儿子潘公恺先生为作品题词落款。于是,才有了以下的作品,《芙蓉》(图4-19,纸本设色,69.5cm×39cm,约20世纪40年代)、《红柿丹枫图》(图4-20,69cm×40cm,约20世纪40年代)、《翠盖红荷》(图4-21,纸本设色,68cm×34,cm,约20世纪40年代)。(此姜丹书先生遗墨,公恺识)

---

　　① 姜丹书:《姜丹书艺术教育杂著》,浙江教育出版社1991年版。

图 4-19　芙蓉　　　　　图 4-20　红柿丹枫图　　　　图 4-21　翠盖红荷

二、传统花鸟画中"君子"人格的确立

秦汉以前,中国人没有对自然花草的图像进行审美的习惯。自汉代以后,丝绸之路的开辟使得中国人接触到西方的花草图像。魏晋以来,器物上流行花草造型装饰,尤其波斯金银器成为上层社会的新时尚。西域佛教美术的传入,也带来大量具有象征意义的花草图像。直到东晋,民族的融合开始改变中国人以抽象观念为内容的审美方式。[①] 在文人士大夫的诗词歌赋中也对花草吟咏不已,进一步对花草的审美成为君子品德的象征,唐宋时达到高峰。

中国传统绘画门类中的花鸟画也出现于唐末至五代之际,造型以写实为主,画史称工笔花鸟,直到晚唐成立独立的画科并形成不同的流派。此时花鸟画多用于装饰器物与环境,如屏风、团扇等处,"黄家富贵,徐熙野逸"基本概括了唐代花鸟画的整体态势。随着花鸟画自身的不断发展完善,追求个性、自由和精神解放的写意花鸟逐渐代替工笔花鸟。这种写意精神始于元,兴于明,成于明末清初。中国花鸟从写实向写意的发展轨迹基本上是一种必然。

由于黄氏的风格成为翰林图画院的审美标准导向,导致宋代花鸟的总体倾

---

① 胡俊:《由"美人"到"君子"——中国花鸟画意象"文人化"考释》,《新美术》2007 年第 2 期,第 82—89 页。

向于写生写实作品。① 虽然宋代对徐熙的野逸性、人性的流露及精神的抒发做了肯定,但在徽宗皇帝时,精工细琢工笔花鸟画一直统领画坛。就在重写实写生不重写意的北宋时期,花鸟绘画中还是出现了文人对怪石、枯木精神追求的绘画作品。以苏轼《枯木怪石图》为例,为写意花鸟,特别是"梅兰竹菊"四君子的写意画开了先河。在"诗画本一律"的创作主旨下,反对过分雕琢的技艺,士人作画重意;把客观事物的外表描绘转化为主观感受的书写。由于更多文人的参与创作,并重抒写人格主体,其中最具影响的苏轼、文同所作的墨竹,杨无咎所作的墨梅,赵孟頫作的兰花、水仙和郑思肖作的墨兰等。② 尤其文同墨竹受到苏轼的肯定和研究,奠定了写意花鸟的创作思想和技法表现。《文与可画墨竹屏风赞》中苏轼写道:与可之文,其德之糟粕;与可之诗,其文之毫末。诗不能尽,溢而为书;变而为画。皆诗之余。文同笔下的墨竹便是皆诗之余,变而为画,竹子象征了君子的品德。③ 经元代赵孟頫援书入画的绘画实践,文人士大夫山水画摆脱宋人写实风格到达写意高峰。写意绘画趋势波及花鸟写意之风的形成,赵孟頫、李衍、高克恭、倪瓒、吴镇、柯九思等人的努力,将墨竹发展成为象征文人的典型代表。

梅花形象由女子孤寂绮怨的人格意象大致经过两个阶段演变为君子贞洁品格的意象,最后成为文人花鸟画中"四君子"之一。一是魏晋至隋唐五代,对梅花的审美中仍强调其香艳特征;二是两宋时期,进入强调士大夫道德品格的意象。南北朝时,折枝梅花寄寓相思别离之情,唐人咏梅以传友情、托身世;至宋以后,借梅抒情渐歇,咏人格之贞的诗歌日趋增多。前者的代表是林和靖,后者的代表是陆游。北宋诗人林逋(后人私谥"和靖先生"),一生不愿为官,结庐孤山,种梅养鹤,人称"梅妻鹤子"。"梅"也就成了不谋功名利禄的"君子"品格意象。宋人王淇——《梅》:"不受尘埃半点侵,竹篱茅舍自甘心。"④陆游一生爱梅、咏梅、以梅自喻。"雪虐风饕愈凛然,花中气节最高坚","更无花态度,全是雪精神","欲传春消息,不怕学埋藏"的诗句,梅花以全然脱离闺情美人意象,成为君子人格的意象。⑤ 画梅,从宋徽宗《腊梅山禽图》院体画到墨梅图像,也经历了美人意象到

---

①　陆越子:《论中国的花鸟画写意性的发展规律》,《南京师大学报》2002 年第 3 期,第115—119 页。

②　胡俊:《由"美人"到"君子"——中国花鸟画意象"文人化"考释》,《新美术》2007 年第 2 期,第 82—89 页。

③　陆越子:《论中国的花鸟画写意性的发展规律》,《南京师大学报》2002 年第 3 期,第115—119 页。

④　尧毅、郑玲:《咏梅诗大观》,中国戏剧出版社 2010 年版。

⑤　夏承焘:《宋词鉴赏辞典》,上海辞书出版社 2013 年版。

文人意象的转变过程。北宋华光和尚从月光倒映梅花于窗纸上受启发,开创化敷彩为水墨画法。华光和尚入室弟子杨无咎,独创墨线勾画花瓣的画法,成为墨梅画史上地位极高的画家。元王冕自称写"野梅",不作"宫梅",王氏爱梅、蓻梅、咏梅、画梅成癖。王氏《梅谱》为早期画梅著述。明清画梅者甚多。王谦、刘世儒、陈宪章、陈淳、徐渭、石涛、扬州八怪、赵之谦、吴昌硕亦酷爱画梅。由宋至清,梅花成为文人画经典题材之一,画梅经久不衰。花鸟画的发展从写实性到写意性历经千年之久,这个漫长的历史过程使得花鸟画的写意性进入非常成熟的阶段,形成了一种既定的绘画题材和表现技法,沿着"竹林七贤、雪里芭蕉、梅妻鹤子、爱莲说"等轨迹,梅兰竹菊等成了寒士清高的象征,文人花鸟画中意象的君子人格最终得以确立。[①]

三、花果杂品绘画在近现代社会情境中的变革需求

西方近现代性社会的开端可以追溯到 14 世纪的文艺复兴,更直接的根源可以追溯到 17 世纪的科学革命。[②] 安东尼·吉登斯在其著作中认为社会生活或组织模式,大约 17 世纪出现在欧洲,并在后来的岁月里不同程度地在全世界范围里产生影响。[③] 以启蒙思想为基础,建立社会现代组织制度、法律体系,确立新的价值观念和审美认知方式。但中国现代性的核心特征直到 19 世纪末,清政府统治下的国家遭受西方列强的侵略和殖民统治,近代中国被迫进入民族主义立场和中西文化融合的视野下,近现代民主国家建构下才逐步显露出来。诸多方面展开了强大而且长期的社会变革和精神变革,这种现代性映射到艺术领域,花鸟画的现代性表现出强烈的形式变革需求,这一需求与现代社会生活、精神文明息息相关。

(一)绘画艺术社会功能的转变

从学术史的角度来看,晚清中西文化冲突的表现与宋学、理学和今文学之争相似。在张之洞看来,旧学指宋学、程朱理学为核心的德性之学,而新学则指西方科技为核心的经世致用之学,除此之外,以考据派为核心的汉学业成为纠缠其

---

① 胡俊:《由"美人"到"君子"——中国花鸟画意象"文人化"考释》,《新美术》2007 年第 2 期,第 82—89 页。

② 西里尔·E.布莱克:《比较现代化》,上海译文出版社 1996 年版。

③ 安东尼·吉登斯:《现代性的后果》,田禾译,译林出版社 2000 年版。

中的一股力量。^① 这三股力量各自维护着历史价值和哲学价值，相互调和补充，也恰恰显示了传统史学自身的裂变。它无疑为文化和艺术的生存和发展提供了动力和新机。

明中后期逐步出现的人性回归，这种去贵族化、倡导国民化趋势到了 19 世纪末 20 世纪初使得中国知识分子心里产生了现代性的精神指向，为中国绘画从笔墨趣味到面对现实社会的思索转变提供了契机。如徐渭、郑板桥、扬州画派集体性关怀民生的倾向，明清文人画家普遍出现了民主的平等的人文倾向。^② 1884 年，吴有如创办的《点石斋画报》刊印了大量的反映时事的作品，虚谷的《暮春泥笋》《石榴带子》，任薰的《报晓图》，任熊的《十万图》表达画家对国家命运的关注。虚谷笔下的枇杷、柳条，吴昌硕的扁豆和花猪肉瘦，姜丹书的丹枫红柿，寄托了画家对生活、对人民与国家的热爱。与古典文人画隐逸山水、钟情笔墨情趣不同，近现代的文人画家表现生活中平凡普通的事与物，逐渐关注现实生活中的情趣与体验，这种关注与情趣在近现代民主国家的构建下转化为更宽泛、更高尚的现代人文关怀。

姜丹书出生于晚清，接受了传统的私塾教育，所以浸润于中国近现代社会的整体文化情境中，成年后接受新学的教育也同样表现出旧式文人向近现代转型知识分子共同的命运。随着近现代民主国家的建构，中国社会整体的变革、艺术价值观的转变，中国美术被纳入整体的文化视野中，使得拥有近千年发展历史的传统绘画中的"文人价值体系"也随之瓦解。

以柿子为图的作品，从绘画语言方面看，未脱离传统模式，但并不妨碍继承和发扬传统绘画内在写意精髓。同时通过对现实的关注、对生命真诚的感受与师心、师造化相结合，使文人画追求"逸笔草草，不求形似"的意识逐步回归到现实生活，为传统绘画的创新注入了新鲜的血液。钱钟书先生曾在《中国诗与中国画》一文中写道，传统是一时期的风气经过长期持续，没有根本的变动，那就是传统……传统并不呆板，而具有相当灵活的机会主义。它把规律定得严，遏制新风尚的发生；又对规律解释得宽，可以接纳新风尚，避免因对抗而动摇地位。^③ 这种灵活和妥协充分发挥其优势，在近现代民主国家建构中，具现代意识的知识分

---

① 金丹元：《从传统转向现代：中国海派绘画的现代性取向》，《艺术百家》2012 年第 5 期，第 155—161 页。

② 金丹元：《从传统转向现代：中国海派绘画的现代性取向》，《艺术百家》2012 年第 5 期，第 155—161 页。

③ 钱钟书：《中国诗与中国画》，上海古籍出版社 1985 年版。

子或画家身上表现得较为充分。如果社会文化意义成为艺术观念转向的决定性因素,那么这种因素外在体现为艺术社会功能的变迁,内在则体现为整体文化价值观的重构。[①] 姜丹书的红叶柿子图的创作动机和审美价值显然体现出传统向现代转型的一股潜流,艺术的社会功能从对"礼"的追求或对"君子"人格的追求转变为近代启蒙主义和现代社会意识形态。

(二)花鸟杂品——柿子图中色彩的现代性拓展

《淮南子》:色数不过五,而五色之变,不可胜也。中国传统色彩观与传统哲学、美学有着密切的内在联系。中国画的色彩根源于阴阳五行以及儒、道、玄、禅哲学思想的色彩观念,虽然此种色彩规律用于染织而并未全受用于绘画。但是在五色的审美观念统领下,中国画最终选择了以黑白为主的水墨形态,以表达文人士大夫作画的色彩观念。[②]

花鸟画自发端以来,有着"黄、徐"之分,随之文人的介入,重墨轻色倾向日益凸显,传统文人写意花鸟画更是深深烙上这一特征。[③] 唐代王维《山水诀》中有"画道之中,水墨最为上"。谢赫的六法中对色彩要求也是"画以墨为主,以色为辅"。清代王原祁《麓台题画稿》提到"今人但取傅彩悦目,不问节腠,不入窾要,宜其浮而不实也"。[④] 吴历《墨井画跋》坚守书画要"浑然天成,五墨齐备"。[⑤] 所以从南宋的法常(牧溪)到陈淳、徐渭再到八大山人、扬州八怪,其写意花鸟画无不以水墨为上。

西方现代民主思潮的涌进,社会精英们接受西方文化后,将民主理念贯彻到政治界的同时对文化界发动了对传统绘画的责难。康有为《万木草堂藏画目》道出了中国近世之画衰败极矣……后生既不能人人为高士,岂能自出丘壑? 只有涂墨忘偷古人粉本,谬写枯淡山水及不类之人物花鸟而已。欲知之图建章宫千门百户,或长杨、羽猎之钱乘万骑,或清明上河之水陆舟车风俗,则瞠乎搁笔,不知所措。[⑥] 以复古为革新,合中西而为画学新纪元,推翻封建体制建立民主国家

---

① 马尔科姆·布雷德伯里:《现代主义》,胡家峦译,上海外语教育出版社 1992 年版。

② 杜纪海:《明清文人画设色之嬗变与西洋水彩画的关系》,《文艺研究》2013 年第 3 期,第 150—151 页。

③ 陈乙源:《当代花鸟画色彩拓展成因探究》,《民族艺术研究》2014 年第 2 期,第 133—135 页。

④ 周积寅:《中国画论辑要》,江苏美术出版社 2005 年版。

⑤ 易存国:《墨分五色论:水墨为上之关要》,《文艺研究》2013 年第 8 期,第 111—118 页。

⑥ 康有为:《康有为散文》,上海科学技术文献出版社 2013 年版。

所对应的便是否定传统文人画,提倡院体画,甚至倡导以西方写实精神改造中国画。① 陈独秀则更为尖锐地提出了"若想把中国画改良,首先要革王画的命"②。传统绘画的笔墨趣味不再被奉为最高精神追求,而是试从民主意识、时代精神等方面革新中国画。

中国古代,绘画艺术被赋予教化、记录和仪式的功能,它跟历史发生着密切的关联,因此艺术不可能脱离世俗生活世界而独来独往。现代性的出现为艺术的自主独立提供了历史条件,这一条件就是生活世界的区域性"区隔"。③ 中国社会的现代性发展进程与西方城市商业制度的影响,改变了文人画家的清高,世俗的审美趋势进一步激发绘画走向注重色彩的创作动机。直到 19 世纪末,西方绘画色彩体系跟随西方列强殖民统治的入侵,对中国绘画造成极大的冲击。

西洋绘画中的色彩除了基督教神学的色彩象征外,主要是科学色彩观,根源于西方哲学主客二分即亚里士多德以来的形式逻辑和科学文化。④ 西洋画的颜色自海运开通后来中国的,吾国在任伯年以前,未曾有人用来画画,用西洋颜色画国画始于吴昌硕。西洋红的红色,深沉而古朴,弥补胭脂淡薄的缺陷。⑤ 清末海派领袖赵之谦的"色墨结合法"开启了色彩的时代,预示着入清以来由纯粹简约的水墨观转向色彩绚丽的色彩观。经由海派艺术群体的实践和商业运作,中国花鸟画把握住了时代大潮流,使得从士人转向国民大众,由隐逸转向入世,由阴柔转向阳刚,由淡雅转向浓烈。⑥ 姜丹书的红叶柿子,用人们乐于接受的色彩描绘司空见惯的瓜果蔬菜、虫鱼鸟兽,远离了文人画中的四君子经典题材及水墨为上的雅逸与清高。文人画色彩观念由"淡雅"到"艳丽"的嬗变中,逐渐褪掉其附属身份,真正成为近现代国民性理念关照下的中国"绘画"。

四、姜丹书的花果杂品——《柿子图》意象人格的现代性驱动

姜丹书以"柿"为题的花鸟杂品图在近现代美术中具有独特地位,呈现出中

①　吴泽锋:《对花鸟画形式语言革新需求的思考》,《文艺争鸣》2011 年第 4 期,第 35—37 页。

②　素颐:《民国美术思潮论集》,上海书画出版社 2014 年版。

③　冯黎明:《审美现代性与艺术自律论》,《浙江社会科学》2015 年第 2 期,第 107—113 页。

④　杜纪海:《明清文人画设色之嬗变与西洋水彩画的关系》,《文艺研究》2013 年第 3 期,第 150—151 页。

⑤　陈乙源:《当代花鸟画色彩拓展成因探究》,《民族艺术研究》2014 年第 2 期,第 133—135 页。

⑥　刘曦林:《中国现代美术全集》,人民美术出版社 1997 年版。

国传统绘画在近现代文化境遇下生发而成的一些基本属性。主要是花鸟画题材从"比德"到"抒情"的世俗化,绘画的宗教救赎到审美超越的救赎,绘画作品中的意象人格从美人到君子的变化。

(一)花鸟画从"比德"到"抒情"的世俗化

追溯花鸟画的历史,"比德"是文人审美的主要目的,"四君子"是表现君子人格的经典题材。心虚异众草、节劲逾凡木的竹子,和气傲霜雪的梅花,象征君子人品的高洁,志向节气的高尚,所以得到文人儒士画家的由衷喜爱和反复描绘。花果杂品图中的题材不以"四君子"为主要的表现对象,在宋元文人几乎不画这类题材,因为这些对象与君子人格的现象难以对号入座。

然而,明中期吴门地区商品经济发达,生活繁荣,产生了反叛孔孟之道、程朱理学等传统道德伦理的社会思潮和部分文人士大夫张扬人性、追求个性解放和自由的近代社会文化观。如,李贽的"唯心论"、公安三袁的"性灵说"、汤显祖的"惟情说",社会思潮与哲学思想的变化影响了艺术观念和创作表达。[①] 花果杂品出现在明中期吴门地区,并形成一股细微的潜流,虽没有撼动"四君子"的地位,但经过此地画家们的努力将这股微小的力量逐渐扩展,形成一种新的潮流。[②]

四君子形象是文人内在的品格象征,那么花果杂品中的物类似乎更注重人外在的感官感受。从眼之游赏描绘名花异卉,使人悦目赏心,强调画家目之所及的视觉感受。除了视觉,还用嗅觉体味它的美妙。沈周在《杂画册》题诗道:花尽春归厌日迟,玉蕤撩兴有新栀,淡香流韵与风宜。文徵明将花香怡人的茉莉和栀子花称为"南国联芬",画家喜爱花卉的芬芳气味,并结合诗文画的形式将嗅觉体验表现出来。花果杂品中还有对禽鸟、草虫鸣叫的捕捉,"茸茸毛色半含黄,何事啾啾去母傍?白日千年万年事,待渠催晓日应长"。另外一个特殊的物类就是对食物的描绘,这些食物包括蔬菜、水果及水产,如茭白、菱角、螃蟹、荸荠等物。[③]这得益于吴门得天独厚的气候条件,物产丰富,使得吴门文人得以享受口腹之娱。从可视、可嗅、可听、可食为表现题材的文人画创作的背后,是生活中隐含着人与鸟兽植物之间唇齿相依的关系,这种关系绵亘于中华五千年农耕文明进程

① 金丹元:《从传统转向现代:中国海派绘画的现代性取向》,《艺术百家》2012 年第 5 期,第 155—161 年版。

② 余洋:《明中期吴门文人花鸟之新变》,《中国国家博物馆馆刊》2014 年第 8 期,第 96—113 页。

③ 赵苏娜:《故宫博物院藏历代绘画题诗存》,山西教育出版社 1988 年版。

中,即物质存在决定社会意识。这种江南春日惬意的温暖,将宋元四君子题材崇尚清雅——"凌寒独自开""只留清气满乾坤"的清寒孤高之气慢慢驱散。因此,花果杂品不仅为文人花鸟画的题材提供了新的途径,更重要的是其审美观念成为一股时代新风。[①]

(二)花鸟画的审美救赎与超越

南宋僧人牧溪的《六柿图》(图 4-22),从存世的史料上看是最早柿子的画者。据元末吴太素的《松斋梅谱》卷十四载:僧法常,蜀人,号牧溪,喜画龙虎猿鹤禽鸟山水树石人物,不曾设色南宋的僧侣,多用蔗查草结,又皆随笔点染而成,意思简当,不费妆缀,松竹梅兰不具形似,荷鹭芦雁俱有高致,一日造语伤贾似道,广捕而避罪于越丘氏家,所作甚

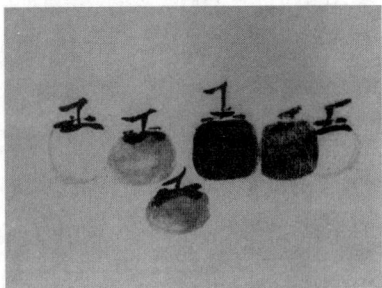

图 4-22　牧溪《六柿图》

多,惟三友帐为之绝品,后世变事释,圆寂于至元间(1279—1294)。江南士大夫家今存遗迹,竹差小,芦雁亦多赝本。今存遗像,在武林(杭州)长庆寺中,云爱于北山。[②]贾似道(1213—1275)在《宋史》中有传,时为政治枭雄。度宗咸淳三年(1267)三月五日,贾升"平章军国重事",受赐第葛岭,蒙三日一朝恩遇。[③]牧溪敢造语伤贾似道,足见其为人之正义,胆魄之非凡当。贾似道的爪牙到处抓捕他时,他又不得不逃跑躲起来,也足见其无奈。直到贾似道败绩,南宋灭亡,他才得以重新出现。[④]徐建融在《法常禅画艺术》中,对国内文献中记载的法常和日本研究资料中的法常进行排比和考订,给牧溪上人立传,僧法常,俗姓李,蜀人。生于南宋开禧三年(1207),年轻时曾中举人,后不满政治的腐败而出家为僧。[⑤]

佛教认为,由于人的贪欲所在,所以人的生存是痛苦不堪的。既然一切皆苦,一切的探索应集中于揭示痛苦的根源和消灭痛苦的途径。[⑥] 如《心经》云:色

---

① 余洋:《明中期吴门文人花鸟之新变》,《中国国家博物馆馆刊》2014 年第 8 期,第96—113 页。

② 林树中:《牧溪的生平、艺术及其评价》,《美术》1985 年第 6 期,第 66—67 页。

③ 冉毅:《中日禅宗文化交流史中牧溪八景图东渐及评价正声》,《湖南师范大学学报》2014 年第 5 期,第 136—143 页。

④ 李祥:《梁楷、牧溪作品中的佛缘禅思》,《国画家》2005 年第 1 期,第 79—80 页。

⑤ 徐建融:《法常禅画艺术》,上海美术出版社 1989 年版。

⑥ 张良丛:《审美与精神救赎》,《文艺评论》2005 年第 1 期,第 4—8 页。

即是空,空即是色。世界本空,因此,人更不能执着于欲望的外相,应致力于消除内在的欲望,才能进入涅槃境界。① 人只有摆脱所有欲望,人性才在这种超越性的真美中获得拯救。宗教从人的生存的悲剧性根源入手,指出救赎的根本在于要超脱与生俱来的原欲,进入理想的、永恒的真美,获得精神生命的救赎。牧溪《六柿图》的构图简洁,柿子的大小、墨色与两宋绘画中近大远小、近浓远淡绘画原则相矛盾。画面中最大的柿子浓墨如漆,左右两边的柿子只用淡墨勾勒轮廓,与传统水墨中浓淡相宜完全不同。作品中每个柿子以不同的笔墨、虚实、黑白的表现,呈现出"随处皆真"的境界。② 这种绘画表现映射了画家在孤独自处和静思中与客观事物的精神体验。牧溪借助朴素的笔墨和简洁的构图描画生机勃勃的万物,传达了万象本空、物我如一的生命体悟。③ 从追求仕途到被迫出家为僧的生活境遇,生存往往都成为存在的悲剧。从现实来讲,僧人的生活受戒律限制,但是人的精神是自由的,通向无限的存在。牧溪的生活曲折跌宕,仕途顿挫,出家为僧在绘画创作中,通过笔墨的粗放简略表达经验主体生命所经历的禅悟体验,表现出一种不同于一般世俗的审美观。

审美的超越是个历久弥新的永恒话题,也是美学的核心命题。中国古典美学超越是内向的自我消解,而西方的审美超越则突出精神向外的对象化运动。叔本华认为,人的存在是充满了痛苦和不幸,只能通过排斥审美痛苦的意志来达到审美超越,从而得到生命解脱。④ 审美的救赎被分为宗教的救赎、审美主义的救赎、此在即是救赎。然而,在 20 世纪初中国近代社会民主进程境况下,新国民对审美救赎的思考迥异于古代。文明的发展似乎是一个二律背反论,文明越发达,人性和自由丧失越多。文明在教化人的同时,又充当了刽子手。因此,在古代,针对文明对人性的束缚,先哲们提出复古主义拯救方式。如,老子提出的真正的智慧不是世俗的理智,而是一种愚拙。要求人类弃绝理智,退回到小国寡民的状态。只有回到原始状态,才能恢复人类的淳朴本性。复古的救赎方式流于空想,但对文明的反思却开启心智,审美主义担当起了反抗文明缺陷的重任。⑤ 由此,宗教的救赎转向审美主义的救赎。审美不再是单纯的艺术经验或体验,上升为一种世界观和人生观。审美主义的核心内容肯定此岸生存的合理性,这是

---

① 祁志祥:《佛教美学》,上海人民出版社 1997 年版。
② 张良丛:《审美与精神救赎》,《文艺评论》2005 年第 1 期,第 4—8 页。
③ 刘洪彩:《六柿图与悟境层次》,《国画家》2013 年第 4 期,第 67—68 页。
④ 邓集勋:《论审美超越》,《求索》2015 年第 7 期,第 65—69 页。
⑤ 张良丛:《审美与精神救赎》,《文艺评论》2005 年第 1 期,第 4—8 页。

对宗教的救赎反拨,以彼岸来拯救世人。审美主义站在此岸的立场,承认人类生存的此岸才是真实。将审美彼岸虚幻的美,重新落脚于大地上,以审美来解救处于困境下的人们,日常生活即是救赎,由神圣的超越转向了世俗的快乐。① 从僧人牧溪的《六柿图》到姜丹书的《红柿子图》,呈现了审美的救赎经历了由宗教救赎到审美的救赎发展之路。审美的日常化和世俗化根本原因是人们追求与体验生活的一种方式,是人类世俗中不可或缺的一部分。生存本质具有超越性,人的生存并非仅仅是获取物质资料的物性活动,人还有另外生存本质层面,将生命的绚烂与精彩表达出来,即活出意义来。所以生存的本质是超越的,审美则是超越的一种形式。② 审美超越不是对审美活动的全面超越,而是对生命活动的最高超越。③

花鸟杂画的出现与存在都是在自身线性框架中发展和现实情境的限制为维度。近现代民主国家的建构、现代性社会文化的形成、西方美术理论的碰撞融合、新国民人格的确立,不仅改变传统文人画的内涵和追求,还使得传统绘画进入从古代向现代转型的轨道上。借助这种民主现代性化趋势,以生动的时代风貌成就中国画坛新气象。

以上对姜丹书的花果杂品——《柿子图》的意象人格现代化做了一个粗略的考释,从四个方面进行归纳分析。一是对柿子图的画学类型先做界定,姜丹书的柿子图归为花果杂品范畴,力图在中国传统绘画学角度对柿子图的文人意象做一番考察。这是因为,同一题材的作品在不同时代有不同的表现方式和审美意象,但同时又与前人文脉保持着连续性。二是君子人格的确立,花鸟画的发展历经千年之久,沿着"竹林七贤、雪里芭蕉、梅妻鹤子、爱莲说"等轨迹,梅兰竹菊等成了寒士清高的象征,文人花鸟画中意象的君子人格最终得以确立。三是近现代社会情境中的变革需求,其中包括艺术社会功能的转变,以及花鸟杂品——柿子图中色彩的现代性的拓展。四是从传统绘画中的"四君子"到花果杂品的题材转变,呈现出中国传统绘画在文化格局上的重大转型,集中体现在文人审美从重视审美客体逐渐转向审美主体。姜丹书以"柿"为题的花鸟杂品图在近现代绘画中具有独特地位,表现出中国传统绘画在近现代文化境遇下生发而成的一些基本属性。主要表现在花鸟画题材从"比德"到"抒情"的世俗化,花鸟画的审美超越与救赎。当然,绘画中意象人格的现代化过程,远比我这样条分缕析的分析要

---

① 张良丛:《审美与精神救赎》,《文艺评论》2005 年第 1 期,第 4—8 页.
② 邓集勋:《论审美超越》,《求索》2015 年第 7 期,第 65—69 页。
③ 潘常知:《诗与思的对话》,三联书店 1997 年版。

复杂得多。即便是梳理出的几个方面，在实际的艺术演变中也常常是盘根错节缠绕在一起的。

第三节 姜丹书的人文山水画

民国时期的山水画流派纷呈，名家辈出，其发展趋势大体上在整个中国画的发展态势框架中。在传承与创新的实践中，主要表现出两种观念：一是用西方的艺术理论和造型方法改造中国画，被视为革新派；二是在传统绘画内部寻找改革方式，以借古开今，被视为传统派或保守派。

一、20 世纪初的山水画发展趋势

有学者曾用"借古开今"或"引西润中"，对这两种取向进行定义。20 世纪以来，在变革与创新的时代浪潮中，前者的受关注度远远超过后者，如站在时代风口浪尖的刘海粟、林风眠、徐悲鸿等。然而，萧屋泉、姚茫父、陈半丁、汤定之、陈师曾、胡佩恒、齐白石等齐聚京城，画坛以保守派为主流势力，主张保存传统精华。随后，陈独秀、康有为等人的革新主张和运动，也都强调以保存传统的主张。

受五四新文化运动的影响，他们很早就形成借鉴西方的艺术改造中国传统绘画的想法，但如何改造却仍旧在探索中。[①] 姜丹书在这场艺术改革的狂风巨浪中既坚守传统文化阵地，又大胆汲取西方艺术精华，为传统中国画输入新鲜血液。1931 年，由画家曾农髯、李梅庵之弟子发起，集中、西画家，成立"曾李同门会"，有江一平、张善孖、张大千、马企周、蒋国榜、李仲乾、姜丹书、江万平、江道樊、姚云江、马宗霍、麇洁民等数十人。宗旨为研究和实践中西绘画之结合，创造中国之新绘画。[②]

二、姜丹书绘画创作经历

从姜丹书早年的学习经历来看，他受到比较严格和正统的文史濡染和训诂，对他以后的艺术道路产生了决定性的影响。南京两江师范学堂求学期间，学校聘请了萧屋泉先生教授国画，萧老先生教授姜丹书等弟子之初必定会让学生们临摹经典，并传授松竹梅之法。一方面，松竹梅中包含了中国画中最基本的笔法、穿插、疏密、虚实、位置等，一旦掌握并能举一反三，则中国画创作中的许多问

---

① 毛建波：《余绍宋：画学及书画实践研究》，中国美术学院出版社 2008 年版。

② 黄可：《上海美术史札记》，上海人民美术出版社 2000 年版。

题就可迎刃而解。临摹以最短时间内借鉴前人积累的经验,表现客观世界。因此,继承传统是入门的必经之路。另一方面,当时艺术革命的浪潮波澜壮阔,冲击着每位艺术家,继承和革新成为摆在艺术家们面前的现实问题。我们考察姜丹书山水画艺术的成就,兼及这时期传统文人山水画的延续与突破。

《秋林横雁图》(图 4-23)约作于 20 世纪 40 年代,70cm×40cm。款识:临范宽笔致,仿梅瞿山本,赤石道人姜丹书。《黄海云涛图》(图 4-24),作于 1945 年,70.5cm×40cm。款识:仿大痴山人笔,写其大意。乙酉临梅瞿山本,姜丹书。从姜丹书的山水作品题跋上看,他所师承的主要有倪云璐(倪文正公)、罗聘(罗两峰)、虚谷、朱耷(八大山人)、刘松年、黄公望(大痴)、马元远(马遥父)、沈周(石田)、梅瞿山、吴镇(梅沙弥本、梅花道人)、青藤道士、宋牧溪上人、梁楷、范宽、关仝、荆浩、张路(张平山)、戴熙(戴鹿床)、马元驭(天虞山人)、恽南田、石涛等人。

图 4-23 秋林横雁图　　　　　　图 4-24 黄海云涛图

中国画的写生传统可以追溯到唐宋,姚茫父和潘至中等人提出了写生的方法,"当以如临书,以背临为上。"[①]"吾谓写生之先,不能不有所准备,于此益信,否则盲模瞎写,不特自窒其灵思,即勉强写成,亦必了无神味,此吾人不能不研究

---

① 潘公凯:《中国现代美术之路》,北京大学出版社 2012 年版。

古人笔法之一大因也。故练各种点线,极为重要。"①

　　姜丹书对师承传统的态度为"遗貌取神""背临或为忆写"。其作品(图 4-25)《仿倪文正公山水》,作于 1940 年,107cm×57cm,从姜丹书山水画题跋上看,"忽闻水声,出自石间;天下端凝,无如断山。元璐。庚辰背拟倪文正公笔,未得万一,赤石道人姜丹书"。清末画坛的衰敝,其真正原因在于画家将模仿作为目的,而不作为学习的手段。姜丹书对此问题有深刻的认识,并在书画实践中纠正清末四王一味强调临摹给绘画造成的负面影响。《抚松长啸图》(图 4-26),作于1945 年,105cm×35.5cm,既有古人之意味,又有画家自己的面貌。抚松长啸图中题跋:梅瞿山临刘松年册页有此,忆写其大意。乙酉春日,赤石翁姜丹书。

图 4-25　仿倪文正公山水　　　　图4-26　抚松长啸图

　　以传统技法写真实山水,胡佩衡等人在民国初期加以实践。胡佩衡在《中国山水写生的问题》中说明了写生乃中国山水画之根本,不特古已有之,而且发源甚早也……画道至此,衰败极矣,推究其故,皆此好逸恶劳,趋临摹而畏写生一念之误之也。②

　　20 世纪 20 年代,黄宾虹提出的"国画分期学法"也印证了写生与临摹的相互关系。第一期"述练习",先了解熟悉中国画的笔墨特点和材料性能。第二期

---

①　黄小庚、吴瑾:《广东现代画坛实录》,岭南美术出版社 1990 年版。

②　周积寅、耿剑:《俞剑华美术史论集》,东南大学出版社 2009 年版。

"法古人",通过临摹学习,师承各画法和风格流派变迁过程。第三期"师造化",提出向大自然学习,穷极变化,可以创新,可以开启。最后,为"崇品学",道德文章、性情品诣,学有所成。黄宾虹的学画"三期法",将其过程比喻为化蝶的过程。这些都表明传统派已经看到了脱离造化而只知师古人僵硬临摹的弊端。①

　　姜丹书曾言,自己临摹古人不多,在绘画实践中却能拟古人笔墨贵在得其神韵,强调师心不蹈迹,试图改变僵硬摹古毫无生气的传统绘画面貌。《白云漫山岭》(图 4-27)34cm×24cm,《空山杏桃图》(图 4-28)34cm×24cm,都约作于 1941年,全图用笔清新,以董、巨披麻皴、点苔法出之,用笔沉稳,烟云留白尤其生动。点景或聚或散,数笔勾勒而成,古意黯然。布局上主题疏密相间,层次分明,体现匠心。作品意境萧疏淡远,水墨氤氲,气息醇厚。

　　　　图 4-27　白云漫山岭　　　　　　　　图 4-28　空山杏桃图

　　姜丹书的山水画,虽然在经营布局、用笔用墨上追慕古人,但细细观看他的作品,却在临古中展现他自己的面目,在山水的布局上讲究开合起承,虚实对比、景物层次,塑造出自己个人的风格特征。以《桃源春晓》(图 4-29)为例,81cm×36cm,约作于 1935 年。作者自题"桃源春晓。天台八景之一。敬庐姜丹书"。作品前景沟壑深邃,山岚蒸蔚,中景为主,山势雄伟,层层重叠。云雾起于谷底,谷深岩危,飞瀑流泉。品读此画,云烟缥缈,楼阁隐现,点缀墨韵,厚重内敛,可谓善学古人而出古人也。

　　欧阳修曰:萧条淡泊,此难画之意,画者得之,览者未必识也。东坡云:笔势

---

　　① 毛建波:《余绍宋:画学及书画实践研究》,中国美术学院出版社 2008 年版。

峥嵘,文采绚烂,渐老渐熟,乃造平淡。实非平淡,绚烂之极也。^① 姜丹书喜用中锋创作山水画,以书入画,对山石或树木的勾勒都明显表现出提、按、顿、挫的书法用笔,勾勒线条刚劲有力,力可扛鼎。这使得他的山水作品显得厚重缜密,气象庄严。除了以书入画的笔墨造诣,姜丹书山水画在格调上追求简淡幽深的意境。

图 4-29　桃源春晓　　　　　　　　图 4-30　渔

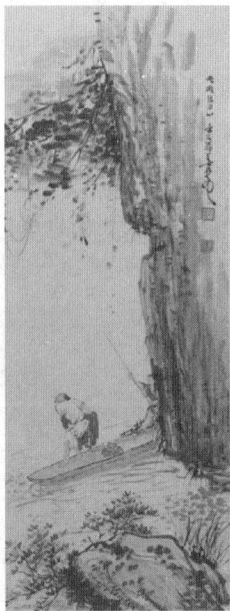

《渔》(图 4-30,85cm×32.5cm,约作于 20 世纪 40 年代)这幅画中可以明显地看出南宋"边角山水"画风,构图不再留出天地,对景物大胆取舍,主景位置也偏离了画面的中心,位于一角或半边;上不见其顶,或见石顶而不见石底。画面中间表现了渔人泛舟,立身于画面的"豁然开朗"之处,人物虽小,但对人物表情和动作描绘得极其生动。画中的石块用中锋上下急速的皴擦,山峰峻劲严整,富有块面感。读此画使人心向往之,正所谓"何处有山如此图,移家欲向山中住"。^② 无论是远山的幽远还是近景小船渔夫刻画的细致入微,都体现了"溪山林木,盘折委屈,铺设其景而来,不厌其详,所以足人目之近寻也"^③的审美方式。

① 陈传席:《中国绘画美学史》,人民美术出版社 2012 年版。
② 洪丕谟选注:《历代题画诗选注》,上海书画出版社 1983 年版。
③ 郭忠信:《历代山水画的意象道境》,中国文联出版社 2007 年版。

西洋写生法在近代传入中国后,在美术院校中得到推广实现,促使国人将其与中国传统的写生进行比照,区分优劣,以重新认识中国画独有的观察取像和表现力,并阐释其存在的理由。

姜丹书早年在多所院校教授透视学等西方美术理论课程,他从中国画中的直幅、横幅及斗方的三种方式与透视问题——说明传统绘画的透视问题,得出中国山水画不能完全适合透视学的道理,是很有说服力的。(1)中国画好比作诗文,虽说是写生的,但也不是完全一定是写实的。对于景物有所取舍,有所增删,有所搬动,且或有所变更,故六法之中有"经营位置"的一法。智慧的匠心,创造美好的意境,当然不能硬用一套透视约束。(2)所布置的局面,不是出于一眼全收,而是由于局部剪裁而综合构图,所以只能是作为散点透视性质。(3)直幅甚高,横幅甚长,根本无法完全适用透视学的法则。(4)山水画上的房屋既有一定的法式,则在近景的房屋、中景的房屋和远景的房屋,只要以它的大小来分远近便好,不必再用消失线来变更房屋的形象。(5)除房屋以外的自然物,本无一定的形状,譬如树木,更是只要以大小、详略、疏密、浓淡来分远近,也就合乎透视的原则了。[①]

"唐宋人绘画,注重写生,而不注重临摹,故发挥光大,为中国美术界一开新纪元。"[②]写生与临摹相辅相成,成为绘画的升华之道。写生不是完全再现自然,还应加入传统山水观物的精神。姜丹书的山水作品,也是出入古人笔墨为基础,以造化自然为参照,通过写生来进行自我超越的。姜丹书坚持传统观物方式,试图在重新解读传统、走入造化的过程中,更新代代临摹而枯竭衰微的中国文人山水画的面貌,并获得传统山水画的再生与新高。

《雁荡囊骆峰》(图 4-31),作于 1935 年,82cm×36cm,写石壁千寻,上有幽岩,有泉穿石而出,经年不竭。《黄山图》(图 4-32),作于 1938 年,108cm×39.5cm 等,借古人笔墨来表现作者的胸中丘壑,是姜氏中年的山水画精品之作之一。姜丹书以传统技法为主,真山真水为本,加以画家本人的观察,形成纪实的山水风格。大山水全景布局,绘岩壑纵横,涧泉横流。以诗为证:"记得黄山怪石多,今来雁岩亦嵯峨。象形莫辨真和幻,移步犀牛变囊骆。一巨岩,两面观得两名。雁岩山中,如此者颇多。"姜丹书的作品萧疏空灵,笔墨秀润苍劲,既写山水又寄兴抒情。

---

① 姜丹书:《姜丹书艺术教育杂著》,浙江教育出版社 1991 年版。

② 沈鹏、陈履生:《美术论集·第 4 辑　中国画讨论专辑》,人民美术出版社 1986 年版。

图 4-31 雁荡橐骆峰

图 4-32 黄山图

　　姜丹书五十岁以后,游历黄山、浙江等地奇峰异景,将自然粉本纳入作品中,作纪实山水以记录此景此意。"外师造化,中得心源",游历名山大川,滋养笔墨,是历代山水画家求新求变的不二法门。作品《五里阑干小憩》(图 4-33),117cm×34.4cm,作于 1935 年,《上山老鼠下山猫》(图 4-34),86cm×33.5cm,作于 1939 年,作者自题"上山老鼠下山猫。雁荡奇峰之一。己卯夏写,姜丹书",既有古人之意味,又有画家自己的面貌。

图 4-33 五里阑干小憩

图 4-34 上山老鼠下山猫

宗炳论及山水画强调"山水以形媚道"和"畅神"；王微认为"夫言绘画者，竟求容势而已"。宗炳和王微的观点认为，山水画不是对自然亦步亦趋地机械描摹，而是借景抒情，以表现主体情怀和寄托精神。用浓墨湿笔进行快速的皴擦，然后趁势淡墨扫开，最淡处用清水继续扫出，使画面中的瀑布由浓到淡和由黑到白的两极变化，使画面有一种"非必有丝竹，山水有清音"的想象。姜丹书在山水画意境上追求画言简意赅的手法，《山水》（图 4-35，70.5cm×39.5cm，1945 年作）和《江山磅礴》（图 4-36，101cm×33cm，1939 年作）运用南宗山水画的笔法，描写山林秋天景色，疏林茅屋，遥岑在望，一派初寒气象，体现典型文人山水画的意境。

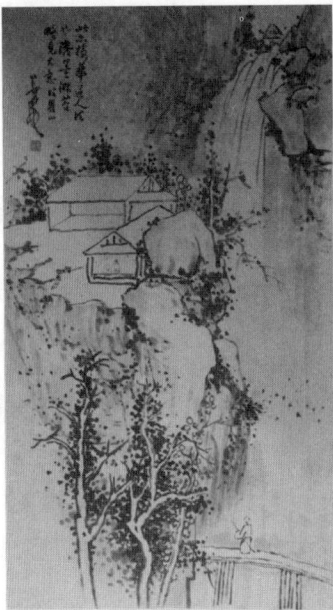

图 4-35　山水

图 4-36　江山磅礴

《天平秋色》（图 4-37），画中天平山位于苏州，山中以红枫驰名。扇面近景中右边的三棵大红枫树，枝干遒劲红叶繁茂，朱砂点染，层林尽染。枫树丛中忽隐忽现的房舍该是品茗赏枫的佳处。画面中的远处是两座巍峨的崇山峻岭，山岭后一片淡远的山水，最远处用一简逸笔墨写出一佛塔。

图 4-37　天平秋色

按天平山的地理位置，就是灵岩寺的佛塔，画面中似乎能听见从佛塔传来悠远的钟声,涤荡人的心灵。①

从《大龙湫》(图 4-38,137.5cm×44cm,1935 年作),《石梁观瀑》(图 4-39,150cm×40cm,1935 年作),《隐潭》(图 4-40,39cm×29cm,1934 年作)和《西天目狮子口》(图 4-41,25cm×34.5cm,1931 年作)中可以领略到画家纵笔挥写时的雄伟气魄和创造。粗犷泼辣的用笔基础上,进而为大笔泼墨法。画面中的粗犷而有变化的笔势和浓淡干湿的墨色,自出新意,为简笔山水画的发展和继承贡献自己的力量。

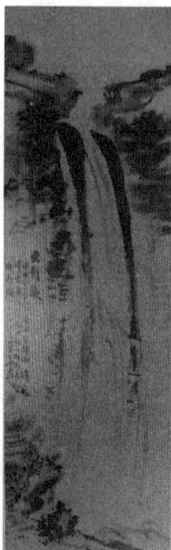

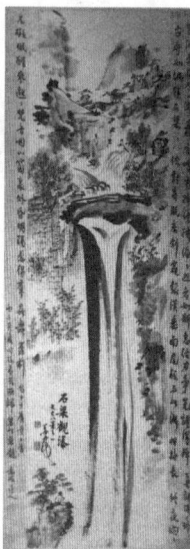

图 4-38 大龙湫　　图 4-39 石梁观瀑　　图 4-40 隐潭

图 4-41 西天目狮子口

---

① 于建华:《南社名家书画鉴赏》,中国书店 2012 年版。

三、爱国主题的创作

姜丹书还是一位爱国画家。抗战期间，姜丹书置身于沦陷区，凭一个画家、诗人拥有的利器，以一种独特的方式，时时处处不忘抗争，显示了可贵的人格。这不仅表现在他的绘画上，连书斋的取名也有所显示。姜丹书先生蛰居上海孤岛，租住在法租界（现建国东路）一家香烛店的楼上。屋小人多，环境嘈杂，十七路无轨电车铃铃锵锵而过，因此名其所居为"屋笼人鸟居"，名其前廊临窗工作处为"嚣嚣轩"。就在这个陋室中，困处"孤岛"的许多名家友好经常同他论古谈今，吟诗作画。这一时期他为救济难民热心征集并捐献了许多作品。"屋笼人鸟居"从字面看，因为房屋狭窄，人居其中，犹如一鸟处笼中；深一层看，至少还有身处沦陷的上海，日伪管制苛刻，限制人身自由，"心随逍遥室"，画家兼诗人的思想绝不是日伪政权所能够钳制得了的，姜丹书先生照样通过绘画、诗文，曲折地表达自身的抗争。这个时期的创作颇为丰硕，不仅大量创作了红柿，还不乏山水、花鸟、蔬果等题材作品。

《煮蟹图》（1940年寄给逃难到四川铜梁的女儿姜雅元家，在"文革"抄家中流失）之类便是明证。在抗日战争最为艰难的岁月里，难得一次家中吃蟹，先生触发了思绪，当场挥洒了一幅《煮蟹图》，在题画时，他不用"蟹"字，题的是："豆其燃未了，君已不横行"，下注"刺寇也"三个小字。这是诗的语言，巧妙，令观赏者痛快！[①]

他与汪亚尘、朱屺瞻、唐云合作的《割烹图》上题诗曰："上得刀砧尚值钱，人尸徒向壑沟填。天生万物同仁视，不入庖厨不动怜。"诗后注："痛各处屠杀。"为时为事而作，爱憎极为分明，一诗一画，都抒发他对生命的热爱和对日本侵略者的痛恨。1939年"上海美专师生救济难童书画展览会"以及后来刘海粟校长为抗战募款去南洋各埠举行"中国现代名画义赈展览会"，先生都踊跃参加出品。

抗日战争胜利后，上海市文化运动委员会举办绘画大奖，以"春"字为题。应征者，多数从"大地春回""百废待举"方面考虑。当时，姜丹书别出心裁构思了一幅《劫后残春图》（图4-42）。图上春风荡漾，艳阳高照，一棵粗壮的古柳，参差披拂。柳枝上，一排新燕，正对着古柳下侧的几间民居，悠悠呢喃。那房屋，瓦片所剩无几，东倒西歪的，仔细看去，房梁全已烧焦。几只南归的燕子栖止春柳枝头，对着烧毁的残栋焦梁吱吱呢喃，隐喻有家归不得，痛骂日寇"三光"政策的暴行。

---

① 　姜丹书：《丹枫红叶楼诗词集》，浙江文艺出版社2007年版。

先生不用"劫后残春"四字,而是写下"燕见焦梁学骂人"七字诗句,蹊径独辟。画的上部,画家专门题了一首《燕子骂人歌》[2],画家从燕子无家可归的视点,控诉日军带给中国人民的深重灾难,提醒人们,胜利后必做的各种举措。此画此诗,最后中选得了大奖。

先生与汪亚尘、唐云、朱屺瞻等一起作了这幅《纸上富贵,傲此穷年》(图4-43),也是对旧社会的辛辣讽刺。先生讲述了于1940年这张作品绘制的过程。

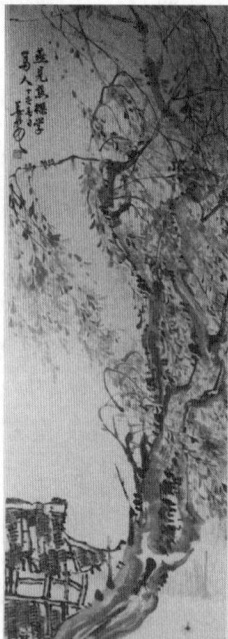

图 4-42　劫后残春图　　　图 4-43　纸上富贵,傲此穷年

那是1940年初农历己卯年大除夕,友人唐云(侠尘)、朱屺瞻和汪亚尘送他一点年货,他深有感触地与汪亚尘一起画了一幅岁朝图。一盆盛开的红梅清供占据了主要画面,下面散画了冬笋、百合、大头菜、荔枝等年货,先生题曰:"己卯除夕,承侠尘(唐云)、屺瞻、亚尘诸兄之赐,老夫得之大喜,丹书。"过了两年,生活越过越艰难。又到了快过春节的时候,先生捡出这幅画,又添画了青果、瓜子、落花生、荸荠、菱角,还有两个泥偶,再题曰:"去年希望今年好,孰知今年更不了!故我添画青果瓜子(半因臭虫污渍而成之)落花生,并凑荸荠嫩而菱角老。还有两个现世宝,拨来拨去拨不倒。显得纸上益富饶,饥眼食之空肚饱。管他年三十夜出亮月,难杀寒郊与瘦岛。天下几多苏秦嫂!辛巳腊日避难孤岛第五年,记于屋笼人鸟居之嚣嚣轩,姜丹书。"因为先生最年长,所以均由先生在画上题诗,这些题诗也均收录在《丹枫红叶楼诗词集》中。先生的长子姜书梅家收藏着他们四人

合作的这幅佳作。

本章小结

姜丹书作为一位"学者型"的艺术家,注定不像张大千、齐白石、潘天寿等那样在美术界拥有众多的拥趸者和研究者。他的经历也无法如李叔同、林风眠、刘海粟那般富有传奇色而激起大众的好奇与阅读兴趣,在诗词等方面的成就更接近于传统意义上的文人。

姜丹书以现代的开放姿态解释文人画和南北宗问题。姜丹书举例说明文人画不一定是大文豪所画,只要有相当的文艺水平即可。绘画本身是艺,也是文,文与艺是血肉相连不可分开的,文艺亦称艺文,绝没有能画出好画而目不识丁的人。南北宗问题上,姜丹书认为在最初可以分得清楚,后来经过多少年代、多少作家的分并又分叉,混合又混合。所以,不管是文人画或非文人画,更不管是南派还是北派,只要是好的就继承、推进以至发扬光大,使艺苑百花竞放、争奇斗艳。① 姜丹书力图纠正历史遗留的难题,不因以流派风格之分,故步自封制约中国绘画的发展势态,为中国写实绘画与写意全面发展提出中肯的建议和意见。

姜丹书以"引西入中"及"师古人,不拟古"的艺术观念,指导绘画实践,推动因代代临摹而枯竭衰微的中国文人绘画;试图重新解读传统、走入升华的过程,以出古人参照自然造化,通过西洋写生绘画方式进行自我超越,并获得传统山水画的新高度。

本章注释

[1]润例内容:余习画垂四十年,外师造化,内写性灵。亦尝遨游海内外名山大川,涉猎古今人妙迹巨著,略有所得,岂敢云成! 唯余滥竽艺术教育界亦已满三十年,颇觉教育饭愈吃愈饿,昔曾为赈他人之饥而卖画,今则重耕砚田,自救其荒矣! 老夫别无他长,却能手造历劫不变之河山、长春不凋之花木。世有嗜痂之癖者,请以小花纸来易我大花纸可也! 山水堂幅:四尺以下每尺二十元,五尺以上每尺三十元,过大另议。山水立幅:每方尺十元,短横幅准此。山水扇面册页:每件十元,以方尺为度,大者酌加。长横幅及手卷另议。花卉、树石、杂画:照上八折。点景加倍:墨费加一,润资先惠,约期取件。收件处:杭州凤起桥河下本画

---

① 姜丹书:《姜丹书艺术教育杂著》,浙江教育出版社 1991 年版。

室,杭州保佑坊匀碧斋牋纸店,杭州和合桥大街松雪轩裱家,杭州西湖国立艺术专校消费合作社,上海四马路有正书局,上海杜神父路联艺美术用品社,上海打浦桥南新艺美术用品社,上海赫德路春平坊二弄七号西湖伊兰寓所,南京太平路有正书局,又:以上三埠各大牋扇庄。西湖丹枫红叶楼主姜丹书订。

[2]《燕子骂人歌》:燕燕燕燕去复回,春到人间啄泥苔。自言玄鸟乃天使(《诗》云:天命玄鸟),筑个窠儿为君陪。年年惯借君梁住,我爱君门向阳开。君我本来同安乐,栖身育子双双偎。孰料君家今破碎,画梁变得焦梁颓。问君可是自造灾,还是胡烽楚炬灰?君已无家君安在,更从何处栖我哉!脱使灾殃是人为,应遭霹雳击晴雷。呢喃柳梢悠悠骂,公冶云亡译不来。试以设身鸟世界,聊将大意几分猜。莫说人哀鸟亦哀,落花流水怅徘徊。

第五章　姜丹书与师友、门生

在南京两江师范学堂求学时期，姜丹书成绩优异，为人谦和、正直，赢得师友们的尊敬和器重。姜丹书同时代的名家如林风眠、朱屺瞻、潘玉良、张辰伯、唐云等，均与他同道友好，潘天寿、丰子恺、寿崇德、来楚生、米谷等学生们对先生极为敬爱。

第一节　姜丹书与师友

姜丹书早年在浙江两级师范学堂的十四年从教生涯中，与该校的师生们都结下了深厚的友谊。在同事中与姜丹书交谊最深的是后来被誉为"浙师三友"的经亨颐、李叔同和夏丏尊。[①] 那时该校名流荟萃，如校长经亨颐，周树人、李叔同、夏丏尊、马叙伦、张宗祥、陈望道、叶圣陶、朱自清、沈尹默、沈兼士、钱均夫、刘大白、俞平伯等均曾在此校任教。

一、姜丹书与其师萧俊贤

萧俊贤（1865—1949），字屋泉，号铁夫，别号天和逸人，斋名净念楼，湖南衡阳人。早年先拜南岳僧苍岩法师、后从山阴沈翰为师习绘画，专学四王。遵董其昌路线，自唐而至宋元诸大家，又游遍山川，撷秀腕底，自立一帜成"萧派山水"。1901年，捐小吏于江苏。1910年，应李瑞清之聘出任南京两江优级师范学堂毛笔画教员，成为 20 世纪在新式学堂教授中国画的第一人。大约 1919 年至 1920 年间移居北京，任国立北平艺专国画科教授、代理校长，继而担任南京美专国画系主任，南北讲座，桃李盈门。吕凤子、姜丹书、沈溪桥、张善孖、施南池、陈师曾等均出其门下。1924 年 12 月，国立北京美术学校的校长郑锦辞

图 5-1　萧俊贤像

---

① 姜书凯：《写在父亲遗著出版之时》，《浙江日报》1992 年 9 月 13 日第 3 版。

职,萧俊贤一度兼任代理校长。1928年冬,辞去教职,再次南下,归隐沪市,以卖画为生,直到逝世。①

萧屋泉执教南北,蜚声艺坛。其画由四王而扩及石涛、石谿、八大、董其昌、沈石田及元四家,又能师法造化,自成一格。其作画,喜用羊毫,多淡墨燥笔侧峰,以皴擦为主,略加渲染,点重苔,很有浑厚感。又有一种没骨青绿山水,以彩代墨,随笔点染,倍觉清丽。苍古浑厚、淡远秀逸兼而有之。亦能画花卉,能诗擅书,行草凝练厚劲,在颜、苏之间。萧氏非常重视临摹与研究传统,又有所综合创造。② 其与冯臼、齐白石并称"冯萧齐",为享誉京城的湖南三大家。以后萧氏门人吕浚(凤子)、姜丹书等在上海美术专科学校发扬了萧派艺术。③

然而,萧俊贤在生活中不善交往,不喜欢标榜,为人耿直,厌恶流俗。他在自己的《兰石图》中题:如兰臭,如石坚,兰石同心契古欢。不近闲桃李,净扫恶风烟,清芬岩谷自年年。④

郑逸梅《艺林散叶》载,衡阳萧俊贤,晚年寓沪卖画,施南池慕之深,欲从之为师,由谢公展介绍,时方炎夏,俊贤曰:"俟天凉时再说。"及秋冬之间,谢又代为请之,俊贤又曰:"俟天暖时再说。"一再因循,公展殊感不豫,曰:"允与不允,一言可决,何推诿如此!"俊贤谓:"容一个月后答复。"20世纪20年代末,由原上海美专副校长谢公展(后为新华艺专校长)推荐施南池给萧俊贤。当时萧老先生是全国闻名的大家,又是齐白石的同乡。齐白石定居北京,萧老先生定居上海,美术界称为"南萧北齐"。他从不轻易收弟子,当面不能推辞,只说到秋天再说。

原来萧老先生有个大弟子——姜丹书,当时在国立艺专当教授。姜丹书先生在校期间非常用功,每天苦读至深夜,每考必名列第一,一直担任图画手工乙班的班长,毕业时名列最优等。毕业后一直追随萧老先生,甚得萧老先生器重。萧老先生知道姜丹书为人厚道,非常信任他。姜丹书回沪看望他时问:"施翀鹏(南池)此人你认识否?"姜答:"很熟。"萧问:"施之品德如何?"姜答:"施虽翩翩年少,而品行笃厚,无时下习气。"萧老先生听了这番话即同意并通知谢公展,遂于1930年初进行拜师仪式,收下了最后一个学生。⑤ 施南池也就成了萧俊贤老先生的关门弟子。

---

① 郎绍君:《萧俊贤与北京艺专国画系》,《美术研究》2013年第3期,第46—51页。
② 郎绍君:《守护与拓进——二十世纪中国画谈丛》,中国美术学院出版社2001年版。
③ 刘伟冬、黄惇:《山东大学艺术系、华东艺专研究专辑》,南京大学出版社2012年版。
④ 申雄平:《萧俊贤年谱》,天津人民美术出版社2014年版。
⑤ 郎绍君:《萧俊贤与北京艺专国画系》,《美术研究》2013年第3期,第46—51页。

　　施南池原先在上海美专就读时是姜先生的学生，后来跟随先生的好友、名画家谢公展学画。谢先生擅长画花卉，而施南池则特别喜爱画山水，终于谢公展先生感到自己在山水画上已经教不了这个学生了，就决定把他推荐给山水画名家萧屋泉先生继续深造。因为施南池先生当时还是个时髦的青年，去见萧老先生时穿得西装笔挺，头发梳得铮亮，给注重传统的萧老先生留下了一个不佳的印象，所以萧老先生迟迟没有答应收下这个弟子。询问姜丹书后才同意收下这个学生，姜丹书在老师眼里是个非常可靠而且值得信任的人。1947 年，施南池四十岁生日宴上，潘天寿和姜丹书及汪声远、来楚生、谢海燕等合作了一幅《祝寿图》送给他作为寿礼（图 5-2）。①

图 5-2　祝寿图

　　姜丹书曾记述，萧氏在民国初年任南京财政厅科员时发生的故事："一次，乘扁舟解饷银，有觊觎之者，佯搭乘，既入舟，知为萧委员，以久闻其廉介名，乃不犯，然先生已警觉，阴为戒备，若果犯，决抵死抗之。"姜丹书对萧师的评价为："先生体健神朗，髭须清白，性刚介而情和厚，既不模棱，亦不怪异，若遇足以自豪处，不肯示弱于人，然待人接物，并无崖岸，与人交，久而不失其敬，惟对气味不同者，敬而远之而已。"②

　　姜丹书作《萧屋泉先生书画展览会序幕》文，其文记道："三十年前，余从萧先生屋泉游于白门六朝松下。其实先生画名已满江南，今则余小子年已早逾半百，而先生古稀开庆以后，又晋五年，宜乎名满天下，纸贵洛阳矣。然而先生生平对展览会犹执谦不敢轻开，自谓五十以后始知诗文书画之难，老而未成，恐贻大方笑云。故前于古稀悬弧之时，好友敦劝开一画展，以为纪念，筹备两年，至丙子之秋，始得启幕，其郑重如此。今方第二次以笔墨与大众相见于一堂，其作品之精严，可想而知矣。"

　　余于先生钻仰久而认识深，乃不辞其言之繁且切。盖先生之画风，全足代表其为人之风骨、风趣与风度，不识先生者，识其画可也。观先生之画，有不觉其风骨崚然，如大夫松，如君子竹，如石兄之兀傲，如剑士之凝练者乎？观先生之画，

---

　　① 施国敦：《君子之交情犹在，淡淡笔墨留后人》，《老年教育：书画艺术》2014 年第 4 期，第 26—27 页。

　　② 郎绍君：《萧俊贤与北京艺专国画系》，《美术研究》2013 年第 3 期，第 46—51 页。

有不觉其风趣醰醰然而醇厚,苍苍然而高古,潇潇然而清逸,浩浩然而雄浑者乎?观先生之画,有不觉其风度敦纯而亢爽,如养气之道人而不标榜邪魔,如超凡之高僧而不拘墟尘寂,又如古貌长者而无乡愿之嫌,姑搢绅先生而无方巾之气者乎?画如其人,不知其人视其画,不知其画视其人,皆可也……先生之山水,善于造景,善于烘擦,善于少用焦墨,而妙同惜墨如金,善于略着苔点,而便使眉目立醒。水墨也,浅绛也,青绿也,无所不能;细笔也,粗笔也,泼墨也,无乎不可。至若先生之花卉,善于布置章法,以简笔,干笔,粗笔写出,线条遒劲如曲铁,设色简朴而古茂,梅、荷、兰、石最奇,他亦迥异流俗。总之,用笔用墨之道,绝非寻常所可及,此非所谓人天俱到者,安能如此笔下有鬼,墨中兼采耶?世多识先生者,请以余文与四壁对照而观,当不疑余为阿私之言也。① 以上是姜丹书对其师萧俊贤的介绍,虽颇有感情色彩,却也不违事实。

二、姜丹书与"浙师三友"

姜丹书在浙江两级师范学堂任教时,与被誉为"浙师三友"的经亨颐、李叔同、夏丏尊交谊甚笃。抗战前,不与黑暗势力共流合污,姜丹书加入"寒之友社",其中社友有何香凝、陈树人、黄宾虹、张大千、谢公展、马孟容、诸闻韵、王陶民、张聿光、方介堪、郑曼青、王祺、潘天寿等。

(一)姜丹书与经亨颐

经亨颐,浙江上虞人,是我国近代著名的教育家。1902年,东渡日本攻读师范,毕业于日本东京高等师范学校物理科。在日留学期间,即受聘参与浙江两级师范学堂的筹建,辛亥革命后任校长。经先生一生致力于民主主义的教育事业。1920年元月,在上虞创办春晖中学,并担任首位校长。1923年,兼任浙江省省立第四中学校长,两年后离任。经先生于北伐战争时期代理广州中山大学校长,并曾任北京高等师范学校教育长、浙江省教育会长,1931年后任全国教育委员会委员长。1938年9月15日,病逝于上海。在30多年的教育工作中,经氏主张"与时俱进、适应新潮流"的办学方针,提出反对旧势力,建立新学风的教学主张。他在家乡所创办的春晖中学蜚声海内外,赢得"北有南开,南有春晖"的美誉。

经先生善书,又精篆刻,年近五十始习画,所画的题材皆为竹、菊、松、梅、水仙等清隽之品,用以自表其刚正不阿、不随流俗的性格。喜竹、梅、菊等耐寒花卉,名之曰"寒之友"。

---

① 姜丹书:《姜丹书艺术教育杂著》,浙江教育出版社1991年版。

在五四新文化运动中,经先生担任校长的浙江第一师范学校成为新文化运动在浙江的运动中心,校长对学校、对教育的改革顺应了时代的革命潮流,然而却得罪了国民政府及权贵,后来愤然辞职。1920 年 2 月 9 日,经校长被撤换,调离浙江第一师范。得到这个消息后,全校学生旋即罢课上街游行,抗议当局的做法。游行队伍与警卫队发生冲突,酿成流血死伤事件。这就是中国现代教育史料中的"浙江一师风潮"。

经亨颐校长由于反动势力的压迫请辞后,于 20 世纪 20 年代客居上海时,与沪杭的书画名家常相往来,聚谈之余则风雨泼墨,诗酒联欢,旋即首创"寒之友社"之组织。当时,姜丹书正任教于上海美专,仍旧与之保持密切关系,积极参与经亨颐发起的画社"寒之友社",旨在抵制当时黑暗的势力。其间与经亨颐朝夕往来,小范围内雅集,吟诗题画。于民国十四五年间成立"寒之友社",该社既无门户也无章程,以志同道合相结。先后参加此社,有当时来往的艺术界的名彦,如诸闻韵、何香凝、谢公展、陈树人、王陶民、马蒙容、黄宾虹、张大千、张聿光、方介堪、郑曼青、姜丹书、潘天寿等。[1] 经先生曾移寓南京,更常与旧友王祺、何香凝、陈树人等相往还,寒之友社一时名重艺林。

民国二十六年春,姜丹书、潘天寿和姜心白受经亨颐之托,在杭州今西湖里东山弄、仁寿山下购得数亩地,亲自设计施工图纸,监工造屋,预计当年双十节邀请社友开落成宴。1938 年,由于"八一三"抗日战事,可惜只建了一半,中途辍停。继而杭州沦陷,经亨颐避难到上海租界,忧愤而逝于沪,寿六十二。盖此社址便成一大憾事。[2]

(二)姜丹书与李叔同

李叔同,名文涛,别号息霜,浙江平湖人。1880 年生于天津,李父是进士兼盐商。李叔同擅长书画篆刻,工诗词。清光绪季年留学日本,毕业于东京美术学院,西画及音乐造诣很深。从日本回国后,在浙江两级师范、南京高等师范等学校教图画和音乐,是我国近代著名的艺术教育家。1918 年,三十八岁时,他在杭州虎跑的大慈寺出家,释名演音,号弘一,从此精研内典,严守戒律,云游四方,直至 1942 年六十三岁时圆寂于福建泉州温陵养老院。

姜丹书于 1910 毕业被聘,任教浙江两级师范学堂。在这之前,学校的艺术课程均是日本人担任的,姜先生的到来接替了日本教师。当时李叔同也从日本

---

① 姜书凯:《记父亲姜丹书的艺术教育生涯》,《美术》1983 年第 1 期,第 43—46 页。

② 姜丹书:《姜丹书艺术教育杂著》,浙江教育出版社 1991 年版。

留学归国,担任上海《太平洋日报》社副刊(图画版)主编,因其写得一手漂亮的书法,天天与群众见面,从此出名。那时,姜丹书常常以讽刺画投稿,常被录取,遂作文字交。

1912年秋,李叔同应浙江两级师范经亨颐校长之聘,任教该校图画和音乐课程。姜丹书已在该校任教,两人一见如故,先生与他成为朝夕晤对的同事。又因同教艺术同住一幢宿舍,格外亲近,直到李叔同出家,共事了七年,相处非常默契。李叔同教音乐、图画,姜丹书教图画、手工。1909年11月13日,"南社"成立于苏州虎丘。"南社"是中国近代第一个民族革命旗帜下的文学团体。[①] 1914年由李叔同推荐姜丹书为由柳亚子等创立的南社社员(图5-3),与柳亚子等南社诗人时有诗作酬唱互赠。[②]

李叔同多才多艺,于书法最精,写字亦最勤。出家以后,仅写佛号赠人,以结墨缘。佛号以外,所书绝少,即书亦属经典语。笔姿凝敛如瘦筋,淳朴自然。不过,他出家以前的书法作品,多在沪杭所写,经中华人民共和国成立前的数十年战乱,遗留者已如凤毛麟角。出家以后所书,尚有流传,得之者亦什袭珍藏。他的书法作品,已精刻成碑的留在杭州的有三块,其一为杭州西泠印社的《佛说阿弥陀经》幢。该经幢建于1922年,石幢为六角攒尖顶,从莲花座底至顶高约2.5米,幢身六面,每面高约1.1米,宽约0.25米,均有弘一大师手书的阿弥陀经,虽经90余年的风雨剥蚀,字迹仍然清晰。其二为1915年夏柳亚子先生与南社友好同游杭州时在冯小青墓侧为冯春航立的碑,但遗憾的是该碑早已不知去向。最后一块便是杭州凤起桥的丹枫红叶楼中,一直珍藏着他所书的另一块石碑——姜丹书母亲的"墓志铭"。1917年春,姜母强太夫人患胃癌逝世。不久,先生请李叔同写墓志铭。直到第二年夏天,就在他准备出家的前一天晚上,当办完了全部俗事,他才点起一对红烛,伸纸濡毫,一笔不苟地写完了《姜母强太夫人墓志铭》(图5-4、5-5),墓志铭一写完,他就把毛笔折成了两段,了却了这尘世最后一件心事,上面的署款已是"大慈演音书"了。

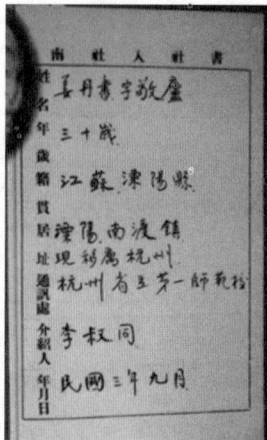

图5-3 姜丹书入南社书

---

① 于建华:《名家扇书扇画漫说》,学林出版社2008年版。

② 姜书凯提供图片资料。

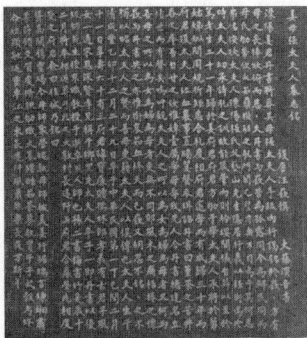

图 5-4 墓志铭拓片

图 5-5 墓碑

先生得此墨宝后,即请人模勒上石,原准备运往江苏溧阳老家的祖茔,但因那时连年军阀混战,一直未能如愿。抗日战争爆发,杭州沦陷前夕,先生仓皇携眷避难浙东。匆忙离家时,为了保护这块珍贵的碑石,把它埋入了土中。一直到二十一年后的 1958 年夏,先生从南京艺术学院教授职退休回到杭州时,才把这块石碑起出。1962 年,姜丹书逝世后,此碑一直珍藏家中,其间也曾险遭厄运。大约是 1974 年的春天,一位邻居看中了这块石碑,就擅自选作搭鸡窝的材料,真是"无巧不成书",他正要砌时,当时还在外地工作的姜书凯,恰好因出差之便回到家中,等不得放下旅行袋,急忙上前阻止,才把这块历久弥珍的碑石抢救了下来。此碑高 67 厘米,宽 63 厘米,厚 12 厘米。碑名及撰者、书者名一行,文十九行,铭三行,行二十五字,除空格,实计五百四十九字。[1]这块《姜母强太夫人墓志铭》石碑于近年由姜丹书之子姜书凯交给"浙江美术馆"代管。因为这是李叔同出家前的最后一幅书法作品,同时又被认作是出家后的第一幅作品,因为他的落款就是"大慈演音书"——李叔同为僧后释名演音。①

弘一大师出家后,云游四方,居无定所,与姜丹书见面的机会就少了。但从先生的《丹枫红叶楼诗词集》中,可以看出他对这位老友的思念和关心毕生未曾中断。1933 年暮春,先生与潘天寿二人一同去普陀山写生,回杭州时经上虞白马湖边,不由得怀念起经亨颐和弘一大师两位老友,当时经亨颐不在长松山房,弘一大师亦不在晚晴山房,故不能顺道下车探访,引以为憾,随即吟七绝一首以记心声:"绿树青山白马湖,多年不见老浮屠。车中遥指苍茫处,两个山房闭冷厨。"

在《五十述怀》的长诗中,先生对自己半个世纪的人生经历进行了总结,诗中提到对自己前半生有重大关联的人物,弘一大师便是其中之一,他在诗中写道:

---

① 姜书凯提供《记李叔同(弘一法师)的一件手书墓志》。

"……从此西湖作家乡,男师女师两校忙。芝兰清芬桃李茂,乐育诚超南面王。士贵有恒十四载,教鞭执敝未嫌长。得识几辈奇男子,玄妙莫如李息霜。李郎本是风流客,忽变沙弥逃大荒。岁逢丁巳我不祥,三十三岁遭母丧。墓志铭由汪公(欷)撰,椽笔书丹即李郎……"

1954 年 1 月 10 日,由丰子恺、叶圣陶、钱君匋等出资修建的弘一大师纪念塔在西湖虎跑寺落成,先生感赋七绝两首:"忆昔含愁送入山,如今灵骨送归还。苦修廿四年僧腊,倦却云游隐塔间。""塔镇群凶虎不跑,曾言少小爱花猫。护生齐物真仁者,弘括人天一梦消!"

1957 年夏,先生乘学校放暑假的机会,从无锡返回杭州故居,带着家眷到虎跑寺,瞻礼弘一大师纪念塔。在纪念塔前,面对老友的灵塔深情地赋七律一首:"平生曾见百千僧,谁似晚晴一老人?在俗论交惟道艺,入山苦行至纯真。当年祝发斯灵寺,今日埋灰倘耀磷。默想音容如对坐,虎鸣催客撒缘尘。"①

此后不久,福建王云甫居士将编印《弘公纪念集》,请姜丹书撰序,于是作了一篇"通灵函",这是我们能所见到的这篇怀念这位老友的最后的文字。[2] 从这么多的诗词中表达了姜丹书与李叔同的情感至深和对亡友无比的怀念。

(三)姜丹书与朱屺瞻

朱屺瞻(1892—1996),画坛著名的寿星,一代宗师。八岁临摹古画,中年两次东渡日本学习西画,20 世纪 50 年代后主攻国画,擅山水、花卉,尤精兰、竹、石。

姜丹书与朱屺瞻两人交往可从年谱中看出始于美术团体活动,由著名画家江小鹣、张石泳、张辰伯、王济远、朱屺瞻、潘玉良等人,在上海发起成立的"艺苑绘画研究所"。其中主要会员有王师子、王一亭、吴湖帆、李秋君、李毅士、王远济、汪亚尘、狄平子、吕十千、俞寄凡、徐悲鸿、姜丹书、黄宾虹、张大千、郑午昌、潘天寿、蒋兆和、钱瘦铁、谢公展、颜文梁、张善孖、倪贻德、杨清磐等画坛名家。②

1932 年,潘天寿创立"白社"美术团体,20 世纪 30 年代初活跃在江浙一带。姜丹书、诸乐三、朱屺瞻等人相继加入。③ 1935 年中国美术会成立于南京,该会"以联络美术界感情、团结美术界力量,以谋求学术之切磋及发展中国美术事业为宗旨",会员几乎包括了全国著名的书画家,是 20 世纪 30 年代会员最多、影响最大的美术团体。著名书画家张道藩、陈之佛、王祺、李毅士、徐悲鸿、吴作人、朱

---

① 姜丹书:《丹枫红叶楼诗词集》,浙江文艺出版社 2007 年版。

② 许志浩:《中国美术期刊过眼录(1911—1949)》,上海书画出版社 1992 年版。

③ 尹鼎为:《潘天寿绘画思想的形成与革新》,《团结报》2013 年 12 月 5 日第 7 版。

屺瞻、刘开渠、姜丹书、蒋兆和、汪亚尘、潘玉良等人,都曾任该会的理事。①

美术团体举办活动,闲暇时团体成员结伴同游。民国廿五年(1936),春假中,姜丹书同潘天寿、朱屺瞻、金维坚、吴茀之、张鼎生等出游。从杭州雇小轮拖行,溯钱塘江而上,经富春江、桐江而至桐庐县。……之后分散,姜丹书与潘天寿、朱屺瞻三人乘火车至诸暨县城,宿旅舍,出城约五里,游苎萝村、谒西子祠、认浣纱石、瞻仰西子塑像,佩剑卓立,貌甚英爽,绝无弱女子脂粉气,诚佳作也。……②在美术团体活动中,加深了两位艺术家的友谊。

1937年"七七"事变后,杭州沦陷,先生携全家老幼二十余口逃难到上海,这时的朱屺瞻先生也因家乡沦陷,避居上海江苏路。这段时间,二人的见面机会就多了。他俩经常与汪亚尘、唐云等一起作画,一起"议论时事,每多感慨,往往合作画以泄胸中郁勃"③。1945年,抗战胜利在望,日伪政权面临垮台,此时上海物价飞涨,纸币不值钱,民生嗷嗷,不可终日,米价每石贵至十万元。上海开始疏散人口,先生带领家人中的妇孺及亲友二十七人,雇船由内河经苏州、无锡、宜兴而至溧阳老家暂住。临行时,朱屺瞻先生特地为姜先生画了《沪江送别图》,以表达对老友离开上海去溧阳的惜别之情,也寓祝老友一路平安之意。《沪江送别图》是一幅横披,画面的右下方画了三个人站在江边的大树下,左面一艘船已经扬起风帆,准备起航,船头站着一对夫妻似乎正与岸上的三位友人挥手告别,宽阔的江面,远处对岸隐约可见。朱屺瞻先生在画的左上方题曰:"乙酉春仲,沪地疏散居民,敬庐道兄、小红夫人回故乡溧阳,写此送别,并希正之,娄江弟朱屺瞻。"画面上钤了两方印章:"朱屺瞻(白)"和"开生宣(白)"。④ 从以上一系列美术团体活动和交往的情况看来,先生和朱屺瞻先生的私交甚好。因此才有了这张《沪江送别图》(图5-6),画中表达了友人离别时的依依惜别之情。

图5-6　沪江送别图

---

① 刘伟冬、黄惇:《上海美专研究专辑》,南京大学出版社2010年版。

② 姜书凯提供姜丹书自编年谱。

③ 姜书凯:《朱屺瞻赠姜丹书〈沪江送别图〉》,《杭州日报》2013年12月5日第B7版。

④ 姜书凯:《追怀先人翰墨情》,《杭州日报》1997年3月15日第8版。

(四)姜丹书与汪亚尘

汪亚尘(1894—1983),字云隐,浙江杭州人。毕业于日本东京美术学校。1921年,归国任教于上海美术专门学校,1927年赴欧洲多国考察。回国举办个人画展,名噪一时。从先生现存的作品题词中有多幅和汪亚尘合作,姜丹书与汪亚尘及唐云等人交往也甚密。如:《八哥枫树》(图5-7,109.5cm×42cm,1939年春与唐云、汪亚尘合作,家属藏),唐云画枫,亚尘画八哥、鱼、藻,姜丹书喜添落叶并题词;《鹦鹉枇杷图》(图5-8,77cm×34cm,1941年作),云隐居士亚尘补枇杷;《春江水暖》(图5-9,71cm×34cm,约20世纪40年代作,已拍卖),亚尘补劲草;《纸上富贵,傲此穷年》(1940年,家属藏)。

图5-7 八哥枫树　　图5-8 鹦鹉枇杷图　　图5-9 春江水暖

(五)姜丹书与柳亚子

从姜丹书与柳亚子之间的诗文来往看,我们得知他们两人亦有很深的交情。1932年10月中旬,柳亚子先生偕夫人郑佩宜由上海乘海轮取道宁波专程赴上虞探望何香凝夫人。在上虞小住后,即经绍兴、杭州,返回上海。一路上,他畅游沿途名胜古迹,吟诗题字,短短七日竟成诗八十首,后集为《浙游杂涛》。其中的八首七绝,是赠姜丹书(敬庐)的。10月19日柳亚子由绍兴抵达杭州,20日夜,在他的画室"丹枫红叶楼"设宴招待这位老友。宾主对饮,谈笑甚欢,柳亚子诗兴大发,即席赋七绝八首。

"浙西旧侣几人存,南社风流未可论。君是多情姜白石,固应红袖护温馨。"

"红叶丹枫韵自娇，小红今日又吹箫。西湖不是松陵路，莫把垂虹误六桥。"

"姜翁画笔剧淋漓，创造能开一代奇。最爱美人姿态妙，凤篁山下帽倾欹。"

"岂仅人间劲羽留，巍峨此鹫亦千秋。居然振翮风前立，可似胡儿侧目愁？"

宾主入席，酒过三巡，两人的话题转到双方的好友李叔同（息霜）身上。但对这位老友突然出家，姜丹书是十分惋惜的。从柳亚子即席所作的七绝诗，他们两人的见解相同。"重话尊前李息霜，风流文采亦何常。精修苦行吾无取，麻醉神经事可伤。""谁软后至会稽孙，酒力难禁泪晕痕。莫话江山摇落感，便谈风月尽销魂。"

那晚，好友孙春苔突然到访，中途入席。三人谈到时局，对日本侵华忧心忡忡，愤激无比。那次晚宴，柳亚子先生既有杜少陵"昔别君未婚，儿女忽成行"的感慨，又有李太白"桃花潭水深千尺，不及汪伦送我情"的体味，故人之情，溢于诗行。"旧贯何须问溧阳，念年儿女已成行。合家送我登车去，千尺桃潭未可量。""昨宵挥手别姜翁，风起桥头电炬红。今日匆匆谢西子，不曾十日恣游踪。"

柳亚子先生于次日离杭返沪，结束了这次浙江之游。①

姜丹书在浙一师任教时与李叔同关系甚好，一起共事多年，但对于李叔同出家有着不同的观点。受李叔同影响甚大的丰子恺和夏丏尊都有过出家的念头，也先后做了居士，丰子恺生平有吃素的习惯和信奉佛祖的宗教信仰。但姜丹书似乎没有这样的念头，这也说明他的定力是足够强大的。如果从世俗生活的角度，从一个儿子或父亲的角度来看，那就会知道他的选择是对的。②

中国儒家的入世和道家的出世两种思想在历代文人的心中交织着、对峙着，又相互联系生死相依，犹如鸟之两翼车之双轮。积极入世的精神支持他们昂扬奋进，然而当遇事不利或年事稍高，道家的思想便成了人生的安慰了，各自怡养性情，寄托名川大山悠游天下。姜丹书自述五十以后游历祖国的自然山川，记录沿途的风土人情。其自编年谱、绘画作品、诗歌都反映了国家大事、历史文化，和描绘祖国的自然山川表达了真挚的爱国主义情感和对生活的热爱，处处折射出姜丹书光明磊落与乐观向上的人物性格。抗日战争期间和抗战胜利后的艺术创作，作品都真实反映国家命运社会现实，为人民群众发出自己的最强音。可谓积极进取的入世做事，具有强烈的社会责任感，关心民生疾苦。用积极的姿态参与关系社会国家事态，无论遇到多大的艰难险阻都坚持信念毫不退缩。

---

①　姜书凯：《柳亚子七绝八首本事》，《浙江画报》1987 年第 11 期，第 14—15 页。

②　孙昌建：《浙江一师别传——书生意气》，浙江人民出版社 2011 年版。

第二节　姜丹书与学生

　　大多数人大抵都知道丰子恺的恩师是弘一法师（李叔同），其实丰子恺在浙江省立第一师范学校读书时，还有另一个艺术启蒙老师，那就是姜丹书。

一、姜丹书与丰子恺

　　先生不仅是丰子恺的启蒙老师，丰子恺毕业后又一同共事。1919 年他和姜先生及吴梦非等人发起在上海创立了中华美育会。第二年又一起创办了美育会的学术刊物《美育》月刊。先生对丰子恺的漫画作品非常欣赏，对他的作品评价如下："他的画，妙在能深入显出。从浅说，人人看得懂，而又趣味；从深说，能打入人人的心坎里。无论你是深入或浅出，都能感觉至情至理，此即所谓有感兴、有生命的作品。""他的写景，不用中国画的老调，但又不是变相的水彩画，确是自成一家的时代的作风。总而言之，他的画之好处，是在三分画面、七分思想，合成十分饱和。他所以能如此成功者，因为他有一副特别大的头和脑，又大又黑又灵活的眼睛和内心上禅的修养。至于一络腮的长胡子，不过是装饰品罢了！"[①]先生的评画十分确切，也妙在深入浅出，既风趣幽默又意味深长。

　　丰子恺毕业从教后，与先生仍来往频繁。1937 年春，姜丹书去石门湾看望丰子恺，丰子恺沽酒添菜，师生二人放觥对饮，以至小醉，饭后在缘缘堂一直谈到半夜始寝。翌日，丰子恺又购笆篮相赠，并殷殷送先生上船，直至船行才依依惜别。姜丹书回杭后作诗两首，以纪其事：至崇德县石门湾，访丰生子恺。

就宿其书斋缘缘堂

缘缘堂里不烹腥，买得盘飧一放觥。

半世情怀摅小醉，丰干敛舌已三更。

子恺赠笆篮送别语儿溪头

两岸青桑映碧流，故人送我上归舟。

同舱野叟欣然问，为底携篮忘钓钩？[②]

---

①　姜丹书：《姜丹书艺术教育杂著》，浙江教育出版社 1991 年版。

②　姜丹书：《丹枫红叶楼诗词集》，浙江文艺出版社 2007 年版。

　　这两首七绝诗收录在《丹枫红叶楼诗词集》中，前首诗借用寒山、拾得和丰干的典故，写出了师生二人亲密无间的浓浓情谊；后首诗则以同船野叟的疑问，表达了一个艺术教师对已卓然成家的学生的得意和欣慰的心情。

　　抗日战争爆发后，姜丹书带领家眷三代二十余人仓皇离杭，经过严州、兰溪、金华、宁波而逃至孤岛上海；丰子恺则全家十人空手逃离石门湾，由江西、湖南、广西直奔大西南，在兵荒马乱中，双方一度失去了联系。大约在1940年至1941年间，姜丹书在上海美术专科学校和新华艺术专科学校担任教授，兼卖画为生。丰子恺则在贵州遵义浙江大学流亡校中讲授艺术教育课，师生失散三年以后终于又联系上了。姜丹书在给丰子恺的信中附去了《戏赠丰生子恺五首仿辘轳体寄遵义》诗，诗曰："无家天下便为家，累得有家灶产蛙；若说无家那有灶，未闻游子总餐霞。""未闻游子总餐霞，凤髓龙肝猫狗蛇；俱是从来珍馐品，况今人亦吃人耶？""况今人亦吃人耶，菩萨无灵恣夜叉；闻子开荤已四载，诛夷美髯废跌跏。""诛夷美髯废跌跏，心树灵根著笔花；信使毁家纾得难，归来把酒话桑麻。""归来把酒话桑麻，此日心期路未赊；昨听语儿溪客说，缘缘堂址满权桠。"

　　当时丰子恺逃难逃得很苦，家里烧得精光，他愤恨之余，将胡子剃光，且大开其荤，以示不相信菩萨有灵云云，所以姜丹书饧之以诗。在"烽火连三月，家书抵万金"的战争年代，丰子恺突然收到失去音讯多年的老师的信函、赠诗和鬻画润例，该是一件多么高兴的事情啊！他立即给他的老师写了复信（图5-10）。

敬庐业师右左：

　　九月卅示今奉到。抗战以来，屡询尊址不得，正以为念，得示殊欣。承赠诗，满纸谐兴，足见近况佳胜，至慰。恺自廿六年冬空手去乡（时甚紧急，全家十人，皆空手选出），家业尽成灰烬，幸一路平安，由江西、湖南、广西，直窜贵州，匆匆已三足年矣。回忆缘缘堂中光降之时，恍如一梦。不知湖上丹枫红叶室今无恙否？承惠润例，嬉笑滑稽，如亲謦欬，想见"生意"甚佳。后方不乏收藏鉴赏之专家，曾有人询及尊址，他日逢缘，当为介绍。恺流亡后曾为广西师范教师，近又在浙大授艺术教育，已二年矣。课暇亦研究绘事，但乏善可陈耳。丐师长子逝世，心绪想多不宁，晤时乞有以慰之。

　　顺祝

居安

　　　　　　　　　　　　　　　　　学生丰子恺顿首

　　再，阅赠诗，有"闻子已开荤"句，确有其事，流亡后饮食稍稍变通，赴宴或与人共食，吃三净肉随喜，不似以前之固执吃素耳。但素食已久，早成习惯，开荤亦勉强耳。但家居照旧素食，近且有《护生画续集》与弘师合作，正在上海（丐师经募)付印。

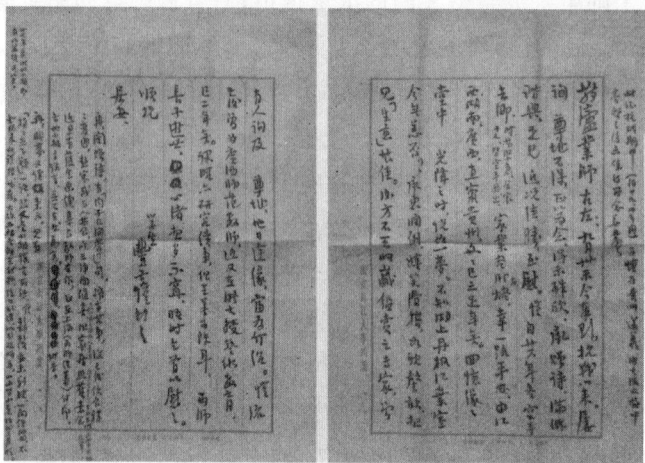

图 5-10　丰子恺致姜丹书信

各地小报多谣言,并不全然属实,附告。

再,临发又读来示,见有"摸摸光下颚"一语,恐又是小报谣言所传,恺胡须并未剃脱,一向保留,不知何来此谣传,甚奇。大约办报者缺乏材料,信口乱造,以引观听耳。以上皆小事,故向不声明。廿七年春,浙地小报即有此谣传,可笑。

解放初期,姜丹书将过去陆续写成的《经亨颐传》《弘一大师传》《夏丏尊传》重新加以整理,并合订成《浙师三友传》,寄托对三位亡友的哀思,并想寻求出版的机会,以向世人广泛介绍他们的生平事迹和对社会的贡献。因为丰子恺与出版界联系较多,所以将文稿寄给了他。但当时新政权成立不久,国家对外正进行抗美援朝,对内正开展一系列的运动以巩固政权,丰子恺意识到形势顾不及出版事宜,他回复了一封信函。

敬庐老师:

承示大作三友传,已拜读,甚是钦佩。此稿凡明远旧友(注:浙江两级师范学堂和省立第一师范学校的校友会称"明远学社",因校内存有贡院遗迹明远楼而名之),必多爱读。惟目下国家急务尚多,无人顾及,他日承平,必被欢迎出版也。今由邮挂号寄璧,即请查收珍藏为荷。

　　此致

敬礼

学生丰子恺上

九月廿四日

1951 年，姜丹书为了保存史料，另外曾手抄一份托人由上海带到杭州，交老友邵裴子转交时任浙江省图书馆馆长、一师老同事张宗祥及馆员蒋伯潜，请他们阅后保存于馆内的地方史料部。正如丰子恺所预料的"他日承平，必被欢迎出版也"。20 世纪 80 年代初期，浙江人民出版社出版《夏丏尊文集》、浙江古籍出版社出版《颐渊诗集》以及佛教协会出版的纪念弘一大师的文集分别引用了姜丹书撰写的《夏丏尊传》《经亨颐传》和《弘一大师传》文稿。

1956 年，为了李瑞清（清道人）的画像，他们师生二人又频繁地通信，现保留在姜书凯家里有两封。

敬庐老师：

来示奉到。弘一法师石刻像，曾经有人将石刻榻本或印刷品寄来，但都已纷失。现在只得将留稿寄上。阅后请便中寄还，以便保存。尊著将出版，美术工作者幸甚。谨此奉贺。

即致

敬礼

学生丰子恺叩

十二月十三日

从丰子恺的复信内容看，姜丹书向他索要他于癸未(1943)元旦画的弘一法师像的石刻榻本或印刷品，以作为李瑞清画像的参考。丰子恺因没有榻本或印刷品，就将留稿寄给了老师，他还特意在"留稿"两个字的旁边画了圆圈，以提醒老师及时寄还，以防不慎遗失，从中也可看出丰子恺对老师的尊重和信任。当时姜丹书总结自己一生的教学经验写成的《艺用解剖学三十八讲》一书，即将由上海人民美术出版社出版，他在信中将这个喜讯告诉了丰子恺，故丰子复函中有"谨此奉贺"之语。约半个月后的第二封复函如下。

姜老师：

画像线条改细，很好很好，而且很像。不过直书"丰子恺敬绘"，恐不符实。因为我不会画细线，读者要怀疑的。鄙见请加"姜△△改作"字样，较为符实。不知尊意如何？况且，您画的比我画的更像，所以我不敢掠美也。

致敬

学生丰子恺上

十二月廿七日

图 5-11 姜丹书、丰子恺修改的李瑞清画像

从这封信的内容分析，似乎是姜丹书请丰子恺画了

李瑞清的像，但李瑞清于 1920 年已逝世，丰子恺与这位"太老师"并不认识，所以画像大概尚不能表达出姜丹书心目中的李瑞清老师的精神面貌，就在丰子恺画的基础上改画了一张，并将画寄给了丰子恺，所以丰子恺才有了十二月廿七日的复函，随复函寄回了姜丹书画的一张人像。人像约 6cm×6cm 大小，系铅笔素描，着道士装，经姜书凯与《清道人遗集》上的清道人遗像对照，确认画的是李瑞清。至于当时姜丹书为何要画李瑞清的像，丰子恺画的那张下落如何，现在已无法得知了，姑且在此存疑吧。

1962 年 6 月 8 日姜丹书突发心肌梗塞而逝世，享年 78 岁。6 月 10 日，由时任浙江美术学院院长的潘天寿主持了追悼会，同时以长子书梅的名义，向亲朋好友发了讣告，当时丰子恺正在浙南旅游，所以未到杭州参加追悼仪式，等他回沪见到报丧的明信片，立即写信给书梅。

书梅师兄大鉴：

弟旅游浙南，前日始返上海。拜读来片，惊悉敬庐老师已于六月八日仙逝，深为悼惜。但念老师服务美术界数十年之久，著述宏富，桃李盈门，此功绩自当永垂不朽。我客他方，未能亲奠，至深歉憾。尚祈节哀珍摄为要。

此请

礼安

弟　丰子恺顿首

六月廿二日

诸师弟妹均此不另[①]

正如丰子恺吊唁函中所说，姜丹书从事艺术教育五十年之久，可谓桃李满天下，但他却从不以师辈自居。姜丹书在《我与丰子恺》一文中回忆道："大约民国三年，子恺才十七岁，初以第一名（按《丰子恺传》记载，应为第三名）考入杭州省立第一师范学校肄业。他各门功课都好，而于文艺尤为资性所近，格外见长。那时，校长是经亨颐先生，学风正当隆盛之时，艺术教师是我与李叔同二人，叔同教图画音乐，我教图画手工（现称劳作）。子恺的音乐，是叔同所教，图画是我们二人所教，但我只能说是领领路，毕竟他的天才比我高，造诣也比我深了。后来他到日本去留学，当然是他大长进的所在。"对于学生的出蓝胜蓝，姜丹书总是由衷地高兴和钦佩。

据姜书凯先生回忆，1973 年他去上海探望丰子恺先生，刚做完自我介绍，他

---

① 姜丹书：《姜丹书画集》，浙江人民美术出版社 2013 年版。

就用浓重的崇德口音说:"姜丹书先生是吾的老师。"当时父亲姜丹书已谢世十一年,丰先生深情地回忆了不少他在浙江省立第一师范学校读书时的情景,以及李叔同和姜丹书两位图画教师的启蒙教育对他一生的影响,并给姜书凯画了一张情趣盎然的《锣鼓响》漫画作为纪念。①

二、姜丹书与潘天寿

潘天寿对人称姜丹书为"丹书夫子",②在姜丹书众多学生中感情最为深厚的要数潘天寿。潘天寿于1920年毕业于浙江省立第一师范学校,回家乡宁海教书了。工作期间,他仍然不避寒暑苦攻绘画。经过两个年头的积累,他带着一批自己的作品回到杭州,拜访自己的姜丹书老师。姜丹书展卷细阅,不禁眉开眼笑,连声称赞学生的进步。这对当时的潘天寿无疑是莫大的支持。姜丹书谆谆教导,向有关人士推荐潘天寿,鼓励他继续努力。

1924年,姜丹书任教刘海粟创办的上海美专,1928年春国立西湖艺术院(后改称国立艺专,即今中国美术学院)成立,他又应聘兼教职,每周来往于沪杭间,各住三天,人们戏称为"航船教师"。潘天寿那时也在上海和杭州两地来回奔波,经常与姜丹书一起坐车同行。姜丹书特地写诗《沪杭车上口占示同道潘天寿》记录此事,诗曰:"古无往教只来学,今我憧憧作教航。七日巡回千里路,十年挈破五提筐。春怡桃柳迷烟景,秋赏柏枫耀艳阳。夏雨冬风老扑面,同行赖有一潘郎。"姜丹书与潘天寿在沪杭两地艺术学院任教而奔波穿梭几载,互勉互助。

抗战前的杭州,由姜丹书、潘天寿、唐云、来楚生、朱念慈、高野候、丁辅之、吴苪之等在浙、沪画坛已颇有名望的画家创立"莼社"。③ 画社征名于姜丹书,先生就以"莼社"名之,谓:一则以莼为西湖名菜,二则取"吴道子中年行笔如莼菜条"之义,"莼社"同人一致叫好,画社之名就此定下。莼社每月雅集并作画一次,最初地点在名医江秉甫家或姜丹书的"丹枫红叶楼"画室,后来则借湖上西泠印社为常聚之所。每次雅集规定由同人轮番更值,少则一席,多则两席,每次尽一日之长,竞作书画,兴尽而散。每次雅集,他们都会在一起吟诗作画,畅叙胸怀。至今姜丹书后人珍藏着他们两人在那个时期合作的两幅画:《夜暗归云图》(图5-12)和《双鸡图》(图5-13)。

---

① 姜书凯:《丰子恺论》,西泠印社2000年版。

② 阮荣春、胡光华:《中国近现代美术史》,天津人民美术出版社2005年版。

③ 郑芳:《品读人文——中国山水画画家与作品》,河南文艺出版社2006年版。

图 5-12　夜暗归云图　　　　　图 5-13　双鸡图

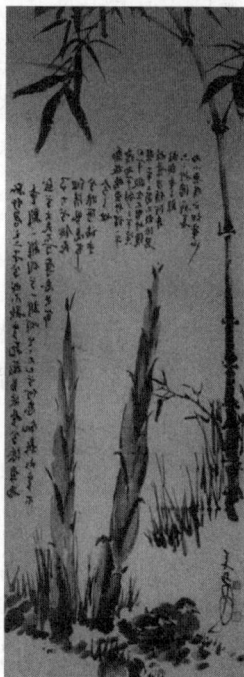

　　《夜暗归云图》就是姜丹书和潘天寿在"莼社"时期合作的一幅情趣盎然的诗意画,该画高 142cm,宽 40cm。《夜暗归云图》画面中通过横贯画面的一条古道,眠于芦苇丛中的一群白鹭,几艘渔舟停歇着,数棵萧疏的杨柳和天际的一抹淡云,潘天寿把白石道人的诗意巧妙地化成了优美的画境。潘天寿还在画上题写了白石道人的这首诗,落款为:"二十四年新春,大懒寿草草。"并钤上"阿寿"的名章。① 1935 年春节,姜丹书在丹枫红叶楼宴请潘天寿。姜丹书不仅是潘天寿在浙江省立第一师范学校读书时的图画老师,当时师生二人又一同执教于杭州国立艺专和上海美专,所以过从十分密切。那天宴会前,姜丹书以南宋词人姜夔(白石道人)的《姑苏怀古》诗为题,请潘天寿作画,原诗曰:"夜暗归云绕柁牙,江涵星影鹭眠沙;行人怅望苏台柳,曾与吴王扫落花。"据此诗意,潘天寿挥毫画成大略后入席,宴后微醉不肯再画,姜丹书便为之续完,并题款详细记述了此事:"乙亥春初置酒,余以白石道人诗命题,阿寿急就大略即入席,小醉后不肯再笔,余乃狗尾续貂而成之。一时逸兴,满纸荒烟。"

　　另一幅《双鸡图》,图中画了一竿正在春风中摇曳的秀竹,两株潇潇春雨后苗

---

　　① 姜书凯提供图片资料。

壮成长的竹笋,两只雏鸡匍匐在一片草丛中,正瞪大着眼睛注视着前方,通幅画面洋溢着一股浓郁的早春气息,使人产生一种生生不息、欣欣向荣的联想。这幅画由先生画竹竿和笋,潘天寿添画竹叶和小草,因为先生长于潘天寿十二岁,两人都属鸡,所以两人在图中各画了一只雏鸡。先生题了两段款,其一云:"孤竹君之二子兮,我不欲其死。薇易采尽兮,添画两童鸡。一鸡雄兮一鸡雌,生生不已兮何患饥?孰知其不然兮,丈夫不可夺志!失节事大兮饿死细,清风亮节兮,非所论乎今之世。"借伯夷、叔齐义不食周粟,至首阳山采薇而食,终至饿死的典故,表达了他们两人对日寇当时觊觎中国的忧心,一股爱国之情和不当亡国奴的决心跃然纸上。其二云:"郑板桥画竹,谓一竿瘦、两竿够、三竿凑、四竿救。余不习竹,才画一竿二笋,不敢添写枝叶,乃倩阿寿救成,童子鸡亦一姓潘、一姓姜,两小无猜正甜蜜也。"先生长于潘天寿十二岁,两人都属鸡,所以图中一人画了一只鸡。①

1982 年春节,姜书凯先生曾携《双鸡图》到潘家,与潘师母及其幼公子公凯和励国仪夫妇一起展观,摩挲遗画,思念先人,大家备感亲切。潘师母更是很快地指出这两只雏鸡,前面一只"姓姜",后面一只"姓潘",为这幅情趣盎然的画作所感染,室中顿时洋溢着欢乐的气氛。这两幅画更是见证了师生的友谊和亲密的关系。现在这幅《双鸡图》保存在成都三女儿姜凝春家中。②

姜丹书五十岁后,游览祖国名川大山,必邀潘天寿结伴。他们曾经游普陀、登黄山、溯富春江、吊严子陵、游善卷洞、张公洞,访诸暨苎萝村等。祖国的锦绣河山、名胜古迹,如诗如画,这两位画家为美景如痴如醉。姜丹书称这段美好时光"实是生平第一快事"。在游览普陀归来时赋诗十首《普陀游草》[3],创作的喜悦,驱走路途的疲劳,当然也得到学生潘郎阿寿的细心照料。

然而,这样的时光只持续了四五年,抗日战争爆发时,他们两家又结伴逃难到金华,才挥泪分别。姜丹书转徙沪上,潘天寿远走滇边,彼此音信难通。而思念之情却与日俱增,姜丹书非常挂念远在重庆的杭州艺专的师生们。因此,就有了"滇边阿寿"诗三首。[4]

1983 年夏初,风起桥河下 29 号的姜家,即姜丹书生前的画室——丹枫红叶楼被拆迁。姜书凯在二楼到假三楼的楼梯下一只旧竹篓中装满了父亲姜丹书的信件,从中捡出不少名人学者的来信,其中竟有一幅潘天寿先生的书法作品。这次"清理"还发现了马一浮、吕凤子、丰子恺、钱松岩、廖静文等的信札。我国传统

---

① 姜书凯:《写在父亲遗著出版之时》,《浙江日报》1992 年 9 月 19 日第 3 版。

② 姜书凯提供《记父亲姜丹书与潘天寿先生二三事》手稿。

文人大多很看重信札书艺,书法史上有记载,苏东坡在书写信札时若感到不满意会重抄一遍,可见其对尺牍书法的看重。但与正式的书法作品比,尺牍书法毕竟随意挥洒的成分较多,往往属于书家作品中的逸品。潘先生的这一通致姜先生的信札就是他不可多得的一件书法逸品。

潘先生的这封信是写在从废画纸上裁下来的一条横幅宣纸上,宣纸横长 80 厘米、竖高 19.3 厘米,字从右上角起笔,竖写向左直至左下角,共 20 行计 122 字,通篇为行书,字字珠玑,错落有致,极为耐看(图 5-14)。[5]

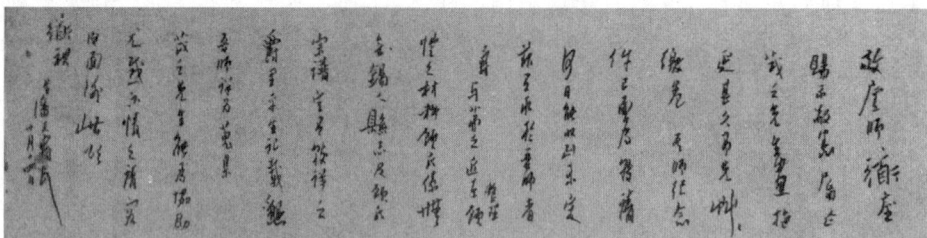

图 5-14　潘天寿致姜丹书信

以下是姜丹书与其他友人的书信往来(图 5-15、5-16、5-17、5-18、5-19)。①

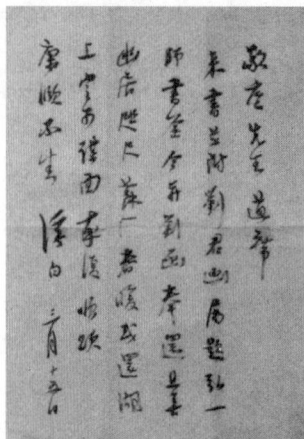

图 5-15　马一浮致姜丹书信　　图 5-16　廖静文致姜丹书信　　图 5-17　吕凤子致姜丹书信

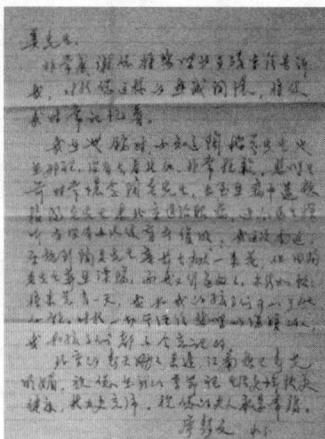

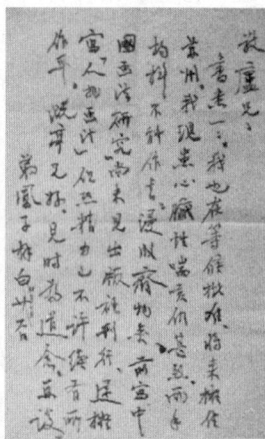

---

① 姜丹书:《姜丹书画集》,浙江人民美术出版社 2013 年版。

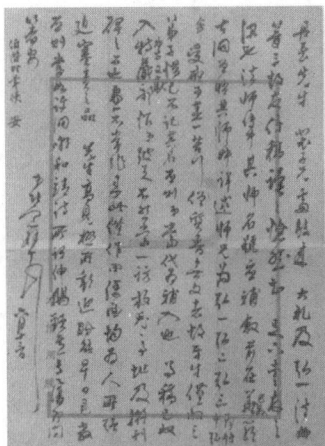

图 5-18　张宗祥致姜丹书信

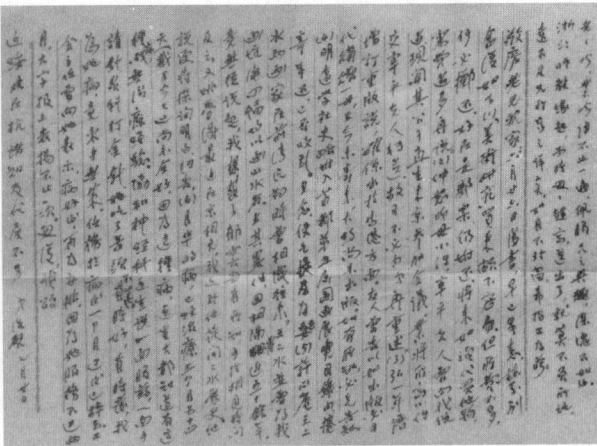

图 5-19　钱家治致姜丹书信

图5-20　姜丹书 1937 年夏"八一三"抗战前夕摄,时年五十三岁

图 5-21　1957 年姜丹书七十三虚岁在无锡留影

图 5-22　1962 年 3 月,浙江电影制片厂一摄影师来凤起桥河下 29 号丹枫红叶楼看望姜丹书时摄,三个月后的 6 月 8 日先生溘然长逝

本章小结

姜丹书先生1907年秋,考入南京两江优级师范学堂图画手工科乙班,勤奋好学,成绩名列前茅,一直担任班长,以最优等成绩毕业,受监督李瑞清和任课老师著名山水画家萧厔泉的器重和信任。毕生尊重、追随恩师的足迹,对自己的学业精益求精。辛亥革命前夕,受经亨颐先生聘请,接替日籍教师,任教浙江两级师范学堂图画和手工课程。与留日归来的李叔同结下深厚的友谊,他们志同道合,共同致力于美术教育,为我国培养出众多杰出的美术人才。

姜丹书先生乐观康健、待人宽厚、淡泊名利、不见异思迁,更不投机钻营。先生性格开朗豁达,广交四方友人,积极参与艺术社团、画家文人雅集聚会、朝夕往来吟诗题赋。当时画坛人才辈出,如林风眠、朱屺瞻、潘玉良、张辰伯、唐云等,均与他同道友好。潘天寿、丰子恺、寿崇德、来楚生、米谷等学生们对先生极为敬爱。在浙江两级师范学校任职期间,与经亨颐、李叔同和夏丏尊交情甚深,后来这三位同事被姜丹书喻为"浙师三友",对于三位友人了解至深,评价中肯。那时,学校名流荟萃,周树人、马叙伦、张宗祥、陈望道、叶圣陶、朱自清、沈尹默、沈兼士、钱均夫、刘大白、俞平伯等均曾任教此校。姜丹书与同事间从未发生不快,生活中常书信来往。

先生对学生循循善诱,诲人不倦,乐于扶持后生晚辈,甘当人梯为众人扶高。艺术巨擘潘天寿当年从浙江第一师范毕业后,回家乡担任小学老师,继续研习绘画,进步甚快。暑假里,带着自己的作品来杭州请昔日的老师指导,姜先生给予极大的鼓励和赞许,建议潘天寿去上海接触名师开阔眼界,继续深造,并多方推荐与介绍。日后,潘天寿取得的成就与姜丹书当年的启蒙和扶持是分不开的。与丰子恺交往,更体现了师生二人亲密无间的浓浓情谊,对于昔日的学生今已卓然成家表现了一个艺术教育家的得意与欣慰。姜丹书的师友交往,从另一个侧面反映了姜先生为人正直、平易近人、谦虚低调,热爱青年、温文儒雅,是民国时期的一位艺术教授、书画家。

本章注释

[1]《姜母强太夫人墓志铭》 钱塘汪欵撰

大慈演音书溧阳姜君丹书将葬其母强太夫人,手疏内行,谒铭于欵,欵方有母之丧,捧状,俯而悲。悲夫丹书与欵昔为孤露同,今为鲜民同,而母氏劬劳,饮冰茹蘖、机衽之教、门闾之望,亦无不同。呜呼! 其何忍弗铭。按状,太夫人溧阳强氏,父艺山先生隐居行义,以经术鸣于时。太夫人幼承诗礼之训,故能箴管内则、衿缨阃仪,自笄以至笃老。生二十一年,归于姜府君,府君方劬于学,太夫人承将于舅姑娣姒间,周规折矩,悉合礼度,相府君遂学而有成。归三十年而府君没,太夫人泣血襄事,置墙翣、馨衣珥,诏丹书曰:堇茶之苦、井春之瘁,吾自甘之,汝惟媷壹厉学,毋辱我先人! 今丹书德建名立,绩世而有声矣。呜呼! 观太夫人之所以为女为妇为母者,又何与吾母之所以为女为妇为母者更无不同耶! 风木之痛、杯棬之怀,嵌与丹书共之,亦惟衔哀茹血终天而已,嵌又胡忍不铭? 铭之不独以昭太夫人之贤,而吾母更藉太夫人以俱传也。太夫人生于清咸丰乙卯十二月二十九日,卒于中华民国第一丁巳闰二月十一日,享寿六十有三;府君讳宝廉,赠儒林郎,孝义有古君子风;女一,适宋恩深,贤孝见称于乡里,先太夫人卒;子一,即丹书,以优级师范生授京职,教授于浙,卓然人师也;孙二:书梅、书竹。是岁十二月,将奉柩返葬于溧之大敦村长远阡,与府君合墓,茔兆相度,受之府君,金曰佳城。乃铭曰:耸高阙,镌灵碣。今母师,聚营魄。孰母师,彼美姜。行琚瑀,言缣绌。肃柔笄,馈交贺。虔脩腆,勄织火。哀缠酷,茹茶蓼。教胄子,子式谷。考终命,媲显融。返灵车,江之东。长远阡,风萧然。乐长夜,万斯年。

[2]叔同先生——弘一法师灵鉴:您生西成菩萨已十六年了! 我尚殢在尘寰未能自拔。有时想着您,犹宛如亲您畴昔的声音笑貌和风度。尤其在今年九月三日,我同后妻朱红君、长媳杨用谦诣杭州虎跑寺,礼拜您的庄严宝塔,三鞠躬后,坐在石凳上,对着您的灵迹,只管静默地冥想,久而不忍去。此其时,我想像您如在其上,如在其左右。我问您:您究竟是否在虚空中来格来歆对我微笑否? 回想前尘,民元至民七年间,我和您同执教于浙江两级师范以至第一师范学校,我住第一排大楼东边第二间,您住末间,我每听到重重脚步声走过我室外者知必是您。当时艺术教师之专任者只有您我二人,相交以道义,相见以心性,高谊感人,天下莫能及。您一旦了悟出家,使我欲攀龙须而中坠,只有仰天而已。您修了二十四年苦行,卒能成菩萨,您能见我,我不能见您,但我一颗痴心,倒常常向往着您,您也有交感之灵吧? 现在我无法,只有一个譬如法:譬如您仍在闽南深山中闭关不见客,南海即是西天,西天即在南海,反正不得相见,神交有何阻碍? 或者倒转来譬如,譬如我也死了,我的灵魂也可投拜到您菩萨面前;就算我未死,则我的一瓣心香也可烧到您菩萨面前;如此,不诚如您偈语所说:"君子之交,其淡如水;执象而求,咫尺千里"么? 但如不"执象而求",岂非也就"千里如咫尺"么? 若论道行,固有神人之别;若论去住,总是四大皆空。弘师乎! 弘师乎! 然乎否乎? 我想您当俯视而作温语曰:这个老朋友,还未改当年憨态耶? 福建王居

士将编印《弘公纪念集》，嘱我撰序，我不文，无以应，乃发问天之情绪，作此通灵之玄书，以表您精神不死，而我抱终身绵绵之长怀！

[3]《普陀游草》十首之十《普陀归来》诗：

十日归来面已黑，风尘海屿尤为力。妇稚笑问亦何赢，赢得笺笺纸上墨。

[4]"滇边阿寿"诗三首：

苦忆三年不赋诗，只因意绪若迷痴。谁教如此西湖客，一走蛮荒一混夷！

夷场荒服两彷徨，白白黄黄毁世忙。不管梦程几千里，心兵赴尔小枰旁。

记取当年惯伴游，如何此日不同俦。奇山怪水君看饱，大块文章吐笔头。

[5]敬庐师道座赐示敬悉属作茂之先生画拖延甚久即先草草缴卷吾师纪念件已面为转请何日能收到未定兹有求于吾师者寿与萧之近在整理顾恺之材料顾氏系无锡人县志及顾氏宗谱定有较详之爵里平生记载恳吾师详为收集茂之先生能为协助尤感不情之请容后面谢

此颂

道祺

生　潘天寿　顿首

十月十四日

信札左下角钤"天寿"朱文小玺。

结　语

无论从姜丹书的美术教育还是书画实践方面来看,是与时俱进紧跟时代脉搏的,其根本动机是振兴民族,救亡图存,为中华民族在外来文化冲击下选择的一条强国富民的文化出路。从其一生所撰写的文章、著作、书画作品和从事的教育事业都表明姜丹书具有满腔的爱国情怀和高度的民族主义精神。

清政府统治下的旧中国千疮百孔,综合国力和民族自信心都降到了最低谷,在客观上刺激了社会革命运动和新思想的空前活跃。经新文化运动的洗礼,激发了社会有识之士高度民族主义热情。严复、康有为、梁启超等人引进西方现代科学文化和对新文化的宣扬,对传统文化提出质疑和批评,并试图加以改造创新,目的都是为了强国富民。姜丹书在这个社会大变革中对封建思想是有见地的。他承认传统文化中优秀的部分,正视西方文明的长处,有选择地择取西方文明来创新中国传统的精神文明。

他经历了双重教育,早年的私塾熏染打下了坚实的"国学"基础,后来的"新知"教育又使得他广泛地接受了近现代民主和科学思想。这种不同寻常的经历,使得他既有"朴学"的功底,又有"新学"的创见。作为新型知识分子看待传统文化问题与保守派们不尽相同,具有一种前所未有的创新开拓精神。1917 年,他编撰的《美术史》,扬弃了传统中国美术史研究和编写的方式,运用西方学科理论进行分类,涵盖古今中外的美术历史,使美术史学的整体研究和叙述在方法和历史观念上更具科学性和系统性。他是第一个将中国美术史研究从传统转向现代化的探路者,他的探索标志着新型美术史研究的新方向。作为国人自撰的第一部美术史著作,《美术史》的研究范围、体例编撰及写作模式方面都具有范式意义。《美术史》的历史意义是深远的,它对中国美术理论探索是我们继续前进的基石和向导。

姜丹书善于接纳与吸收新文化新知识,他具有多维的知识框架,艺术实践与学术研究之间相互砥砺,使得他的艺术获得更高成就。在中西思潮猛烈撞击中,姜丹书没有动摇对中国艺术的信念,他认为西画中科学合理的成分应拿来,为改造创新中国艺术所用。从作品中可以看出,他师古人兼师造化,提倡西洋艺术理论结合中国传统绘画实践。姜丹书还是一位爱国的画家,抗战期间置身沦陷区,凭一个画家、诗人拥有的利器,以一种独特的方式,时时处处不忘抗争,显示了可贵的人格,他的这些选择和立场具有高度的文化自觉性。

　　作为书画家而言,姜丹书的成就在近现代并不十分突出,可能是美术教育方面的成就盖过他的书画艺术成就。他不仅是近现代美术教育的先驱,更是一位有社会责任感、使命感的知识分子,并能将这种使命感付诸实践。因此,对近现代美术家的研究,焦点不能限于风口浪尖的时代人物上,突破近现代美术史学的叙述和研究方式,而将更多的艺术人物置于历史的宏大背景中加以呈现,也许更能真实、客观地展现历史原貌。历史不能忽视他们在延续中的开拓,不能忽视他们对推进 20 世纪中国美术教育发展的贡献力量。

附录一^①

姜丹书研究目录

根据姜书凯提供研究目录整理并补充。

文章题目	作者	发表	日期
敬悼姜丹书先生	许钦文	东海	1962 年 7 月号
记李叔同（弘一法师）的一件手书墓志	姜书凯	中国美术	1982 年 2 月总第 8 期
记父亲姜丹书的艺术教育生涯	姜书凯	美术	1983 年 1 月
艺苑园丁姜丹书	姜书凯	浙江画报	1983 年第 9 期
艺术园圃老园丁——纪念姜丹书先生诞辰一百周年	寿崇德	浙江日报	1985 年 10 月 26 日
柳亚子爱国主义精神钩沉	黄萍荪	人民政协报	1985 年 5 月 24 日
姜丹书《浙江五十余年艺术教育史料》补正	姜书凯	新美术	1986 年 2 月
桃李满门的艺苑前辈姜丹书	王翼奇	南京艺术学院学报（美术版）	1986 年第 1 期
柳亚子七绝八首本事	姜书凯	浙江画报	1987 年第 11 期
《姜丹书艺术教育杂著》后记	姜书凯	浙江教育出版社	1991 年 10 月第 1 版
写在父亲遗著出版之时	姜书凯	浙江日报	1992 年 9 月 19 日
末代举人姜丹书	郑逸梅	大成（香港）第 229 期	1992 年 12 月 1 日
追怀先人翰墨情	姜书凯	杭州日报	1997 年 3 月 15 日
师生情缘——姜丹书与丰子恺	姜书凯	浙江日报	1998 年 11 月 8 日
丰子恺和姜丹书	姜书凯	丰子恺论，西泠印社出版发行	2000 年 2 月第 1 版

---

① 姜书凯提供姜丹书研究目录并整理。

续　表

文章题目	作者	发表	日期
姜丹书与黄宾虹	姜书凯	内容采入《黄宾虹年谱》，上海书画出版社	2005 年 6 月第 1 版
弘一法师留在杭州的碑	姜书凯	杭州日报	2005 年 5 月 30 日
李叔同身边的文化名人	陈　星	中华书局出版	2005 年 10 月第 1 版
《丹枫红叶楼诗词集》后记	姜书凯	浙江文艺出版社	2007 年 11 月第 1 版
弘一大师为雷峰塔经卷题写华严经	姜书凯	永恒的风景——第二届弘一大师研究国际学术会议论文集，中国文化艺术出版社	2008 年 1 月
姜丹书《红柿图》	尹舒拉	美术报	2008 年 2 月 9 日
姜丹书手工劳作教育思想研究	于晓芹	艺术探索	2008 年 2 月 15 日
姜丹书《美术史》及其相关争论的研究	于晓芹	美术大观	2008 年 3 月 8 日
从姜丹书到郑昶——进化理论对民国早期工艺美术史叙述的影响管窥	高　阳	装饰	2008 年 7 月 15 日
姜丹书美术教育思想研究	宁杭玲	南京艺术学院	2010 年 2 月 28 日
幸亏有了姜丹书	孙昌建	浙江一师别传——书生意气，浙江人民出版社	2011 年 9 月第 1 版
姜丹书生平考略	李方重	现代装饰（理论）	2011 年 10 月 15 日
《姜丹书文献展》背后的故事	姜书凯	钱江晚报	2011 年 12 月 11 日
燕见焦梁学骂人图——说姜丹书特殊的艺术视角	李海珉	中国书画报	2011 年 2 月 16 日
凤起桥河下 28 号钱学森旧事	姜书凯	杭州日报	2011 年 12 月 18 日
姜丹书艺事考略	李方重	现代装饰（理论）	2012 年 1 月 15 日
姜丹书丹枫碧石图轴	方爱龙	杭州师范大学学报（社会科学版）	2012 年 5 月 15 日
姜丹书手工艺术思想及其特色研究	马佩君	杭州师范大学	2013 年 5 月 1 日
姜丹书的美术史意义	陈振濂	美术报	2013 年 10 月 19 日

文章题目	作者	发表	日期
朱屺瞻与姜丹书的翰墨情	姜书凯	杭州日报	2013 年 12 月 5 日
姜丹书赠画钱学森	吕成冬 魏　红	档案春秋， 上海档案馆	2014 年 12 月
钱学森珍藏的一幅中国画	姜书凯	美术报	2015 年 2 月 14 日
姜丹书艺术理论专著述评	孙茂华	中国美术	2015 年 6 月
20 世纪初中国美术学现代性标志作品——读"新国民"姜丹书的《美术史》	孙茂华	学术界	2016 年 6 月

附录二①

姜丹书艺术年谱

姜书凯提供姜丹书自编年谱,笔者根据姜丹书先生生平的艺术实践和事件进行整理,并有所删减。

清光绪十一年(1885) 乙酉 1岁

九月初二日申时,姜丹书生于江苏省溧阳县西乡三十六里南渡镇之南五里大敦村,此村俗呼"刘家边",其实此村皆吾姜氏聚族而居,无一刘姓,盖昔当姜氏未发族前,殆为刘氏之村落也(余八字乙酉丙戌丁酉戊申,据说五行缺水,故乳名茂源)。

姜丹书先曾祖讳寅元,字虎臣,富而好礼,广恤乡党,一方称善人,闻于上宪,议叙九品。曾祖母董氏、张氏。董系出本邑旧县,生先祖及叔祖桂芳。张系出高淳县新安村。

姜丹书先祖讳桂荣,字馨山,贡生,人呼老贡爷,而不名之。内而孝弟修齐,外而温良恭俭让,其淑德懿行,化被一乡,乡人有争者,恒求公一言而折服,无轻于涉讼者。

姜丹书先父讳宝廉,字文彬,太学生,孝友廉让之风,克缵先绪,四十九岁卒于家,是时姜丹书约二十岁。姜丹书先母强氏,本邑上沛埠强公艺山先生长女,贤淑见称于乡里,六十三岁卒于杭州就养寓内,归葬于本村祖茔,夫妇合墓,是时姜丹书三十三岁。

清光绪十二年(1886)丙戌 2岁至十六年(1890)庚寅 6岁

此六年中幼而无知,姜丹书唯闻先母常说:"余六岁始断乳。故自今日思之,姜氏一生辛勤刻苦而体质不坏,且形貌虽清癯,而一生无大病,即小疾亦绝少,即因此得天独厚之故"。查光绪十二年立台湾省,十五年太后归政。

清光绪十七年(1891) 辛卯 7岁

姜丹书开蒙读书,所读为《三字经》《百家姓》《神童诗》等书。姜丹书由祖若

---

① 据姜书凯提供的姜丹书自编年谱整理。

父教之,并喜看《二十四孝传》,所以喜看者,全由于图画之引人入胜,其文字当然不识,但由祖若父按图讲其故事,听得津津有味。由此一个"孝"字深刻印入脑中。

清光绪十八年(1892)　壬辰　8 岁

读《大学》,由姜丹书祖若父教之。姜氏先祖黎明即起,自爇茶、炉,煎茶而饮,即于啜茗之余,教孙儿女书。

清光绪十九年(1893)　癸巳　9 岁

姜丹书初从师,读《中庸》,常受夏楚之刑,有一次右眼几被打瞎。

清光绪二十年(1894)　甲午　10 岁

从王师读《论语》,日常观察祠堂内之建筑装饰而助长艺术根性。

清光绪二十一年(1895)　乙未　11 岁

师从沈蓉轩先生(讳宗琦,是时为文童,后曾考得秀才,游幕山东)续读《论语》。

姜母戒责一次,终身革除赌念。姜丹书虽是独子,而母教甚严。

清光绪二十二年(1896)　丙申　12 岁

仍从沈师,读《孟子》。

有时先生看《三国演义》及《西厢记》等书,姜丹书最喜偷看其中图画人物,并仿画之。

清光绪二十三年(1897)　丁酉　13 岁

仍从沈师,续读《孟子》,兼读《唐诗三百首》及《千家诗》等。先生赠姜丹书《诗韵合璧》及《初学检韵》各一部,但不教用法,而自行翻检,亦渐渐懂得部首及笔画等等。

家中旧有欧字帖及《爨宝子碑》等,自行翻出,临写。

自行仿制记算读书遍数之字签,俗称"抽书条",此抽书条上写着:"读书三到,眼到、口到、心到"十个字,确是至理名言,足称读书要诀,尤重在"心到",若心不到,便徒读而无功矣。

清光绪二十四年(1898)　戊戌　14 岁

仍从沈师,读《诗经》及唐诗等。共从沈师四年,只讲过几回书,亦不甚懂。

清光绪二十五年(1899)　己亥　15 岁

从张洪生先生(讳宏典,是时为文童,后曾考得秀才),续读《诗经》及《书经》。

清光绪二十六年(1900)　庚子　16 岁

仍从张洪生先生。读《易经》及《礼记》。

开笔——"开笔"者,开始习作"制艺"。制艺者,八股文也。先习作"破题"

(开首限于两句,且限于十七个字以内);次习作"承题"(继破题以下再限做三句);再次习作"起讲"(约近十句),以下一句或两句"出题"。若以八股文之体裁而论,出题以下续做两段,句句都须互相对偶,此称"起股";此以下又续做两段,亦须句句互相对偶,此称"中股";此以下尚须续做两段对偶句,此称"后股";最后缀以一两句结语,称为"束股"。

清光绪二十七年(1901)　辛丑　17 岁

从名师唐光被先生。续读《礼记》及《春秋左传》,选读古文、唐诗及八股文、试帖诗等,并临颜、柳等帖。——先生字光曙,号霞轩,廪贡生,溧阳西门外唐家村人,性孝友,品行端正,我受模范影响甚多。塾设城厢西门河沿即先生家中。姜丹书寄食宿于斯,连续四年,学业大进。

是年,姜丹书自认为开始自动用功,进步甚速。同塾生二十余人,年龄皆长于姜丹书,且以初来自乡间,多加玩弄。每天读夜书,他生皆依塾规至二更时分(约当今九点钟光景)归寝,唯独姜丹书自读至三更天,甚至四更天方就寝,无间冬夏,矢志不懈。冬则脚骨如冰,夏则掌满蚊血。一具油盏,两根灯草,灯光如豆,鸡声喔喔,一人独坐,默读冥悟,书味盎然。是年上半年尚做八股文及试帖诗篇不通,先生改笔,勾剔涂抹,十句之中无一句可留。及至六月间,朝廷明令废八股,以经义策论试士,乃改习经义策论,较务实学。于是文体上之桎梏既除,思想上得自由发表,又加用过半年苦功,乃豁然开朗,每逢三、六、九练习作文,便篇篇大致通顺,留多改少,忽能超过诸位大师兄之上,先生大喜,姜丹书亦大喜。及冬,先生告姜丹书父亲,曰:明春有童子试,丹书可以应试矣,姜父亦大喜。

是时溧阳对外交通已有小轮船两艘,甲日对开常州,乙日对开无锡。唯当时沪宁铁路(京沪铁路)尚未造,无锡、常州对于苏州、上海亦仅以小轮船为唯一的交通利器。故书塾虽订阅上海报纸一种,然要隔三四天方可看到,且最注重阅读者,在报首第一篇论文,即今日所谓"社论"或"时评",当作文章读,窃取一些做时文之资料而已。所阅之报,或为《申报》,或为《新闻报》,或为《时报》,或为《中外日报》,略得些微现代世界常识,即于此中得之。

清光绪二十八年(1902)　壬寅　18 岁

姜丹书仍从唐师,续读《左传》及《周礼》、古文等,习作时文,参阅报纸。自阅《纲鉴易知录》,并自加圈点。仍用功,每天过夜分。

三月,赴金坛参加"府考"。——府考之制,与县考相仿,惟合镇江府所属四县(尔时丹徒、丹阳、金坛、溧阳四县,至后始添设扬中一县)考生同场考试。考场称"贡院",以现任知府为主考官(是时知府为旗人,忘其名),亦须考三场,发三次榜。姜丹书最前考列第十一名,然尚因题目上漏写一字被抑,否则便列入前十名矣。

五月,再赴金坛参加"院考",未获隽。

清光绪二十九年(1903)　癸卯　19岁

仍从唐师。读《左传》、古文、唐诗、时文,阅报纸、圈点《纲鉴》、习作时文、临赵字帖等。仍用功,每天过夜分,进步更速,先生甚喜。常考书院月课,每擢第一,因而声名渐噪,领得膏火钱数百文至一两千文,喜不自胜。

清光绪三十年(1904)　甲辰　20岁

仍从唐师。读书如上年,加读《史记》,圈点评札,更有进步。

是年春,又有童子试。至院考时,姜丹书虽蒙"提覆",仍不售(是时溧阳县知县为卢葆桢,浙江湖州人;镇江府知府仍为旗人某;学台为唐景崧,广东人)。

提覆结果,名落孙山,既愧且恨。有人遇此,往往饮泣,但姜丹书则不作儿女姿态。

清光绪三十一年(1905)　乙巳　21岁

姜丹书辍学自修,乃在家自坐私塾,收教小学生七八人,全年所收束脩只三四十元而已(此时尚无钞票,概用银圆,但每圆不值一千文,只值八百文上下而已,一个制钱,即一个小铜钱,称"一文")。除督教学生外,自己加工涉猎《汉书》及《昭明文选》等。又借抄《日本国志》,此书十本,久而不舍,继续两三年,竟抄完(此书黄遵宪编,浙江官书局版。姜丹书欲买而不得,但心甚爱之,故发傻劲如此),因此略得窥见一些国外的新常识,而文字亦有进步。

清光绪三十二年(1906)　丙午　22岁

坐私塾。自修如上年。

春间又举行童子试,姜丹书以在丧服中不得与考,此称"丁忧",或称"丁艰";父丧曰"外艰",母丧曰"内艰"。

但此次考试仅举行县、府考,未及终局而朝廷突然降旨,即日全国废除科举、兴办学堂,吾国文教制度之转变,此为最大关键。姜丹书想科举既废,欲求出身,非进学堂不可,而区区一秀才尚未到手,何以报父母之企望? 于是起初怀疑学堂者,乃转而向往学堂,此为姜丹书心理上之转变,亦一生事业攸关之最大关键。

兴办学堂之明令既下,吾邑书院即改设"溧阳高等小学",俗称"官学堂",意若曰此学堂为官立性质也。姜丹书自忖,不进则已,进则只有此校,于是私往参观,认为合意,但所坐私塾,不能半途散学,只好明年再进。

清光绪三十三年(1907)　丁未　23岁

正月下旬,考入溧阳官学堂,此为姜丹书受新教育之始。

秋,考入南京两江优级师范学堂。

八月,赴南京复试。

九月,再赴南京复试。九月入学,十月开课。初,姜丹书仅受旧教育,不自知其识见浅薄,且徒抱猎取功名思想,不自知其志趣固陋。既入是校,受中外名师熏陶,展开各种新学术之研究,始知世界之大,科学之新,教育事业之可贵,乃立志以从事教育为终身事业,此为姜丹书踏上人生大道之初步。

清光绪三十四年(1908) 戊申 24 岁

姜丹书在两江师范优级预科继续肄业,勤奋不懈,上下两学期考绩榜发,均名列第一,是年冬,预科毕业。

宣统元年(1909) 己酉 25 岁

预科既毕业,选入图画手工专科,混称"美术科",以图画手工两学科为主科目,音乐为副主科目,再加其他各种科学为副科目,设备完善,教学认真,上下两学期成绩榜上,姜丹书仍均名列第一,以是师长同学无不另眼看待。

是年初夏,"南洋劝业会"开幕于南京三牌楼,直至深秋始闭幕。姜丹书画得银牌奖。

姜丹书参加教育馆之陈列工作,吾校各种图画手工成绩,博得观众好评。姜丹书以一张素描石膏模型《马》,经审查得奖状及银牌各一,从此益知自励。

宣统二年(1910) 庚戌 26 岁

继续肄业。上下两学期榜发,仍均名列第一。

及年终举行毕业考试,亦列第一,总计在是校未尝考过第二,故名大噪。

宣统三年(1911) 辛亥 27 岁

正月下旬,偕同班最优等毕业(非最优等无复试资格)之同邑同学黄镇平(字镜清)赴京师学部复试。三月试毕,南返,在家休息数日,即往南京母校之附属中小学任教职,盖姜丹书以毕业第一名资格而留用也。

姜丹书在母校附属中小学任教职,每月薪俸银币三十元(那时尚无钞票),颇觉满意。盖当时生活程度甚低,比到从前在家坐私塾时每年修金仅三四十元,已十倍收入矣。

七月,至杭州,应浙江两级师范学堂聘,任图画手工教员,月薪五十元——前任为日本教师,盖其时国人中无此项师资,至是始由姜丹书接授。是时,是校监督为徐定超先生(字班侯,温州永嘉人,进士出身,曾任御史,后数年率家人返温,轮船失事尽沉殁于海),年已七十许,对于青年教师礼貌有加;教务长为经亨颐先生(字子渊,上虞人,日本东京高等师范学校毕业生),后成至交。

八月十九日,武昌黎元洪率师起义,所谓"辛亥革命"即从此起。孙文、黄兴出而号召,四方响应,群起光复,除汉阳一战清军大败,满帅瑞澂死事外,远近皆传檄而定。

九月，杭垣人心惶惶、不可终日，校课将停，姜丹书返里——此时，浙江巡抚增韫（字子固）是旗人，而省城内又有自清初所圈设之旗城，称驻防营，所住皆旗下军人，约千百家，专置一将军以领之，而将军亦必为旗人，此制乃所以震慑吾汉族反清者，至是虽早因豢养腐化，形同鹿豕，毫无用场。然一般人不知底细，犹恐负隅顽抗，故人心惶惧，况更以姜母在堂，妻子在室，恐一旦交通遽断，欲归不得，遂遄返以护家。姜丹书归未久，遥闻浙军独立，推汤寿潜（字蛰仙，绍兴人，翰林）为都督，浙省遂告光复。既而，江苏巡抚程德全亦反正，被拥为都督，苏州亦告光复，溧是苏属，自亦因而光复。是时，溧阳知县恩某为旗人，先遁，旋由苏省派前任溧阳知县张文甫（四川人）为县长，称民政长。惟是时，南京重镇尚由总督张勋（江西奉新人，老军伍）顽守，颇负声势，吾溧西北境外即为宁属，故溧阳人心犹多顾虑，姜丹书此时倾向民主革命，乃复赴杭，剪辫子于浙江两级师范学堂内，从此割去猪尾巴，变作新国民矣。是时，校内停课，驻扎学生军，姜丹书无工作，住数日而返溧。

十月，姜丹书返溧后，从事地方工作，首先捐钱，倡导募款，结合青年朋友朱廷鳌、马道心、蒋汉清等，号召地方父老丁壮组织南渡地方民团，以农具（如锄头、铁耙、獾叉及装长柄于闸刀、挖锹当作大刀、长枪等）为武器，动员千百人，编成大队，巡行南渡镇周围十几里内，称为"放哨"，声势甚壮，并令各村庄分别团结守夜，击柝鸣锣，此称"敲更"，其用意在震慑盗贼土匪及对境外清兵示威，借以保卫闾阎，姜丹书手擎大刀，率先为之，颇有"斩木揭竿"的勇气。

同时，溧阳城内地方人士召集全县十六区董士，开地方会议于明伦堂上，讨论地方治安及组织政治机构等问题，新派、旧派意见分歧，新派中之激烈分子甚至暗示手枪以相争执。姜丹书上台演说，发扬正谊，意气乃平。于是公开选举，对于省派民政长张文甫先投信任票，次乃选举地方人士王嘉曾（字晴轩，两江师范毕业生，后出仕浙省任县知事）为第一课（总务课）课长；陈少镇（拔贡，本仕山东省某职）为第二课（主计课）课长；姜丹书为第三课（学务课）课长；史小山（旧绅士，时为城市总董）为第四课（实业课）课长；葛怀文（字琴轩，廪贡生）为第五课（警务课）课长，均为县公署之佐治员，从此县行政之机构组织完成，但不久张文甫辞职，而代以刘舜先（绍兴人，本为本县县丞）。

中华民国元年（1912）　壬子　28岁

二月，姜丹书兼任溧阳县立高等小学校长。

四月初，浙江两级师范学校开学，仍聘姜丹书为图画手工教员，乃辞职赴杭。——是时，经子渊为校长，兼任浙江教育司司长。姜丹书月薪加至七八十元。

七月初旬息暑假,返里帮同地方调查公民资格。——光复之初,一切政教都表现新气象,姜丹书等人号称新分子,当然很热诚地担起公正的服务精神。

是时,姜丹书于学术偏重西洋画,常至西湖写生,并努力研究各种工艺美术之技法及一般的艺术教育理论,一直锲而不舍,不断地自求进步,而校中同人及学生对姜丹书多加器重。

八月,兼任浙江省立女子师范学校图画教员,校在杨凌芝巷,派轿子接送。校长郑岱生,笃行君子也,教务沈兆芝,字予修,与姜丹书妻同庚,后成为女友。同时,又兼任男师范附属小学(称模范小学)教员。

民国二年(1913)　癸丑　29 岁

是年秋季又兼任省立第一中学手工教员,连两级师范、女子师范、模范小学,共教四校,月薪共计一百三四十元。

民国三年(1914)　甲寅　30 岁

职务仍旧,而钟点加多。

暑假中,至苏州,与沈蕙田、诸少甫等晤叙。

为浙江女子师范学校学生吴善蕙设计刺绣《巴拿马运河图》,备送美洲下一年举行巴拿马落成典礼之万国博览会出品,得荣誉奖。姜丹书于民国六年(1917)在商务印书馆出版《美术史》中采此图为插图,故此绣品至今未必存在,而其影片尚有可考者。

民国四年(1915)　乙卯　31 岁

模范小学事辞去,而他校钟点加多。

春假中,随第一师范全校团体至严州旅行,沿富春江一路写生。

抵制日货运动全面展开,严厉执行,且持久不懈。因此,各界不用日货,而种种必需品,纷纷自想办法克服困难,结果,收获许多积极的效果。其时姜丹书所尽力者:(1)粉笔。此时全国所用粉笔,皆日本货。国人既不会制,而学校天天要用,姜氏素知制法,乃实行自制。用国产石膏为原料,自碾粉、自炒熟,刻木质型板多块,在手工课内动员全体学生数百人,教导浇造,一星期内,制成白粉笔、色粉笔万千支,供给一年之用而有余。同时,将制法公布于报纸,宣导各校(虽小学手工课上亦能制)自制自用,此一困难乃解决。此后,便有许多小型制作所出现,改木模为铜模,愈益精工,而日本货从此永远绝迹。(2)厚纸板。手工课内所用厚纸板,向用日本"马粪纸",那时尚无国货厚纸可供采用。姜丹书乃指导裱糊作坊利用旧报纸及桑皮纸等裱褙起来做代用品,并采用"布骨"(即用破布和废纸裱褙起来做鞋帮骨子用者)做代用品。(3)颜色有光纸。姜丹书指导匀碧斋纸店,用国货水月笺,加染各色,再加磨坚砑光,做代用品。(4)黏土烧窑。用黄砂缸搪成外窑,再教坩埚作坊(旧法制作坩埚,以供首饰铺熔金熔银者)特制内窑,做代用品。(5)釉药。自己研究成功,配制应用。(6)金工、木工器具。与武林铁工厂联络,指导制造并改进形质,以供采用,以后该厂出品通销全国。以上各物,一向采用日货,自此以后,一概摒绝。

民国五年(1916)　丙辰　32 岁

春假中,随第一师范团体旅行至绍兴,游会稽山、兰亭、柯岩。

是年秋,姜母病反胃,俗称"食膈",即今名胃癌。延中、西医治疗,不见效,忧甚。

第一中学事以忙辞去。

民国六年(1917)　丁巳　33 岁

是年,所编《美术史》及《美术史参考书》均由商务印书馆出版。

姜丹书《余之手工教育改革经过谈》写于 1917 年。[①]

民国七年(1918)　戊午　34 岁

兼任宗文中学图学(用器画)教员。

农历十二月廿八日启程赴日本、朝鲜考察教育。是时在第一次世界大战中,浙江省教育厅派遣教育考察团至国外考察,团员为全省师范学校校长十余人,第一师范校长经亨颐未去,推姜丹书为代表参加之。

民国八年(1919)　己未　35 岁

农历元旦抵长崎,参观学校、谒孔子庙,后至福冈、广岛、西京、东京、名古屋、大阪等处,到处参观学校、陈列馆、美术展览会,赴宴会、游览风景、访往年之日本教师,并至娱乐场所游玩。在东京博品馆内看到甲午之役被掳掠品甚多,引以为耻辱。又在西京桃山陵见到甲午敌酋明治天皇坟,甚愤恨。

后至下关(马关——甲午之役李鸿章与敌议和、订辱国条约处),从门司乘船,航海一夜,翌晨抵朝鲜釜山,即乘车至汉城(当时日人改称京城),游览朝鲜故宫,不胜感慨。并参观学校、工厂,随处可见到帝国主义面貌。在汉城曾看到一个美术展览会,所陈列全是朝鲜人士之书画(汉字汉画),作风、气韵、款式等等,完全与我国人一样。

某日,乘车归国,过鸭绿江时,车行铁桥上,姜丹书等人在车厢内热烈鼓掌,表示回到祖国怀抱之兴奋情绪。一过江即安东站,换车达沈阳。

在沈阳,游昭陵。昭陵系清顺治帝父葬所,在清朝时此为禁地,任何人不能

---

① 姜丹书:《姜丹书艺术教育杂著》,浙江教育出版社 1991 年版。

到,而今能践踏斯土,亦感到兴奋,俯拾一块享殿上落下之花瓦滴水,利用为笔架,题曰"拾得昭陵一片瓦,归来便作笔公山",以为纪念。住数日,乘车达天津,过山海关时,车停两小时,登关上放眼远眺,得见长城之雄伟,亦发思古之幽情。

在天津小住,即转车达沪返杭。此行往返约三个月,增长见闻不少。

是年春夏之交,世界大战平,我国五四运动起,教育界思潮大变。此五四运动所由起也。此运动,教育界以北京大学为首,而全国学校一致响应,同时并联络全国总商会(是时尚无工会,各工厂亦属于商会领导),唤起全国各界,突于是年五月四日举行全国大罢课、大罢工、大罢市、大游行,以发扬民气,对外示威,波澜壮阔,震惊世人。

民国九年(1920)　庚申　36 岁

大战之初,帝俄亦加入战团,为协约国之一,然在开战后第三年(1917),突起社会主义革命,一革而成;至大战结束时,亦已进入第三年期,故社会主义思潮渐行弥漫,我国思想界首先受其影响,是曰"新思潮",而一般军阀称之曰"过激主义",谓其人曰"过激党"(实即共产党),视为帝国主义、资本主义之死敌。因此,新、旧思想发生冲突,此种新思潮先流入北京大学,而浙江第一师范则与北大沆瀣一气,故浙江军阀首先要打倒第一师范校长经亨颐,遂于去秋以至今春,酝酿激荡,乃起绝大风潮。

盖经氏为浙江省教育界之权威,为人刚正不阿,不畏强御,省长齐耀珊视之若眼中钉,而不敢撤换,阴命教育厅长夏敬观借端讽其辞职,被峻拒,谓"撤职则可,讽而辞则不可!"旋用调虎离山之计,经氏去职。顾数百学生若失慈母,抵死拥护,欲挽留。乃下令解散学校。突发武装警察二百名,包围逼走,学生一致团结,誓死不散。自某日半夜起,执行至翌日晡,相持不下,震动闾阎,惶惶不可终日。几欲造成大流血之祸。姜丹书等初以宾师之位,自避嫌疑,不与学生通,免遭物议。但至是目击心伤,姜丹书与三四同人,不忍坐视,乃大发正义之勇气,亦起而奋斗,激动他校男女学生数千人涌到救援,遂突破武装包围,形势顿缓和。于是地方绅士蔡谷清(蔡元培弟,时为中国银行行长)、蒋梦麐等出为调停,始平。事后,反对派王荦(私立体育学校校长)倡议欲驱逐姜丹书出境,而主持公道者不附和,乃寝。姜丹书视之,漠如也。后斯人故近姜氏,欲托为友,姜丹书亦虚与委蛇,漠如也,始终不谈前事。

此次风潮结果,经氏间接谕学生:既去不可复挽,自有良师来,安心求学,勿躁。于是调停人与学生团协议,预定请姜琦(永嘉人)为继任校长。顾姜氏现为暨南大学教务长,不能即来,乃公推校中教师之最有信仰者陈成仁(嘉善人)暂代,至暑期中,姜氏就职。

此事在今日姜丹书看来,认识几点:(1)此为思想上之新旧冲突,各是其是,然大势所趋,即真理所在;(2)团结即是力量,此言信然;(3)正义能驱使人发生斗争性,当斗争之时,忘其自身之利害,而唯义是赴;(4)世界潮流,自有趋势,且必向真理发展,非武力所能胜也,徒多流血而已。

是年上半年,女师范课告长假,请金咨甫(姜丹书门人)暂代,下半年销假,继续任课。——此为该校校长叶墨君苦心与姜丹书熟商而出此。盖第一师范风潮尾声,有校外反对派欲去姜丹书而甘心,姜丹书本欲辞职,然叶氏以姜丹书任教已九年,且甚得学生信仰,如去,亦恐将引起风潮,故出此策以缓和空气。果然,学生派代表二人至姜丹书家,问姜丹书为何要请长假?是否有内外人诽谤?若是,全体学生愿为正义而斗争!姜丹书曰:非也,因近来神经衰弱,故请很好的先生代庖,且就事论事,我亦有不当之处,故不怪人家批评,亦当闭门思过。代表问:然则下半年是否复职?姜丹书曰:我本是告假,并非辞职,下半年如续聘,当然仍来服务,希安心求学,勿虑。代表乃洒泪而别。

民国十年(1921)　辛酉　37岁

仍任第一师范、女子师范兼宗文中学教员。

秋,筹备股份有限公司中华教育工艺厂。冬,成,推举姜丹书为经理兼厂长及技师。此厂规模甚小,制造教育玩具及教具,厂址在下板儿巷。因此,眷属亦移寓在厂之邻屋。——此厂办三年,因江浙战争而闭歇。成绩之最著者,姜氏创制成功地理模型:先以"西湖模型"为例,拟推广制作各省分省模型,各地险要模型、风景模型等,未及实行。唯西湖模型制成多个,颇精美,行销一时。后两三年间,印度诗人泰戈尔来杭讲学,赠予西湖模型一个带归作纪念品。此模型曾以雕刻类著作权向北京内政部呈准注册,颁发执照,后于抗日战争中遗失。

西湖模型技法概略:(1)依照地图及实际勘察,在长方形的平木板上,用黏土塑成浮雕式母型;(2)翻成石膏凹面母型;(3)浇成铅锑合金的凸面模型;(4)用元书纸两层覆在凸面模型上,用水不用浆,打成纸型的底子;(5)加覆旧报纸两层,用薄糨糊涂贴上去,打成纸型的骨子;(6)再加覆上等桃花纸一层,用薄糨糊涂贴上去,打成纸型的面子;(7)烘干或晒干,脱出纸型;(8)用细钉将纸型钉在同形稍大之平木板上,便成坯子;(9)将坯子镶成扁形木匣子,匣盖须用铰链装成,可开可合;(10)用颜色磁漆将坯子面上画成油画的样子;(11)将木匣做成福建漆匣的样子,表面当然要有图案花纹;(12)最后用打拔錾子打出小圆纸;(13)在小圆纸上精书各风景或古迹名目,用好的糨糊按图固贴在漆画面上,即成。

如此制成的模型,既轻且牢,又美丽、又不变,各式地理模型皆可照此法制成。

民国十一年（1922）　壬戌　38岁

职务仍旧。

民国十二年（1923）　癸亥　39岁

职务仍旧。

秋，起造住宅于杭州西大街凤起桥河下。冬，落成，迁入。

是年三月九日，第一师范发生毒案。——是日晚餐，学生、工友及一部分住校教职员共数百人中毒，姜丹书幸住家，未参加此餐。共计死工友一人、学生廿三人。案情复杂，审理结果：判决学生俞尔衡及厨司下手钱阿利、毕和尚均死刑，毕业生俞章法一等有期徒刑，时何炳松为校长也，姜丹书另为文以纪之。

民国十三年（1924）　甲子　40岁

是年春，兼任上海美术专门学校教授，每隔一周，至沪授课一次。夏，辞去第一师范事。——计自宣统三年以来，已在此校任事十四年，所以兼任沪事者，为避乱便利计也。

暑假中，同叶墨君游莫干山。

雷峰塔起建于五代末吴越王钱俶，倒出古物之最著者为砖藏《陀罗尼经》若干卷，姜丹书得一卷，此种木版印于忠懿王（钱俶）乙亥年八月（即宋太祖开宝八年，此时吴越尚未归宋），为今存世之最早木版印刷物。什袭珍藏，亦另为诗文以纪之。

民国十四年（1925）　乙丑　41岁

是年春，姜丹书受任上海中华书局艺术科编辑主任职务，并兼上海美术专门学校艺术教育系系主任。

秋，辞去女子师范事，自民元以来，在是校任教亦已十四年。同时，宗文中学事亦辞去。

民国十五年（1926）　丙寅　42岁

仍任美校系主任及中华书局编辑主任事。

民国十六年（1927）　丁卯　43岁

阴历正月间，得杭邻居陈阿王函告：有军人占住姜宅。时铁路不通，姜丹书乃与邻友叶墨君同取海道，由宁波经绍兴辗转至杭，交涉毕，返沪。

此次北伐，即国共合作之大革命，旨在打倒军阀也。旧友胡公冕时任政治部主任，邀姜丹书出任县长，婉言谢绝之。

二月，中华书局大罢工，姜丹书亦与焉。不久，国民军抵沪，不入租界。

三月，事平，送眷返杭。

六月，中华书局裁减人员，姜丹书被裁。专任美校系主任兼教授。

民国十七年（1928）　戊辰　44 岁

春，国立西湖艺术院建立于杭州罗苑（后改称国立杭州艺术专科学校，罗苑俗称"哈同花园"，为英籍犹太富商哈同之妻罗氏别墅。依条约，外人不得在我内地置不动产，故以罗氏出面。罗，广东人也，国民革命后收归公有，即今"平湖秋月"西邻一带房屋），聘姜丹书兼课，从此姜丹书每周往来杭沪之间，三天在此校，三天在上海美专。

民国十八年（1929）　己巳　45 岁

阴历四月，长孙女孟蕾生，同时，姜丹书妻第一次中风，医愈。

七月，长子书梅在同德医学院毕业后，遣往日本东京，入帝国大学研究院为研究生。

民国十九年（1930）　庚午　46 岁

画《丹枫红叶图卷》。

编著《艺用解剖学》，在商务印书馆出版。

民国二十年（1931）　辛未　47 岁

仍旧杭沪两校服务，并兼上海新华艺术专科学校课。

春假中，同吕凤子游苏州天平山，并赴甪直保圣寺观唐杨惠之遗塑罗汉像。

八月，往东西两天目山及临安功臣山游玩，并谒钱武肃王陵，长子同行。选取平日国画十六张作一帙，曰《敬庐画集》，付金城工艺社出版。

民国廿一年（1932）　壬申　48 岁

职务仍旧，又兼省立杭州师范学校课。

著《小学教师应用工艺》（高中师范科用），付中华书局出版。

四月，上海美专推姜丹书及张辰伯、吴梦非为代表，往南京出席中小学课程标准会议，因游燕子矶、清凉山等处。（此后中小学原有工艺课、工作课均统一改称为"劳作课"。[①]）

暑假中，应绍兴教育局邀往讲学，住蕺山小学，游东湖。

秋，姜丹书同邵裴子、钱均夫暨吾红君、四女苏春、三子书枫游西湖西山，翻白沙岭而至留下，乘汽车归。

冬，应吴兴教育局邀往讲学，次子书竹同行，会见男女旧弟子廿余人，大宴集，并同游云巢。

---

① 田君：《民国工艺美术教育大事年表》，《装饰》2011 年第 10 期，第 39—43 页。

民国廿二年（1933）　癸酉　49 岁

职务仍旧。

作悼亡诗十首，载诗集。

四月，同潘天寿游普陀，适上海美专旅行写生队亦至，同住前寺文昌阁，此游甚乐，全岛殆走遍，海景绝佳，吸取画稿甚多。

十二月，杭江铁路（浙赣铁路最初筑成一段）落成，举行典礼于金华。姜丹书往参加，得观"斗牛"表演，并随沿线过衢州、江山、玉山等处一游。车厢中，与马寅初等戏谑甚乐。

编著《透视学》，在中华书局出版。

民国廿三年（1934）　甲戌　50 岁

职务仍旧。

是年大旱，灾情甚广甚苦。

六月，同邵裴子、潘天寿、吴茀之、潘玉良（女）游黄山。到汤岭关、茅棚、慈光寺、文殊院、狮子林、云谷寺处，一路奇景，目不暇接，跬步变形，不可名状，气势雄伟，大扩胸襟。姜丹书经此行，非但添得许多画材，且笔墨从此敢破胆奔放矣。——朝从杭州乘杭徽长途汽车，经余杭、临安、昌化，过昱岭关，盘行许多曲折山路而达徽州府城（歙县），转车至万安，宿安徽省立第二中学。翌晨，坐长轿过蓝田，至高桥，宿小学。再翌晨，上午抵汤口，宿茅棚，洗温泉浴。再翌日，往汤岭关，画剪刀峰、听鸣弦泉、观虎头岩及人字瀑，午后上山，宿慈光寺。再翌日上山，经阎王壁、半山寺、天门坎、蓬莱三岛、穿岩洞而达文殊院，宿两夜，观云海、抚迎客松、近眺天都峰、松鼠跳天都、莲花峰、莲蕊峰、远望达摩渡江。第三日晨，爬莲花沟、上莲花峰、穿鳌鱼洞，至平天矼，遥观石笋矼，达狮子林，宿两夜，坐清凉台、观西海门、上始信峰、抚麒麟松及卧龙松。第三日晨，至丞相原，宿云谷寺，观九龙瀑，从此下山，回到茅棚宿。翌晨，乘原轿，经潜口镇，回到徽州府城，天已黑，宿旅舍。翌晨，仍乘汽车，傍晚到杭。此其大略也。诸景细名，不可胜纪。

十一月，同邵裴子、徐曙岑、陈叔莘、潘天寿、王绍羲游宜兴善卷洞、庚桑洞（张公洞）等处，并在善卷洞西北三里许上国山访囷碑（孙吴末遗迹）及在善卷洞边吊梁山伯、祝英台墓，遇治洞老友储铸农（名南强，晚号简翁，宜兴人，举人），相谈尽欢。

民国廿四年（1935）　乙亥　51 岁

杭州师范事辞去，杭州艺专、上海美专及新华艺专仍旧。

暑假中，与孙福熙（字春苔，绍兴人）同游天台山，宿国清寺两夜，观隋梅，上赤城山，观古塔及岩窟道士居。坐轿至高明寺宿一夜，观螺溪钓艇、过龙王堂，至华顶寺,宿一夜。黎明前,上华顶(天台山最高峰),观东海日出,气象万千,群山俯伏。至方广寺宿两夜,观石梁飞瀑、铜壶滴漏。至桐柏宫,宿一夜,观黑龙庙、清风祠(有唐雕伯夷、叔齐两石像,如真人大,甚善)。归途中,经琼台宴月、千丈岩等处,下山,回到国清寺宿。

天台游毕,再游雁荡山。宿灵岩寺两夜,观天柱峰、展旗峰、囊驼峰、犀牛峰、观音拿掌峰、象鼻峰、三折瀑、小龙湫、梅雨潭诸景,轿行经观音坐莲台、上山老鼠下山猫诸景而至大龙湫。归途阻雨,宿罗汉寺。当大雨时,到处山壑皆成瀑布。回到灵岩寺,又宿一夜,为成圆法师画画半夜,二人合作十余幅,留为纪念。

此行,长途皆乘汽车,由杭过江,经萧山县、绍兴县、曹娥镇、蒿坝镇、嵊县、新昌县、斑竹村、会墅岭、天台县、黄岩县、温岭县、三门湾、乐清县等境,雁荡游后,至临海县、海门镇,乘轮船,经象山县,至穿山港口,姜丹书与春苔别,春苔径回上海,姜氏则步行数里,至宝幢镇,在宝林医院(梅儿服务处)住数日,至宁波,乘杭甬段火车回杭。

十月,同邵裴子、钱均夫、陈贻孙、戴逸云、姜心白等至武康县境,游"白石洞天",此为南宋姜白石先生隐居处,在今杨坟村旁、升元观侧、计筹山下。升元观系道士庙,今犹供奉白石道人牌位。此行,由杭城乘汽车至苟庄,雇舟至上纤埠,步行至杨坟,当天取原道而回。

姜丹书与王隐秋合编初中劳作(金工下册)在中华书局出版。

民国廿五年(1936)　丙子　52岁

春假中,同潘天寿、朱屺瞻、金维坚、吴弗之、张鼎生等出游。从杭雇舟系小轮拖行,溯钱塘江而上,经富春江、桐江而至桐庐县。上桐君山,宿旅舍。翌日至芦茨埠、上严子陵钓台、过七里泷、乌石滩,傍晚至严州府城(建德县),宿旅舍。翌日,游玩一天后乘汽车,过白沙,经寿昌县,至唐村,车轮坏,修复后,下午到兰溪县城,由中国银行支行行长王质园招待,适演会,观台阁扮相甚佳。上茶寮、宴画舫。翌日,乘支段轻便火车至金华,王君亦兼任该行金华分行行长,故仍由其招待。翌晨,乘轿游北山,遍览双龙洞、水帘洞、讲堂洞诸胜。傍晚,兴尽而还。之后分散,姜丹书与天寿、屺瞻三人乘火车至诸暨县城,宿旅舍,出城约五里,游苎萝村、谒西子祠、认浣纱石、瞻仰西子塑像,佩剑卓立,貌甚英爽,绝无弱女子脂粉气,诚佳作也。有好事者,曾扶乩与西子问答吴越时情况,辞颇有趣,抄录张贴于祠壁,颇长,据庙祝云,确系乩语,吾根本不欲究其真假,即以神话来渲染历史,亦足以资谈乘也。翌晨,坐人力车至五泄,五泄在诸暨与富阳交界之边境,距城甚远,恐有六七十里,到达时已傍晚,宿某寺。所谓五泄者,一条瀑布由上而下作五折,并非五条瀑布也,景尚寻常,不甚奇。翌日返城,宿一宵,即搭火车回杭。

编著《劳作学习法（初中文库丛书之一）》在中华书局出版。

民国廿六年(1937) 丁丑 53 岁

春，因老同学刘虚舟为崇德县长，从侄子久在其部下为职员，故往一游，特赴石门湾访丰子恺。子恺，旧弟子也，就宿其缘缘堂，谈至半夜始寝。六月，同潘天寿、陈纯人至上虞白马湖，为经颐渊六十祝嘏，并瞻仰弘一上人之晚晴院，参观春晖中学。

七月，至沪，在劳作教育暑期讲习会讲学月余。是会借设于南市中华职业学校，听讲者，三省(苏、浙、皖)两市(南京、上海)之中等学校选派之优秀劳作教师也。

民国廿七年(1938) 戊寅 54 岁

姜丹书续任上海美术专科学校及新华艺术专科学校教授，后又兼任江苏省立苏州女子师范学校撤迁之沪校及上海私立纺织染专科学校教师，后又兼任澄衷中学及青年中学教员，并卖画为生活。

民国廿八年(1939) 己卯 55 岁

编著《劳作(工艺第五册——师范学校用)》在中华书局出版。

民国廿九年(1940) 庚辰 56 岁

是年秋季，上海申新第九纺织厂副总经理吴中一与溧阳故友之子黄希阁(南通大学纺织科毕业)发起创办"中国纺织染专科学校"于戈登路。姜丹书任此校国文教授，兼主任秘书职务(同时仍兼上海美专及新华艺专教授)。

民国三十年(1941) 辛巳 57 岁

9月21日即阴历八月初一日，"日有食之，不尽如钩。"(古史书法)是时，两江师范老同学十数人，适在上海三马路天乐园菜馆参与先师李梅庵先生廿一周年忌辰祭典。

民国三十一年(1942) 壬午 58 岁

是年物价飞涨，粮食问题尤为严重，故沪市大量疏散人口。姜丹书仍以卖画及在私立学校教课与家庭教师薪水为生。

是年，宋知方、陈纯人连接客死浙东。不久，老友弘一大师(李叔同)亦寂闽南，悲痛之余，赋悼诗一首：天荒地老促人亡，旧雨新磷满北邙；二十一僧连永诀，难堪日日动悲凉！

姜丹书于二十五年丙子(1936)春曾应杭州《越风》杂志社社长黄萍荪要约而为老友弘一作传，今年九月初四上人茶毗后，姜丹书又为之作续传，寄一瓣心香，俱载《弘一大师永怀录》。

民国三十二年(1943)　癸未　59 岁

8 月 30 日(阴历七月三十日)长女可群偶因家庭细故自尽于沦陷区溧阳故乡。吾作《哀女文》以哀之。此文发表于《大众杂志》,读者往往涕出,比于韩愈《祭十二郎》文。

9 月 2 日,诸子女为姜丹书明年六十岁暖寿举行家庆于大鸿运酒楼,戚友与宴者甚多。惟长女新亡,乐中带哀。

民国三十三年(1944)　甲申　60 岁

姜丹书为教师已三十六年,赋诗自嘲:

> 好为人师古所患,无师天下又如何?
> 瑚琏汝器应同乐,金玉其相黍共磨。
> 脩味尝来酸苦辣,钟声听去壮衰皤。
> 幸今余勇犹堪贾,好学春蚕作茧蛾。

姜丹书初学填词,录处女作数首。

菩萨蛮 同妻儿游龙华

> 春光明媚城南道,翩翩裙屐游人闹。
> 遥见塔儿尖,嫩红应可怜。
> 千尊萧寺佛,百劫嗟残黥。
> 只有野桃花,年年烘暮霞。

醉落魄

甲申春,廿年前杭州宗文中学旧弟子七八人招宴于海上新仙林酒楼,姜丹书酩酊大醉吐,醒后倚声,并写《桃李图》数张,题此分赠。

> 桃妍李艳,仙林旧侣开芳宴。
> 金尊玉液频频劝。
> 谈笑风生,不觉沉沉湎。
> 湖波渺渺南园散,钟声杳杳墙花幻。
> 白头俯仰沧桑感。
> 醉后丹青,报作琼琚念。

思佳客 寄蔡竞平重庆

> 日月同光共举头,如何风雨不同舟?
> 心灵似电无拘管,想遍天涯羁旅侔。
> 王谢燕,那知愁,春来还作旧绸缪。
> 长安比日谁边近? 笑问征鸿猜得不。

是年九月初又举家庆于大鸿运酒楼,连亲朋会宴者十桌。

民国三十四年(1945)　乙酉　61岁

仍在上海美专、纺专继续任教。

十月下旬,迁至重庆之国立杭州艺专聘任姜丹书为接收杭州校舍校产委员,姜氏以人地关系,义不容辞,允为办理迎接复校之先锋任务。唯以沪校职务重要,一时不能脱卸,乃频频往来于沪杭铁路间,兼筹并顾。

此时初告胜利,各处各机关纷纷展开接收工作。照理吃过八年抗战之艰苦,允宜奋志勤俭廉洁,努力为公,不料办接收工作者什八九为牛鬼蛇神,偷天换日,借公济私,贪污无忌,舆论至称接收曰"劫收",姜氏深恶之,但不能辞之,乃反其道而行之。带同职员至杭后,即设办事处于自己旧住宅,与各有关机关接触,将所有占住之伪警队、伪学校以及三青团、乘胜强霸之军队等等一律交涉清理出去。将所遗物件一草一木点收封存,造表上报。此项工作,办理五个月始就绪,至翌年四月初,该校校长潘天寿从重庆来杭,乃面缴销之。是役也,姜氏的作风如下:

1.用破碗底作油盏。为节省开支起见,初到时,火油尚贵,乃拾破碗底翻转来,买灯草及菜籽油点火。久之,火油价渐贱,始买洋灯取明。

2.姜丹书旧宅内本有旧电灯线,并不借端叫电厂修理接火。

3.姜丹书旧宅内木器家具尽失,而新接收之木器家具甚多,但公私划清界限,绝不借口自借公物以济公用,一桌一凳不入门(校舍在西湖孤山,姜氏宅在城内)。宁借邻家之旧家具以济用,请四邻为证。

4.姜丹书及职员包饭于邻舍菜农家,同桌而食,不嫌苦陋。

5.东奔西跑,事必躬亲,以走为主,非路远而赶时间者不轻于坐车。

6.一切经济出纳,必与职员公开。

如此,卒免于物议。有人笑姜氏为伧夫者,姜丹书亦笑而任之。该校于翌年暑假中迁回复校,邀我复员,而姜丹书以沪校维系不放,乃婉谢之。

民国三十五年(1946)　丙戌　62岁

年来姜丹书最重要之职务是纺专之国文教授兼主任秘书。是年,纺专改称"中国纺织工学院",新建大厦于西康路新闸路口,翌年暑期迁入。姜氏除教课外,专办立案事宜,办了三年始完成。

是时仍兼上海美专课。

是年,政府还都南京。

民国三十六年(1947)　丁亥　63岁

政局日非,一切威信降落,人民失望。抗战初期,姜丹书次女雅元全家避难至重庆,今已返沪。

每日在西康路中国纺织工学院大楼办公。上海美专有课时则去上。

冬,画山水一幅,交老友汪亚尘携赴美洲,参加出国展览。

民国三十七年(1948)　戊子　64岁

职务仍旧。

币价时时跌,物价节节涨,抢购物资风大炽,民不聊生。

民国三十八年(1949)　己丑　65岁

职务仍旧。

是年秋,姜丹书师萧屋泉(俊贤)先生归道山,寿八十有五。葬苏州天平山公墓。

中华人民共和国成立后改用公历。

1950年　庚寅　66岁

暑期间,中国纺院与上海纺专、诚孚纺专三校合并,改组而称"上海纺织工学院",迁址延安西路(旧称大西路),派姜丹书为副总务长。姜丹书一介文人,不习事务,固辞不获,勉允备位,幸居副,萧规曹随而已,自是萌退志。

1951年　辛卯　67岁

是年暑中,以退老名义辞去纺院职,专任上海美专教授,从事教学及研究学术工作。

1952年　壬辰　68岁

暑中,在美专参加"思想改造"学习。

10月,中央人民政府高等教育部作"调整院系"措施,将山东大学艺术系与上海美专、苏州美专合并,成立华东艺术专科学校,校址设在无锡北门外社桥地方,授姜丹书以教授学衔,派入是校创作研究室,为科学研究工作。大半年间作成《透视学挂图》十四幅。

自此移眷属来锡住校。五六年间,常至惠山、锡山及太湖边之梅园、蠡园及鼋头渚等名胜处游玩,并常作诗、画。

1953年　癸巳　69岁

4月,随校中团体俞剑华、汪声远、曾以鲁、张宜生、申茂之、陈大羽等至苏州甪直镇保圣寺,考察(相传)唐杨惠之所塑罗汉像。归作《考察记》一篇。——先是姜丹书于民国二十年春已与吕凤子等去考察过一次,江小鹣、滑田友等正在修理。经苏时,参观苏州文物管理委员会陈列室。时老友陈谷岑为该会主席,多年不见,相见甚欢。

是年秋,担任讲授艺用解剖学课,学生悦服。

11月,至无锡东乡芙蓉山麓,谒倪高士云林先生墓。

1954 年　甲午　70 岁

4 月间，随校中团体刘汝醴、申茂之、张宜生、周季豪等至苏州西乡胥口镇体验生活。住仇家村张根虎家，耽搁十日，相处甚欢。

游太湖边之伍大夫庙、花园岭、穹窿山（见朱买臣樵石）、小王山及灵岩山、木渎镇等处。

灵岩寺即古吴王离宫旧址，所以居西施者，故响屧廊等遗址尚在。

花园岭是古吴王之花圃，距灵岩约五里，有小河相通，称"采香泾"，相传特开此泾，以便西施率宫女荡舟去采花云。

穹窿山颇高，姜丹书初不量力，鼓勇而去；不料走至山腰，已甚疲劳；然在中途，有进无退，同人扶掖而行，及至山顶，已不能开步；在道观中茗坐多时，始勉强下山；再踉跄而行五六里归仇家村宿。明日不能举步，休养一天，脚筋仍酸痛，遂单独经苏州而返无锡，在校休养数日即平复。

5 月赴沪，参加华东美术家协会成立大会。

10 月，右足发筋痛病，卧床四个月始渐愈，此实由于穹窿山走伤之故也。长期请假，后补课。病愈后即留须以为纪念。

1956 年　丙申　72 岁

春夏间，经过肃反运动，始知同事中有某些人历史上有问题。而主持者对姜丹书特别敬重，嘱姜氏在小组会时不必出席，只要在大会报告时去听听便可。——在大会报告中，屡次提着姜丹书作为好教师的典型，盖知姜氏历史清白，且教书一世尽职之故。颇足自慰也。

是年，校中为姜丹书催开一次个人画展，作为年龄七十、工龄将届五十年的纪念；并开全校同人座谈会，献花庆祝。——此次展览会所陈列者，皆是姜氏历年积存之精品，有七八十件，颇为可观。许多新同事和学生本来不知姜氏有此能力，因此益被重视。

是年冬，校中举行评职评薪，姜丹书被评为三级教授，照规定月给工资二百三十一元。

11 月，偕校中选定同人一道赴南京，参加江苏省文学艺术工作者联合大会。会中得遇老同学胡小石，互相慰藉。——此行趁便重游清凉山、玄武湖及中山陵等处，不胜今昔之感。

1957 年　丁酉　73 岁

1 月发生迁校问题，先由中央文化部主持，拟迁西安，与西北艺专合并。后经许多波折，决定改迁南京，于本年寒假中实行。姜丹书因年老，提出申请退休之议。

5月,开始整风运动,直至翌年暑假始结束。——经此运动,轧出几个"右派分子",予以应得的处分。在长期进行中,天天开会,十分认真,姜丹书每会必出席,追随学习,虽感衰颓疲倦,然增长见识甚大,真是所谓"做到老,学不了"也。

10月,奉校中派姜丹书往南京参观展览会,并趁便重游雨花台、莫愁湖等处。

1958 年　戊戌　74 岁

2月,华东艺专迁址南京丁家桥,6月间改称南京艺专,后又改称南京艺术学院。因在申请退休中,得组织上同意姜氏不跟去,仍住无锡旧校舍,等待批准公事。直至 8月终,上级的批准公事尚未下,而所居房屋急欲移交新来的另一机关接用,又得组织上同意姜丹书带同家眷先归杭州老宅等待。待至 10月中始接到批准公事,于是合法退休,结束了一世的教育生活,不胜快慰!

7月间,编著的《艺用解剖学三十八讲》,由上海人民美术出版社出版。——此书积累数十年研究心得和教学经验,写作四年,三易其稿而后成。

1959 年　己亥　75 岁

姜丹书《我国五十年来艺术教育史料之一页》一文刊登在《美术研究》,1959年 1月。

1959 年,姜丹书《水族画的传统和特点》、《关于文人画和南北派问题的意见》、《中国画上的透视问题》。[①]

(姜书凯谨注:姜丹书《自编年谱》至此结束,未再续写。自 1960 年至 1962年系姜书凯根据父亲姜丹书的《丹枫红叶楼诗词集》、其他文稿以及所了解的情况完成。)

1960 年　庚子　76 岁

姜丹书的老友、全国政协常委林宰平(名志钧)病卒北京,寿 82 岁。林为福建闽侯人,清末日本留学生,习政法,善诗,著有《北云集》行世。其夫人沈予修,名兆芝,杭人,大同大学毕业,精数学,与姜丹书为 50 余年道义之交,特作悼诗吊林宰平先生兼唁沈予修夫人。

姜丹书的老友王更三(名锡镛)、两江优级师范老同学柳贡禾(名肇嘉)先后逝世,姜氏等均作诗悼之。

1961 年　辛丑　77 岁

姜丹书退休三年余,除参加省政协及美协浙江分会(筹)各项活动外,写了许

---

① 　姜丹书:《姜丹书艺术教育杂著》,浙江教育出版社 1991 年版。

多近代艺术教育方面的史料及人物传记；将历年所作诗词稿整理成四册（第六次整理），题曰《丹枫红叶室诗稿》。

7月30日，中国美术家协会浙江分会正式成立，潘天寿被选为主席，姜丹书被选为副主席之一。

10月10日为辛亥革命50周年纪念日，浙江省政协成立了"浙江省纪念辛亥革命五十周年筹备委员会"，主任委员为周建人省长，副主任委员有李丰平等11人，姜丹书作为"辛亥革命老人"之一，被选为委员；同时成立的"浙江省政协文史资料研究委员会"，由姜丹书的老友、著名学者、书法家张宗祥任主任委员，吴山民、陈立为副主任委员，姜氏亦为委员之一。在筹备时，姜丹书亲画赠省政协一张立轴式的纪念画，其内容：上部偏左角画了西湖北山特产的柿树一丛，枝上生着五个红方柿，作为50年硕果的象征；下部右边直立一株傲霜斗艳的枫树，满着应时的红叶，相映成趣；左边画一块凌空孤立而没跟脚的石头，此石的怪状是由鞑帽和辫子"便化"而形成，象征中国最后一个封建王朝——清政府；题曰："甜彻心头，红到梢头，推翻了人民头上石头。"此是内含的作意。

10月10日晨，浙江省领导与先烈、先哲遗属以及姜丹书等辛亥革命老人到徐锡麟、秋瑾、陶焕卿、沈由智、杨哲商等辛亥革命烈士墓前举行了祭墓典礼，祭拜了攻克金陵阵亡将士墓及章太炎先生墓，并到博物馆辛亥革命纪念室参观。当日下午，到省人民大会堂参加大会，听报告、拍纪念照、看京剧演出。傍晚，参加在杭州饭店三楼餐厅的盛宴，省立第一师范时期的学生潘天寿、陈建功特地将姜丹书介绍给周建人省长认识。10月10日后，省政协还组织辛亥革命老人参观了不少大工厂和新安江水电站以及正在建设中的七里泷水电站，并游了严子陵钓台，对于这些现实的大成就、大成绩令姜氏等人十分兴奋和钦佩，觉得学到了许多新知识和新见闻，简直是胜读了五十年来的补课书，看了这些新事业、新气象，姜丹书自觉老人不老，反若年轻了一段。

1962年　壬寅　78岁

姜丹书除参加省政协文史资料研究委员会和中国美术家协会浙江分会的活动以外，仍孜孜不倦地伏案写作，为后人留下了大量的近现代美术教育史料，不少史料被选登在省政协文史资料研究委员会编辑的《文史资料选辑》中，有的被选送到全国政协的《文史资料选辑》，1991年10月，这些史料与姜丹书的其他有关美术教育的文字由我整理成《姜丹书艺术教育杂著》，由浙江教育出版社正式出版。

6月初，姜丹书的挚友、已中风卧病在床两年余的蔡竞平先生时已病危，应其家属之托而预作一篇《祭文》，姜氏在此篇祭文中满怀深情地对挚友的一生做了扼要的总结。作完此篇祭文,姜丹书突患心肌梗塞于 6 月 8 日 15 时逝世,享年 78 岁。

　　6 月 10 日,中国美术家协会浙江分会在杭州凤山门殡仪馆组织公祭,公祭由浙江美术学院院长潘天寿主持,姜丹书的老友、杭州大学教授郑晓沧先生致悼词,浙江省委宣传部及省文化局、省文联负责同志及文艺界代表、生前友好、学生近百人出席了公祭大会。

　　姜丹书的挚友、浙江图书馆馆长、省文史馆馆长、杭州书画社社长、著名书法家张宗祥先生写的挽诗,对其一生做了概括的评价:(括弧中为诗的说明文字)

　　　　同辈嗟摇落,君今又着鞭。

　　　　(两级师范同事,君教画法。)

　　　　晤言方昨日,暌隔已重泉。

　　　　(六日同在岳庙开会,七日来寓长谈,八日谢世。)

　　　　入室芝兰永,当门桃李妍。

　　　　(来楚生、丰子恺、潘天寿诸名家皆君及门弟子。)

　　　　霜林甜蜜蜜,谁再画中传?

　　　　(君喜画红柿,题曰"甜蜜蜜"。)

附录三

姜丹书艺术年谱补遗

笔者根据相关文献对姜丹书先生的社会活动进行整理记录并补充。

宣统元年（1909）　己酉　25岁

姜丹书习国画。

中华民国元年（1912）　壬子　28岁

浙江两级师范学堂（后更名为浙江省立第一师范学校）开办高师图画手工专修科，姜丹书任主任。

李叔同任教于浙江两级师范，将他从日本带回的石膏模型作为教具。①

作诗《壬子国历元旦书红》《次女生》《迁居》。

民国二年（1913）　癸丑　29岁

作诗《癸丑夏，何海鸣宣布独立于南京，称二次革命，旋平》。

民国三年（1914）　甲寅　30岁

姜丹书于1914年九月，经李叔同介绍加入南社，其入社书编号：459号。②

作诗《题绣品》《与诸同学为姑苏雅集》。

民国四年（1915）　乙卯　31岁

作诗《愤国耻》。

民国五年（1916）　丙辰　32岁

作诗《讨袁》《忧母病》《丙辰腊日，送伯澄迁官长沙审判厅长》。

民国六年（1917）　丁巳　33岁

作诗《丁巳正月初七同经子渊探梅未放》《散步湖上》《丁巳正月十四夜，步月怀人，赋寄周伯澄长沙、沈惠田广州》《听画眉》《为母营葬》。

民国七年（1918）　戊午　34岁

1918年，姜丹书考察日本、朝鲜图画手工教育。③

---

① 潘耀昌：《中国近现代美术教育史》，中国美术学院出版社2002年版。
② 姜书凯提供图片资料。
③ 姜丹书：《姜丹书艺术教育杂著》，浙江教育出版社1991年版。

民国八年（1919）　己未　35 岁

1919 年冬，丰子恺、姜丹书、张拱璧、周湘、欧阳予倩、吴梦非、刘质平等共同发起组织中华美育会。①

作诗《游日本》《长崎瞻仰孔庙》《福冈泥人》《次大阪》《车中眺富士山》《名古屋逆旅中，侍儿春子、金子、玉子、久子诸娃索画》《西京谒桃山陵》《观琵琶湖水力发电厂》《过马关》《抵釜山见朝鲜人故国衣冠》《次汉城，游朝鲜故宫》《游日韩归国，车过鸭绿江上，见滑冰船，口占》《安奉道上》《奉天市上》《游昭陵》《过山海关》。

民国九年（1920）　庚申　36 岁

1920 年四月创刊的《美育》杂志（月刊）是中国第一本美育学术刊物，其总编辑为吴梦非，下设图画、音乐、手工与文艺等四个编辑主任，其中手工编辑主任为著名手工教育、图案教育专家姜丹书。《美育》杂志共出七期。

1920 年，姜丹书写成节译《手工与工业》（手岛精一原作），十月十六日《玩具与教育》，王韶年编《图案集》序等文章。②

作诗《庚申元日书感》《便面画〈太湖景〉题句》。

民国十年（1921）　辛酉　37 岁

1922 年五月二十八日成立南京美术专门学校。由沈溪桥、萧俊贤、吕凤子、李石岑、胡根天、姜丹书、钱体化等人发起。③

东方艺术研究会成立，倪贻德、丰子恺、李超士、潘天寿、诸乐三、姜丹书等知名画家参与活动。④

民国十二年（1923）　癸亥　39 岁

作诗《题画扇》。

民国十三年（1924）　甲子　40 岁

1924 年八月，在城隍山阮公祠内开设浙江艺术专门学校，校长沈定一，教师有陈抱一、周天初、姜丹书。画家余任天曾就读于此。⑤

作诗《甲子夏，同叶墨君游莫干山，归写即景，赠无锡顾述之先生》《题自画扇》《题画扇》《又题画扇》《题〈岁朝〉图》。

---

①　余连祥：《丰子恺美学思想研究》，商务印书馆 2012 年版。
②　姜丹书：《姜丹书艺术教育杂著》，浙江教育出版社 1991 年版。
③　徐耀新：《南京文化志（上）》，中国书籍出版社 2003 年版。
④　乔志强：《中国近代绘画社团研究》，荣宝斋出版社 2009 年版。
⑤　杭州市地方志编纂委员会：《杭州市志·第 7 卷》，中华书局 1999 年版。

民国十四年（1925） 乙丑 41 岁

1925 年七月五日，上海美专为了便利入学考试，特组织考试委员会，姜丹书、何明齐为评阅手工委员，李金发为评阅雕塑委员，俞寄凡为评阅论文委员，李毅士、王济远等为评阅西洋画委员，许醉侯、潘天寿为评阅国画委员，刘质平、潘伯英为评阅音乐委员。[①]

姜丹书 1925 年三月来到上海美专，主要担任艺术教育、绘画理论、透视学、解剖学、用器画等相关课程教学。每周五课时教手工和用器画。[②]

上海艺术大学，1925 年成立，设立绘画、音乐、艺术教育系。周勤豪任校长。姜丹书在此校担任手工教师，至 1928 年 1 月宣告停办。该校的目标是培养艺术师资，前后共培养艺术师资八百余人。[③]

作诗《题〈哀莲儿图〉》《画〈蟠桃小鸡图〉，题颂周敬甫先生六十寿》《仿闵贞〈泼墨醉翁图〉即题》《题自刻雷峰塔砖砚》。

民国十五年（1926） 丙寅 42 岁

1926 年六月二十七日，江苏省教育会美术研究会举办日本全国小学校绘画成绩展览会，会后由余寄凡、姜丹书、腾固等演讲有关儿童教育及小学艺术科有关设施等问题，江苏省内各小学均派代表参加听讲。[④]

作诗《赤脚之游》《为闵生乃嘉题〈雁来红图〉》《溯浦行》《白云堆》。

民国十六年（1927） 丁卯 43 岁

上海艺苑研究所，是著名画家江小鹣、张石泳、张辰伯、王济远、朱屺瞻、潘玉良等人，于 1927 年发起成立的美术团体。主要会员有王师子、王一亭、吴湖帆、李秋君、李毅士、王远济、汪亚尘、狄平子、吕十千、俞寄凡、徐悲鸿、姜丹书、黄宾虹、张大千、郑午昌、潘天寿、蒋兆和、钱瘦铁、谢公展、颜文梁、张善孖、倪贻德、杨清磬等画坛名家。1934 年停止活动。[⑤]

"新中华教科书"开始出版，初以"新国民图书社"名义编印。高小用 41 种，初、高中用 55 种。姜丹书参与编辑。[⑥]

---

① 刘伟冬、黄惇：《上海美专研究专辑》，南京大学出版社 2010 年版。

② 史洋：《上海美专师资构成初探》，《新视觉艺术》2011 年第 2 期，第 17—20 页。

③ 黄可：《上海美术史札记》，上海人民美术出版社 2000 年版。

④ 朱铭、奚传绩：《设计艺术教育大事典》，山东教育出版社 2001 年版。

⑤ 许志浩：《中国美术期刊过眼录（1911—1949）》，上海书画出版社 1992 年版。

⑥ 中华书局编辑部：《中华书局百年大事记（1912—2011）》，中华书局 2012 年版。

1927 年十一月十五日,姜丹书的《名雕欣赏记》刊登于《申报·自由谈》。①

1927 年,姜丹书《现代中国艺术教育概观》刊登于《生命与生存》(学林第二辑)与汪亚尘合作。

作诗《题画〈时装女〉》《记女光公司理发徒假我毛头习剃》。

民国十七年(1928)　戊辰　44 岁

1928 年十二月七日和二十四日,分别有《沪书画家组织寒之友社》和《寒之友社成立》的报道。姜丹书参加"寒之友社"。②

1928 年十月十日,王济远、张辰伯、江小鹣、朱屺瞻、潘玉良等人发起组织综合性艺术团体"艺苑"又名"上海艺苑研究所",推举王济远主持。成员包括王师子、张辰伯、吴湖帆、朱屺瞻、潘玉良、王一亭、汪亚尘、狄平子、李秋君、李毅士、俞寄凡、徐悲鸿、姜丹书、黄宾虹、张聿光、张大千、郑午昌、潘天寿、蒋兆和、钱瘦铁、谢公展、颜文梁、张善孖、倪贻德、杨清磬等。③

1928 年五月在第一次全国教育会议上提案:萧友梅、吴溉亭与姜丹书共同提出《整理艺术课程案》。④

作诗《题〈残月乌栖图〉》。

民国十八年(1929)　己巳　45 岁

1929 年,唐云结识潘天寿、姜丹书、高野侯、丁辅之、吴莃之、来楚生等画家共同创立"莼社"书画雅集。⑤

《葱岭》1929 年四月一日创刊于上海,上海美术专门学校编辑发行,同年九月十日出版了第二期后停刊。刊名由黄宾虹题写。尺寸 25cm×17cm。

姜丹书《手的教育问题》刊登在葱岭第二期,第 34—40 页。⑥

1929 年秋,私立中国纺织染工业专科学校开幕,姜丹书作《棉花草虫图》为学校开创做纪念。

《杭州艺术专科学校周刊》创立于 1929 年十月,杭州国立艺术专科学校出版组编辑出版、发行。1931 年更名为《国立西湖艺术院周刊》。1932 年六月出版了第八十四期后停刊。本刊内容有论述和绘画两大类,主要作者有林风眠、林文

---

①　刘瑞宽:《中国美术的现代化:美术期刊与美展活动的分析(1911—1937)》,生活·读书·新知三联书店 2008 年版。

②　乔志强:《中国现代化绘画社团研究》,荣宝斋出版社 2009 年版。

③　张春记:《吴湖帆》,西泠印社出版社 2005 年版。

④　中华书局编辑部:《中华书局百年大事记(1912—2011)》,中华书局 2012 年版。

⑤　郑芳:《品读人文——中国山水画画家与作品》,河南文艺出版社 2006 年版。

⑥　姜书凯提供资料。

铮、孙行予、李朴园、姜丹书、雷圭元、金公复、齐白石、陶元庆、蔡威廉等。姜丹书在第十、十一、十二合刊期中刊登《学画心得数则》。

"美展"是 1929 年四月十日至五月十日在上海举办第一次全国美术展览会期间出版的一份会刊。同年五月七日出版了第十期后停刊。姜丹书在第十期中刊登了《中国建筑进化谈》。教育部全国美术展览会特辑号是 1929 年初在上海举办"教育部全国美术展览会"后出版的一本特刊,记录了展览会的情况。姜丹书刊登了《建筑史话随笔》。①

20 世纪 20 年代末,由石宗素、马孟容、马公愚、吴青霞、姜丹书发起"雨社"。②

作诗《题〈墨芍药〉》《茶花写生,题赠舒新城》。

民国十九年(1930) 庚午 46 岁

民国二十年间,由曾农髯、李梅庵之弟子组成"曾李同门会",会员皆一时俊彦,如:江一平、张善孖、马企周、蒋国榜、李仲乾、姜丹书、江万平、姚云江、江道樊、马宗霍、张大千、糜洁民等数十人。③

1930 年六月一日,《中国儿童时报》在绍兴诞生。创办人为田锡安先生。该报的宗旨,正如发刊词所说:"培养社会儿童与科学儿童相结合的新中国儿童"。国内著名书画家丰子恺、姜丹书、潘天寿等经常为报纸作画。④

作诗《题〈慧儿看龟图〉》《仿八大山人,题赠赵述庭》《题画〈迎客松〉》《自题〈丹枫红叶图卷〉并序》《追忆初见》《迎红日》《题画〈双山图〉》《忆艺术家张辰伯算命》《附录〈丹枫红叶图卷〉名人题咏》:萧屋泉,周伯澄,姜证禅,王卷藏,段绳伯,吕凤子,郑午昌,谢公展,张守彝,钟郁云,诸闻韵,经颐渊,柳亚子,徐病无,孙廛才,戴鹤皋,范耀雯,鲍廉澄,陈伯衡,邵裴子,黄宾虹,王松渠,蔡师愚,张通谟,顾鼎梅,尤墨君,王孚川,余越园,马叙伦,楼辛壶,郁达夫,俞彦文,袁思永,高野侯,柳贡禾,蒋苏庵,张婴公,姜慧禅,吴剑飞,林宰平,张冷僧,徐曙芩,张大千,潘天寿,吴青霞。

民国二十年(1931) 辛未 47 岁

中国画团体,于 1931 年成立于上海。⑤ 由郑午昌、孙雪泥、贺天健、李祖韩、

---

① 许志浩:《中国美术期刊过眼录(1911—1949)》,上海书画出版社 1992 年版。
② 孙慰祖:《中国印章——历史与艺术》,外文出版社 2010 年版。
③ 姜丹书:《姜丹书艺术教育杂著》,浙江教育出版社 1991 年版。
④ 苏迟:《儿童报纸的先行》,《杭州师范学院学报》1993 年第 5 期,第 119—119 页。
⑤ 乔志强:《中国近代绘画社团研究》,荣宝斋出版社 2009 年版。

陆丹林、谢公展等发起组织。常务监事王师子、田桓、姜丹书,监事商笙伯、张君谋,候补监事徐悲鸿、沈一斋。抗日战争胜利后,推举王师子、田恒、姜丹书为常务监事。画会曾举行书画展览、开班国画讲座、创刊《国画月刊》、出版《现代中国画集》等。1948 年底终止活动。①

曾李同门会,1931 年创立于上海。由画家曾农髯、李梅庵之弟子发起,集中西画家于一会,有江一平、张善孖、张大千、马企周、蒋国榜、李仲乾、姜丹书、江万平、姚云江、江道樊、马宗霍、糜洁民等数十人。宗旨为研究和实践中西绘画之结合,创造中国之新绘画。②

作诗《天目云海》《咏羌无》《题树王图》《次临安,同书梅儿谒钱武肃王陵》《上功臣山,瞻仰钱武肃王功臣塔》《画西溪图,题赠钱均夫》《画〈钓鱼台〉,题赠熊君》《画太湖图,题赠陈伯衡》《题天平山图》《作黄山图,题赠均夫》。

民国二十一年(1932)　壬申　48 岁

1932 年,潘天寿创立"白社"美术团体,20 世纪 30 年代初在江浙一带活动。姜丹书、诸乐三、朱屺瞻等人相继加入。③

作诗《题蠡湖图》《题苕溪图》《过西湖国术馆观教练技击,有感》《为裴子画扇即题》《双婴图》。

民国二十二年(1933)　癸酉　49 岁

1933 年任上海美专主办民国二十二年暑假艺术师范讲习会导师,教授工艺理论,透视学,用器画,西画理论。④

作《斗牛图》,于 1937 年淞沪战争中寄往上海途中遗失。

作诗《悼亡十首》《吴兴雅集》《题慈鸟孵窠图》《题莫干山雨景图》《题吴兴文庙前唐柏》《题枫石小景》《普陀游草》《题先从姊遗像》《题松鹰图勖某军人》《为友题竹石图》《画荷一蕊一叶题赠邱君》《诸闻韵为余题丹枫红叶图卷,因写山水图加题以报之》《癸酉农历九月初二日余四十九初度》《重游云栖》《咏大罗天》《癸酉秋,从杭州赴溧阳,视从第庭芬疾,在长途汽车中书所见》《二十二年十二月二十八日,杭江铁路全线通车,在金华举行落成典礼》《金华斗牛》《金华山色》《调经济博士马寅初在皮鞋窝里结婚》《夜访金华中学金玉相不遇,就宿其榻,闻鸡而行,

①　上海市人民政府参事室文史资料工作委员会:《上海地方史资料 5》,上海人民出版社 1986 年版。

②　黄可:《上海美术史札记》,上海人民美术出版社 2000 年版。

③　尹鼎为:《潘天寿绘画思想的形成与革新》,《团结报》2013 年 12 月 5 日第 7 版。

④　梵琳:《从开启民智到美育启蒙》,《东方早报》2012 年 11 月 19 日第 10 版。

书此代面》《报谢金华中学叶春台先生》《再寄春台父女》《哭从第庭芬》《游鄞东天童寺，见寺额榜书为先师清道人手迹，有感》《沪杭车上口占示同道潘天寿》。

民国二十三年（1934） 甲戌 50 岁

姜丹书、潘韫华、诸乐三、朱屺瞻等人被吸纳为白社成员。

1934 年十一月二十一日，中华艺术教育社在上海中学礼堂召开成立大会。该社宗旨为：普及艺术知识，发扬民族文化，提倡实用艺术。发起人是鄢克昌、马公愚、姜丹书、吴梦非、张辰伯、王远勃、俞寄凡、倪贻德等。①

1934 年起，姜丹书游览名山大川时，必邀潘天寿同行。姜丹书年届半百，潘天寿年轻一圈 38 岁，生肖都属鸡，两人合作画了《双鸡图》。

《一片婆心》国画作品参加"艺风社展览会"。"艺风社"1934 年在上海举办一次规模媲美全国美展的展览，广邀杭州国立艺专、南京中大艺术系、上海新华艺专、苏州美专、武昌美专，以及北平、天津、广东、厦门等地画家。②

作诗《题画赠吕汉云》《题秃树寒鸟图》《寒林晓烟图，题赠马寅初博士，戏嵌其名》《余杭董生辞绍兴教官归，写东湖泉石为赠》《唁江西鄢生悼亡》《题山水》《太湖西楚霸王庙》《红白芍药》《又题芍药图，赠陈露芗医师，戏嵌其名》《孤竹谣题画。画新篁二，小鸡二》《题山水》《东湖图》《黄山游草》《吊金生咨甫》《题山水赠戚生继棠》《咏夏游四明山趣事赠东道主黄生张生》《甲戌深秋，同邵裴子、徐曙芩、陈叔荸、潘天寿、王绍羲游宜兴善卷洞，赋示同游诸君，并寄治洞邑绅储铸农》《过芙蓉寺至庚桑洞》《登国山访吴封禅碑》《谒梁祝墓》《五十述怀》《吊周敬甫先生》《题秦淮歌女》。

民国二十四年（1935） 乙亥 51 岁

姜丹书与潘天寿合作《夜暗归云图》。

中国美术会成立于 1935 年，会址设在南京。1936 年一月创刊，南京中国美术会编辑委员会编辑兼发行。1937 年一月出版了第四期后停刊。十六开本。该会"以联络美术界感情、团结美术界力量，以谋求学术之切磋及发展中国美术事业为宗旨"，会员几乎包括了全国著名的书画家，是 20 世纪 30 年代内会员最多、影响最大的美术团体。著名书画家张道藩、陈之佛、王祺、李毅士、徐悲鸿、吴作人、朱屺瞻、刘开渠、姜丹书、蒋兆和、汪亚尘、潘玉良等人，都曾任该会理事。姜丹书作品曾入选该刊的卷首。

---

① 诸天觉、周飞强：《诸闻韵》，湖北美术出版社 2005 年版。
② 刘瑞宽：《中国美术的现代化：美术期刊与美展活动的分析（1911—1937）》，生活·读书·新知三联书店 2008 年版。

1935 年十二月，商务印书馆出版刘诚甫的《音乐词典》，这是中国第一本真正意义上的本土音乐工具书。校阅者有王世杰、李恩科、王海涵、刘质平、姜丹书、吴梅、丰子恺、汪亚尘等。[①]

作诗《乙亥中秋颂萧师屋泉七十寿》《哭丁生大烈》《谢王季欢赠范铜姜氏小元押》《庭园樱桃》《季欢旅京口，喜得一隽句，登报征续，余足成一绝，并本诗意作画，题赠》《追哭亡儿》《为陈伯衡画扇并题》《赵五娘田》《曹娥江边吊古》《过剡溪》《汽车过会墅岭》《天台纪游十三首》《雁荡纪游八首》《次韵答汪君赋黄岩大风雨灾情诗》《题画秋景二首》《夏历乙亥十一月初十日清晨，高卧丹枫红叶楼，左顾右盼，见日月对照奇象》《白石洞天怀古六首》《题画赠张君》《题画赠徐病无孝廉七十双寿》《题黄山图》《题白马湖图，因怀弘一上人》《闺情》。

民国二十五年（1936）　丙子　52 岁

民国二十四五年间，杭州书画社同道有"莼社"之组织，其首倡者，为上虞朱念慈……征名于姜丹书，姜乃以"莼社"命之。一则莼为西湖名菜，二则取吴道子中年行笔如莼菜条之义也，并无严格社章，只以志同道合相契合，每月雅集一次。[②]

民国二十四五年间，姜丹书《莼社》一文。[③]

1936 年九月，与其师萧俊贤及其他弟子举办画展。萧俊贤老年作品极为精粹，兹经同人敦劝，出其生平得意之作，附其儿子种祥，门弟子姜丹书、奚屠格、葛冰如、张孙孟禄、钟寿芝、孙徐脱古、施狆鹏作品，假西藏路宁波同乡会于九月十二、十三、十四日，展览三日。[④]

作诗《蔡竞平、张帼英夫妇筑室杭州，命名曰"平英阁"，画屏题贺》《袁君嘉礼写"莲"为贺》《春游吟草七首》《至崇德县石门湾，访丰生子恺，就宿其书斋缘缘堂》《子恺赠笆篮送别语儿溪头》《同刘虚舟及子久侄上崇德城阜》《题天柱峰图》《题画赠陈纯人》《咏施仁夫伉俪因缘胥江救命而缔婚，作画题赠》《画柿栗题赠友人》《次韵和尤墨君四十九述怀》《同长子书梅游四明山》《茶棚》《徐凫岩》《画江渚归棹图赠友，图中挂帆似与柳梢风向相左，有人举以指疵者，乃为补以题解嘲》《题柿鸟图》《题白颈乌鸦立木图》《（十月十九夜，侍七二老人萧师屋泉赴杭州寒柯堂主人余越园宴。醒后分呈同席俞彦文、袁无咎、阮性山、沈蔚文、孙俶仁暨高鱼

① 刘伟冬、黄惇：《上海美专研究专辑》，南京大学出版社 2010 年版。
② 乔志强：《中国近现代绘画社团研究》，荣宝斋出版社 2009 年版。
③ 姜丹书：《姜丹书艺术教育杂著》，浙江教育出版社 1991 年版。
④ 郎绍君：《萧俊贤与北京艺专国画系》，《美术研究》2013 年第 3 版，第 46—51 页。

占、野侯、绎求三昆仲,索和)《镜湖厅赴谦》《怀旧伤感》《宿江寺》《赠任莘畇医师》《赠任师母》《望病吟窘》《谢医护诸君》《红豆约指》《车中口占》《画猫》《为申石伽题莼社同人合作"岁朝图"二绝》《题汪王庙》。

民国二十六年(1937) 丁丑 53岁

1937年暑假,姜丹书在上海美专主办的"民国二十六年各省市初级中学劳作科教员暑假讲习会"讲习。①

1937年十一月十四日,新华艺术专科学校,校舍悉遭敌机炸毁,原校舍成为一片砾场。在坚守职位的教师中,有西画教师汪亚尘、荣君立、姜丹书、周碧初等。②

作诗《吊王孚川先生》《为浙江中等学校学生学术竞赛会画扇作奖品并题》《画并蒂莲贺吴生嘉礼》《赠孙一清》《板荡吟草》《初难》《河房俪语》《急避》《谒妻墓》《过乌石滩》《严江难民船上口占》《徙羊尾乡》《洋程冬夜赋感》《高楼下行吟》《天泉寺》。

民国二十七年(1938) 戊寅 54岁

1938年(民国二十七年十二月二十一日),姜丹书作《才子——艺术教育家——高僧——弘一大师(李叔同)传》。③

作诗《徙金华题画》《徙沪题画》《为丁辅之画扇》《为朱屺瞻补写梅花草堂图,并题五绝。草堂原在其刘河故居,时已被毁》《孙一清函告流寓四川万县一碗水桂元湾,地名颇趣,赋寄》《慨机械战》《黄疸病愈,为屺瞻补题画,仿"诗经"体四章,章八句》《题汪亚尘画金鱼,为其夫人荣君立四十初度纪念》《端午题画》《悼经颐渊》《写"嘉禾瑞柿"赠张挥孙孝廉》《与亚尘合作红树八哥图,题四言诗三章》《与亚尘、屺瞻合作松竹双鸟图,并题》《戊寅冬寄怀杭州宗文中学校长种郁云徙校于雁荡山》《再题黄山图》《又本前意题画赠都锦生》《题刘葵中画册》《三阅桃花扇书后》《戊寅除夕》。

民国二十八年(1939) 己卯 55岁

中华聋哑协会主办全国聋哑艺术展览,在上海中学举行,名家俞剑华、李健、谢公展、姜丹书、汪亚尘、陈秋草捐赠书画。④

1939年一月,在刘海粟、王远勃、王济远、倪贻德、姜丹书、王个簃、吴茀之等

---

① 谢海燕:《近现代中国艺术教育的前驱姜丹书》,《美苑》1991年第4期,第8—12页。

② 李超:《中国现代油画史》,上海书画出版社2007年版。

③ 姜丹书:《姜丹书艺术教育杂著》,浙江教育出版社1991年版。

④ 周积寅、耿剑:《俞剑华美术史论集》,东南大学出版社2009年版。

积极参与下,举办了"上海美专师生救济难童书画展览会",此展览捐画 421 幅,悉数售空,将所得款项赠送难童教养院。①

1939 年,姜丹书作《萧屋泉先生书画展览会序幕》《历代书画展之观感》《美术与工商业》文章。②

作诗《逸虎谣》《画柿栗图,题赠杭州董生》《题蔬果图》《敬题先师李梅庵先生手谕残卷》《代作王一亭挽联》《又自赠一联》《拟作新婚寡妇挽夫联》《题亚尘、屺瞻与唐侠尘、钱铸九合作"割烹图"》《又题怪象图》《又题蛇逐蛙图》《(蒋苏庵、冯亦慈夫妇昔以芦花菊蟹之缘成佳偶,姜丹书为图之,并点枫叶,加题二绝)》《题柳塘牧浴图》《题瓜棚纺织娘图》《题柳蝉图》《题草虫图》《题孤立小鸡图》《为王乔年、张兰凝夫妇画扇并题》《题牵牛花下悬蛛图》《题秋卉立石图》《调平英阁主》《寄裴子方岩》《第七子书楫生,男女行十二,戏答裴子见调,寄方岩》《寄质园永康》《五言排律十六韵,题画答汪生宗敏》(汪时长台州中学,为学校安全计,由临海海门迁仙居广度寺上课。招余,以道阻未能去)《严州吟寄祝包仲寅先生六十寿》《又画山水题赠仲寅》《海市秋潦,赤足至美术专科学校授课,书此自嘲》《吊百岁老人马相伯先生》《题胡亚光"美人图"》《己卯岁阑,蒋苏庵设消寒雅集,席上与柳贡禾、李仲乾联吟,苏庵首唱,予续尾声》《己卯除夕步和周止庵辘轳体四首》《己卯"岁朝图"》。

民国二十九年(1940)　庚辰　56 岁

1940 年,姜丹书作《现代中国艺术教育概观》。③

作诗《庚辰新春,怀洋程避难旧居停胡翁蕃卿、童君趾祥暨徐方土大嫂,以诗代札》《赠蔡重甫》《赠蔡成恩》《赠胡才甫》《题蔬果图》《哭周仲子》《越王石图,题赠马寅初》《又作越王石图,题赠绍兴周止庵》《题立石花卉》《题枇杷柳燕,嘲傀儡戏也》《题鱼笋图》《题玉兰、山茶、嫩枫图,皆杭州故园物》《题蔬鳖图,此鳖作被缚延颈宛转四脚挣扎状,盖伤时也》《再题红白芍药》《寄阿寿滇边》《次韵和王伯衡》《悼女弟子邓增绶》《戏赠丰生子恺五首,仿辘轳体,寄遵义》《邮递员素画,写鹊梅图赠之》《怀凤子寄四川璧山》《题鸡族图》《闺情图》《寄吴弗之滇边》《寄张生振铎滇边》《画杨梅树追忆经颐渊》《次婿蔡寔君偕吾女雅元避地铜梁题画寄之》《题斗雀嘉禾芙蓉图》《吊画家张善孖》《题柿蟹图》《追忆严州旧事呈孙廑才太史》《庚辰

　　①　上海大学美术学院:《上海大学美术学院 2006 美术学毕业作品集》,上海人民美术出版社 2006 年版。
　　②　姜丹书:《姜丹书艺术教育杂著》,浙江教育出版社 1991 年版。
　　③　姜丹书:《姜丹书艺术教育杂著》,浙江教育出版社 1991 年版。

秋寿廛才六十《哭谢公展》《题雁荡山图》《松江女弟子种梅娟赠鲈鱼九尾，先写生而后烹食。其美味，尤在肺肝《画西湖一角，寄赠钱子学森美洲》《庚辰岁除自题十二生肖图》。

民国三十年（1941） 辛巳 57 岁

1941 年二月二十三日，新加坡星华筹赈会主办在新加坡中华总商会举行的筹赈画展，展出郑午昌与刘海粟、王个簃、姜丹书、顾坤伯、吴茀之等人的二百件作品。

1941 年，作《柿子图》给钱化佛六十祝寿。①

1941 年，姜丹书作《美术与衣的工业》，《唐霞轩先生传》。②

作诗《题木笔花赠束君》《题画鱼》《题张薇垣寿星图》《题鸡母子图赠嫦居女弟子张兰凝，兼勖其二子王之同、之江》《初放暑假，自比牛鼻栓暂松，次韵答苏庵二首，因怀弘一上人》《怀裴子》《怀质园》《忆写严州山居避乱图》《题匹雏图》《再题鸡母子图》《吊印度诗哲泰戈尔氏三首》《八哥》《轧米叹》《夜雨》《追忆兰江观鱼》《哀杨氏母子》《寄裴子、质园》《戏答郁云二首索再和》《纪日食》《悼蔡师愚》《吊任莘畊医师患肝癌死》《赋答竞平远历西陲途中书寄昆明》《又作闺情图并题》《添画去年岁朝图并补题》《题清道人花卉长卷》。

民国三十一年（1942） 壬午 58 岁

1942 年（民国三十一年十月二十八日），姜丹书作《史蛰夫先生行略》。③

作诗《题刘葵中画鸡》《再题葵中红牡丹》《题猫捕鼠图》《三女凝琛遣嫁诗》《乡人吕君制售眼药，索画，以松月木兔图题赠》《柳鸭图赠支君》《为蒋生锡颐作催妆图》《画黄目黑猫，题赠眼医张圣徵，戏嵌其名》《过省立苏州女子师范沪校故址感赋四首》《画枫石题赠汪君》《题先姊割股疗姑图》《赠蒋苏庵》《蓬莱三岛图赠韩君》《黄山图赠朱君》《题江秉甫芦雁图》《连悼宋知方、陈纯人客死浙东，弘一大师示寂闽南》《寄竞平重庆》《题黄山图》《题画》《在反防空气氛中，黑夜归来，闻屠户杀鹅鸭声，感赋》《题画鱼篮酒瓮》。

民国三十二年（1943） 癸未 59 岁

作诗《八男书凯生，癸未阴历正月二十七日卯时，属羊》《题花鸟图赠黄君》《画玉兰花题赠吴士槐迁居，且嘉其子幼读敏异》《写松祝钱均夫六十寿》《题岁朝图》。

---

① 于建华：《南社名家书画鉴赏》，中国书店出版社 2012 年版。
② 姜丹书：《姜丹书艺术教育杂著》，浙江教育出版社 1991 年版。
③ 姜丹书：《姜丹书艺术教育杂著》，浙江教育出版社 1991 年版。

民国三十三年(1944)　甲申　60岁

作诗《题画贺重游泮宫》《春游龙华初试填词》《醉落魄》《题鲈鱼图赠许君》《题睡猫图》《题蒲团松上坐禅图赠陈东生》《题蓬莱三岛图》《代女弟子刘轶千画"二龟听经图,赠苏州某庵比丘尼"》《思佳客》《题六十自寿图》《为女弟子徐月波作六尺横幛题句》《题画》《宋甥静谷送年礼为写"缚鸡尊酒图"报之》《三馀图》《岁朝图》。

民国三十四年(1945)　乙酉　61岁

1945年五月,教育部决定国立艺专全体师生返回杭州原校址,委派姜丹书接收校舍。①

作诗《逃荒行》《哀德国》《偕妇赴宴湾里赵表兄家因游燕山》《黄梅雨后率群儿至南城观鱼》《梦登天》《彻夜闻蛙鼓》《再观渔》《活鳊鱼写生》《谒先师唐霞轩先生墓》《吊唐师故居》《题红蜻蜓停在莲花上》《游鱼》《题蔬果图》《悼徐木天最后避难急性心脏病死》《闻降》《哀日本》《诫好战》《望太平》《喜作义民还乡图并题》。

民国三十五年(1946)　丙戌　62岁

1946年三月二十五日成立上海美术协会,后改上海美术会,直属中华全国美术会。理事虞文、马公愚、郑午昌、施翀鹏、许士骐、郎静山、丁念先、徐蔚南、王进姗、吴青霞、刘狮、李诜森、严独鹤、汪声远、俞剑华、颜文梁、陆丹林、唐冠玉、张充仁、梁俊青、姜丹书、汪亚尘、孙雪泥、贺天健、王端等25人。每年举行年会,宣读论文,进行书画、篆刻、应用美术等展览。②

1946年,姜丹书作《劳作与教育》,《我与丰子恺》,《从头话丰子》。③

作诗《吊夏丏尊》《补袍》。

民国三十六年(1947)　丁亥　63岁

1947年,上海市美术馆筹备处,姜丹书任设计委员。④

经亨颐在上海创立"寒之友社",以道义相契结的研究金石书画的组织,姜丹书也在其中。⑤

1947年,姜丹书作《棉花草虫图》《请修订中学课程委员会不可摧残美术教育》《论海粟》《沪市儿童劳美展评判纪略和意见》《小花纸与大花纸——钞票与艺

① 李超:《中国现代油画史》,上海书画出版社2007年版。
② 上海通志编撰委员会:《上海通志8》,上海社会科学院出版社2005年版。
③ 姜丹书:《姜丹书艺术教育杂著》,浙江教育出版社1991年版。
④ 王建华:《近代名家书画藻鉴》,学林出版社2008年版。
⑤ 王建华:《近代名家书画藻鉴》,学林出版社2008年版。

术品的价值》《寒之友社记》《狄平子先生行略》《记凤先生》。[①]

1947 年，与潘天寿、来楚生、汪声远、谢海燕、施南池（施翀鹏）共同作《山水》（66cm×134cm），为施南池贺寿。[②]

作诗《天下一家》《燕子骂人歌》《吊王质园》《利用逃难中水渍纸就其水晕为云山图》《题蔬果图》《刺吝》《题画赠施剑翘》《题秋景参加出国展览》《蔬果图出国展览》《补题蒲艾图》。

民国三十七年(1948)　戊子　64 岁

1948 年，姜丹书作《对中国艺术前途之意见》，《人体与艺术》，《答陆丹林征求郁达夫文字书》，《朱稣典先生传》。[③]

1948 年一月，上海美术会第二届理事会会议选举产生理事。姜丹书被选为理事。

1948 年四月二十五日，姜丹书被选为上海中国画会监事。

1948 年四月二十八日，出席上海中国画会理监事举行的宣誓大会。监事商笙伯、田恒、姜丹书，监誓人泸海珊。其誓词谓"余敬宣誓，余当恪遵宪法及国家法令，忠勤服务、报效国家，决不营私舞弊，妄费公款，如违背誓言，愿受最严厉之处罚。此誓。誓后签名"[④]。

作诗《占春芳》《风光好》《题双鹊营巢图》《纪梦》《听痴人说梦有感》《俆美玉女士饰武生串演"白水滩"十一郎》《俆晶玉女士饰旦串演"武昭关"马昭仪》《题缚鸡酒尊图》《题胡亚光绘弘一大师遗像》《寿周伯澄六十》《寿张葆灵七十》。

民国三十八年(1949)　己丑　65 岁

姜丹书作《我对艺术儿童艺术的看法》一文刊登 1949 年四月十六日出版的《上海教育》，第一卷第一期，17 页。

作诗《题双猫图》《题画赠谢女士》《题山水》《题月桂图贺友银婚纪念》《写松枫图赠友》《己丑农历六月二十三夜上露台纳凉书感》《哭萧师厔泉》《题画牯牛沉塘歌》《画熊猫小姐图题赠溧阳眼科医生朱叔子》《狄沛霖砚兄七十，早抱女孙八，今获一男孙，喜而赋诗征和，次韵，却寄溧阳胥泊村》《画故乡仿佛图题赠沛霖》《三儿书枫在香港大学任教，为其医学院产科医师加拿大人澎艇夫人索画，即写山水海景一幅题赠》。

---

① 姜丹书：《姜丹书艺术教育杂著》，浙江教育出版社 1991 年版。

② 施国敦：《君子之交情犹在淡淡笔墨留后人》，《美术报》2013 年 1 月 26 日第 18 版。

③ 姜丹书：《姜丹书艺术教育杂著》，浙江教育出版社 1991 年版。

④ 陈杉杉、陈世强：《海上新美术先驱张聿光》，上海科学技术文献出版社 2013 年版。

中华人民共和国成立后改用公历。

1950 年　庚寅　66 岁

1950 年，姜丹书作《萧俊贤先生传》，《追忆大师》。①

作诗《题签名册子红棉图》《平韵满江红》《题画寿陈伯衡七十》《哀蓉娘》《六十五述怀》。

1951 年　辛卯　67 岁

作诗《为赵述庭画便面，忆写南海千步沙》《蔡铁青邮政退老，属画纪念册，为写雁阵过塞图》。

1952 年　壬辰　68 岁

作诗《悼郑生午昌》《偶感》《寿钱士青八十》《咏思想改造》《对月怀人》《黑小儿》。

1953 年　癸巳　69 岁

1953 年，姜丹书作《苏州甪直古塑考察记》，《倪云林墓考察纪略》，《弘一大师续传》。②

1953 年 7 月华东艺专第一学年结束之际，创研室成员纷纷总结半年多来的工作，其中介绍研究成果如下：1.姜丹书通知完成透视学图解十四幅，墨彩画两幅……③

作诗《颂农》《欢迎新疆教育参观团席上题》《与同人游宜兴丁蜀山观烧窑》《题柿鸟图》《悼陈效韩》《谒倪高士墓》《蔡竞平、张帼英老伉俪游无锡我俩作陪》。

1954 年　甲午　70 岁

作诗《八十翁钱士青以"机声灯影图"征求书画，纪念其节母百二十冥庆。为作一图，并题二绝》《甲午一月十日弘一大师纪念塔在西湖虎跑寺落成，赋感》《苏州太湖游草》《凤凰山行》《补题樱桃甲鱼图》《斥好战四首》《题牡丹》《悼吴剑飞七首》《祝谱弟诸少甫七十暨其太夫人九十上寿。时在无锡华东艺专，病足，赋寄苏州》《枕上》《七十述怀》。

1955 年　乙未　71 岁

作诗《血液银行》《菩萨蛮》。

1956 年　丙申　72 岁

1956 年，华东艺术专科学校庆祝姜先生七十诞辰和教龄五十年纪念并举行

① 姜丹书：《姜丹书艺术教育杂著》，浙江教育出版社 1991 年版。
② 姜丹书：《姜丹书艺术教育杂著》，浙江教育出版社 1991 年版。
③ 刘伟冬、黄惇：《山东大学艺术系、华东艺专研究专辑》，南京大学出版社 2012 年版。

其个人国画展览会。①

1956 年姜丹书国画作品《红到梢头甜到老》参加第二届全国国画展览会,由中华人民共和国文化部中国美术家协会主办。②

1956 年,姜丹书作《证实了剧艺上两个英雄的奇迹》《画柿说》;《画柿说》一文刊登于 1956 年 12 月第三期《东海》。③

作诗《赠汪铁崖七十》《清明日游常熟虞山》《谒言子墓》《谒仲雍墓》《王四酒家》《唐桂》《题武松墓》《追访刘九》《酬唁晓沧》《赠晓沧老婚》《重谒中山陵》《题南塘渔舍图》《题飞鹰图》《为潘生题鸲鹆图》。

1957 年　丁酉　73 岁

1957 年,姜丹书作《答复文化部征求关于充实设备上的意见——研究解剖学的人骨标本》《艺用解剖学三十八讲自序》,《我教艺用解剖学三十年经验的总结》《我国五十年来艺术教育史料之一页》《追怀谢公展、介子昆仲》《陈端友刻砚记》(并赠作寿序)。④

作诗《题桃李图》《题猫哺乳图曰"母爱"》《将告老,在无锡华东艺专楼窗中写景并题》《伴游吟》《梦乳》《哀猫六首》《吊齐白石》《丁酉夏,诣虎跑寺瞻礼弘一大师纪念塔,妻朱红君、媳杨用谦随叩》《观人造卫星》《重游雨花台同吴翼圻》《又重游莫愁湖》《重游南京清凉山同沈涛》。

1958 年　戊戌　74 岁

1958 年,姜丹书作《晚近美术家小传(共 287 人)》。

作诗《两家联袂游》《在沪观齐白石遗作展览会》《悼柳亚子》《自嘲为教师五十年今退休》《调寄"归去来"》《梁溪赠别沛公》《王云甫未通款,自闽寄赠自产红豆百粒索诗为酬》。

1959 年　己亥　75 岁

作诗《老老吟》《迁葬》《答吴溉亭》《为朱叔子题吕凤子绘赠佛像》《退休后作花果图题赠南京艺术学院》《吊沛霖》《步和却寄柳逸庐》《悼凤子》。

1960 年庚子　76 岁

作《中国画上的透视问题》一文刊登在 1960 年 1 月《美术通讯》(内部刊

---

① 刘伟冬、黄惇:《山东大学艺术系、华东艺专研究专辑》,南京大学出版社 2012 年版。
② 安树芬、彭诗琅:《中华教育通史(第 6 卷)》,京华出版社 2010 年版。
③ 姜书凯提供资料。
④ 姜丹书:《姜丹书艺术教育杂著》,浙江教育出版社 1991 年版。

物）。①

　　作《雷峰塔始末及倒出的文物琐记》，《浙江五十余年艺术教育史料》，《施存统的〈非孝〉文与浙江第一师范的反封建斗争》。②

　　作诗《吊林宰平先生并唁沈予修夫人》《悼王更三》《悼柳贡禾》。

1961 年　辛丑　77 岁

　　作诗《题蔡竞平自编年谱》《题莫干山朝霭图》《题胡韵秋女士"寿山福海图"长卷》《吊孙廛才太史》《辛丑四月二十二夜枕上口占》《题小鸡册页》《题蔬果图》《题菱藕莲芡图》《题水产食粮图》《题蔬果图赠浙江省政协》《又题赠山水一帧》《题黄山图》《观新安江水力发电站并游水库》《题西湖晚霞图》《题雷峰夕照图》。

1962 年　壬寅　78 岁

　　作《题张苍水先生墓暨其附墓》《祭文》。

　　1962 年 3 月，姜丹书作《两江优级师范学堂与学部复试毕业生案回忆录》。③

　　①　姜书凯提供资料。
　　②　姜丹书：《姜丹书艺术教育杂著》，浙江教育出版社 1991 年版。
　　③　姜丹书：《姜丹书艺术教育杂著》，浙江教育出版社 1991 年版。

附录四　作品目录

姜书凯先生出版的《姜丹书画集》入集作品①

序号	名称	尺寸(cm)	时间	其他	来源
1	《严陵钓台图》	不详	1916 年	不详	刊于《浙江省立第一师范学校校友会志》1916 年第9 期
2	《墨芍药》	72×20	1930 年暮春	已裱，无轴；印章：敬庐（朱）丹书画印（白）	家属藏
3	《天平秋色》	116.5×39.5	1932 年秋	印章：丹枫红叶室主（白）、丹书画印（白）	浙江博物馆藏
4	《海天荒漠》	102×41	1932 年暮秋	拓过，无轴；印章：敬庐（朱）、敬庐（朱）	家属藏
5	《黄山云瀑》	93×34	1934 年初夏	已裱，无轴；印章：敬庐（朱）、丹书（白）、白石第二（白）	家属藏
6	《斗牛图》	不详	1934 年	不详	《天津商报画刊》
7	《大龙湫》	137.5×44	1935 年夏	已裱，有轴；印章：丹书画印（白）	存美术馆
8	《黄山鸣弦泉》	111×41	1935 年春	已裱，无轴；印章：姜（朱，元押）、丹书（朱）	家属藏
9	《螺溪钓艇》	82×36	1935 年秋	已裱，无轴；印章：敬庐（朱）、姜丹书（白）、后姜白石（朱）	家属藏

---

① 姜丹书：《姜丹书画集》，浙江人民美术出版社 2013 年版。

续　表

序号	名称	尺寸(cm)	时间	其他	来源
10	《石梁观瀑》	150×40	1935年炎夏	已裱，有轴；印章：敬庐（朱）、丹书画印（白）、敬庐（朱）姜逢青家存	已拍卖
11	《双鸡图》（与潘天寿合作）	101×37	约1935年	已裱，有轴；印章：丹书（白）、赤石道人（朱）	家属藏
12	《桃源春晓》	81×36	约1935年	已裱，无轴；印章：赤石道人（朱）、姜丹书（白）	家属藏
13	《宛然白石对红妆》	71.5×27	约1935年	已裱，无轴；印章：金濑子（朱）、敬庐（朱）、丹书画印（白）、白石重生小红陪（朱）	家属藏
14	《乌鸦老树》	145×40.5	约1935年	已裱，平轴；印章：敬庐（朱）、丹书画印（白）、丹枫红叶室主（白）	家属藏
15	《五里阑干小憩图》	117×34.4	1935年夏	印章：敬庐（朱）、丹书画印（白）、后姜白石（朱）	浙江博物馆藏
16	《雁山橐驼峰》	82×36	1935年初秋	已裱，平轴；印章：丹书（朱）、丹枫红叶楼（朱）	家属藏
17	《夜暗归云图》（与潘天寿合作）	142×40	1935年新春	已裱，无轴；印章：姜（朱，元押）、阿寿（白）	家属藏
18	《红柿板栗图》	68×34.5	1938年冬	已裱，有轴；印章：敬庐（朱）、丹书（朱）	朱启明藏
19	《黄山图》	108×39.5	1938年冬	已裱，有轴；印章：敬庐（朱）、姜丹书（白）	存美术馆
20	《落照杨柳图》	100×40	1938年深秋	已拓；印章：丹书画印（白）	已拍卖
21	《喜鹊伉俪图》	81×41	1938年秋	印章：敬庐（朱）、丹书（朱）	已拍卖
22	《八哥枫树》（与唐云、汪亚尘合作）	109.5×42	1939年春	印章：唐云（白）、丹书画印（白）	存美术馆
23	《兵荒年熟》	98×33	1939年秋	印章：敬庐（朱）、姜丹书（白）	家属藏
24	《馋猫图》	66.5×33	1939年春	印章：敬庐（朱）、姜丹书（白）、后姜白石（朱）	已拍卖

序号	名称	尺寸(cm)	时间	其他	来源
25	《赤松黄石图》	106×34	约1939年	印章:敬庐(朱)、姜丹书(白)	康泉生藏
26	《斗鸡图》	66.5×33	1939年春	印章:敬庐(朱)、丹书画印(白)	已拍卖
27	《和平安乐图》	106×33.5	约1939年	印章:敬庐(朱)、姜丹书(白)	家属藏
28	《华顶观日图》	136.5×33.5	1939年	印章:敬庐(朱)、姜丹书(白)、后姜白石(朱)	存美术馆
29	《黄山混沌图》	112×34	1939年夏	已裱,有轴;印章:姜(朱,元押)、丹书(朱)	吴华龙藏
30	《江山磅礴》	101×33	1939年	平轴;印章:丹书(朱)	家属藏
31	《老僧打坐》	70×35	1939年	印章:姜(朱,元押)	存美术馆
32	《老少年》	74.5×34.5	1939年夏	印章:敬庐(朱),后姜白石(朱)	已拍卖
33	《临渊》	68×35	1939年春	印章:敬庐(朱),丹书画印(白)	存美术馆
34	《青蛙蜻蜓》	68×35	1939年春	印章:姜(朱,元押)	存美术馆
35	《秋朝喜蛛图》	105×33	约20世纪40年代	有轴;印章:姜丹书(白)	家属藏
36	《上山老鼠下山猫》	86×33.5	1939年夏	印章:丹书(朱),敬庐(朱)	家属藏
37	《双喜全红》	116×40	约1939年	印章:赤石翁(朱),敬庐(朱),姜丹书(白)	已拍卖
38	《小鸡独立图》	106×34	1939年夏	印章:丹书(朱),敬庐(朱),赤石翁(朱),敬庐(白),姜丹书(白),后姜白石(朱)	家属藏
39	《拜石图》	82×37	1940年	印章:敬庐(朱),姜丹书(白),滕红媲白斋(朱)	家属藏
40	《碧柳红舟》	106.5×33.5	1940年夏	印章:敬庐(朱),姜丹书(白)	家属藏
41	《繁荷》	81×39	1940年	有轴;印章:敬庐(朱),姜丹书(白)	家属藏

序号	名称	尺寸(cm)	时间	其他	来源
42	《仿倪文正公山水》	107×57	1940 年	印章：敬庐（朱），姜丹书（白），后姜白石（朱）	家属藏
43	《瓜瓞绵绵》	108×32.5	1940 年秋	印章：敬庐（朱），姜丹书（白）	已拍卖
44	《瓜蔬图》	67.5×33	1940 年	印章：敬庐（朱），姜丹书（白）	家属藏
45	《闺情》	107×33.5	1940 年夏	印章：敬庐（朱），姜丹书（白），媵红媲白斋（朱），知足居（朱），孙智敏印（朱）	家属藏
46	《红蕉绿石》	76×41	1940 年	印章：敬庐（朱），姜丹书（白），赤石翁（朱）	家属藏
47	《鸡冠翠鸟图》	104×40	1940 年夏	印章：敬庐（朱），姜丹书（白），媵红媲白斋（朱）	家属藏
48	《鸡族图》	119×41	1940 年	印章：敬庐（朱），姜丹书（白），媵红媲白斋（朱）	家属藏
49	《九如图》	76×36	1940 年冬	印章：敬庐（朱），姜丹书（白），丹枫红叶楼主（白）	家属藏
50	《酸甜苦辣》	106×33.5	1940 年	印章：赤石翁（朱），敬庐（朱），姜丹书（白）	家属藏
51	《安乐菜》	72×34	1941 年春	印章：敬庐（朱），丹书（朱）	家属藏
52	《闺情图》（与郑午昌合作）	95×33.5	1941 年秋	印章：敬庐（朱），姜丹书（白），赤石翁（朱），后姜白石（白），午昌（朱），郑昶（白），知足居（朱），孙（白），崖才（半白半朱）	家属藏
53	《荷花莲藕》	108×34.5	1941 年	印章：敬庐（朱），丹枫红叶楼主（白）	存美术馆
54	《阖家生肖全图》（楷书、甲骨文）	148×68	1941 年春	印章：临川李氏（朱），健（朱），敬庐（朱），姜丹书（白），人海藏身（白），孙智敏印（白），知足居（白），萧俊贤（白），铁夫（朱），净念（白）	家属藏

序号	名称	尺寸(cm)	时间	其他	来源
55	《水国安乐图》	71×34	1941年冬	印章:敬庐(朱),丹枫红叶楼主(白)	家属藏
56	《松荫鸲鹆》	85×33	1941年	印章:敬庐(朱),姜丹书(白)	家属藏
57	《西湖卧游图》	33.5×63	1941年春	印章:丹书(朱)	已拍卖
58	《鹦哥佳藕》(与唐云合作)	71.5×34	1941年	印章:姜丹书(白),媵红媲白斋(朱),唐(虎字形印)	家属藏
59	《鹦鹉枇杷图》(与汪亚尘合作)	77×34	1941年春	印章:敬庐(朱),云隐楼主(朱)	家属藏
60	《鱼》	82×38.5	1941年春	有轴;印章:敬庐(朱),姜丹书(白),后姜白石(白)	家属藏
61	《针神图》(与唐云合作)	71×33	1941年春	印章:敬庐(朱),姜丹书(白),后姜白石(白)	家属藏
62	《兰竹图》(与朱屺瞻合作)	98×35	约20世纪40年代	印章:敬庐(朱),丹枫红叶楼主(白),朱屺瞻(白)	已拍卖
63	《故园春意闹》	105×34.5	1942年春	印章:姜氏丹书(白),丹枫红叶楼主(白)	存美术馆
64	《红柿》	71.5×34	1942年春	印章:丹书画印(白)	已拍卖
65	《三立图》	104.5×34	1942年春	印章:敬庐(朱),姜丹书(白)	已拍卖
66	《松清石寿》	104.5×34	1942年春	印章:敬庐(白),姜丹书(白)	存美术馆
67	《瑶池鹤饮图》	114×40	1942年春	印章:赤石翁(朱),敬庐(朱),丹枫红叶楼主(白)	家属藏
68	《元旦书红图》	99×34.5	1942年春	拓过,印章:赤石翁(朱),丹书画印(白)	家属藏
69	《柱石图》	68.5×41	1942年春	印章:赤石翁(朱),丹书画印(白)	存美术馆

序号	名称	尺寸(cm)	时间	其他	来源
70	《瓜瓞绵绵图》	102×34	约 1943 年	印章:姜氏丹书(白),敬庐(朱),后姜白石(白)	家属藏
71	《杞菊》	110×34	1943 年秋	印章:敬庐(朱),丹书画记(白),丹枫红叶楼主(白)	家属藏
72	《白眼鱼图》	74×42	1944 年	印章:敬庐(白),姜丹书(白),丹枫红叶楼主(白)	家属藏
73	《春风桃李图》	100×35	1944 年春	印章:丹书画印(白),丹枫红叶楼主(白)	家属藏
74	《姜赤石六十自寿图》	132.2×67.5	1944 年夏	有 轴;印章:赤石翁(朱)、姜氏丹书(白)、敬庐(朱)、末代举人六十后作(白)	家属藏
75	《蓼》	70×34	约 1944 年	印章:姜丹书(白)	存美术馆
76	《蜀葵》	108.5×34.5	1944 年	印章:赤石翁(朱),敬庐(朱),姜丹书(白),腠红媲白斋(朱)	家属藏
77	《闲坐山水图》	98×33	1944 年春	印章:姜氏丹书(白)	家属藏
78	《小鸡芍药》(与唐云合作)	99.5×35	约 1944 年	印章:敬庐(朱),姜丹书(白),唐云(白)	存美术馆
79	《抚松长啸图》	105×35.5	1945 年春	已 拓;印章:赤石翁(朱),丹书画印(白)	家属藏
80	《花甲书红》	99×33	1945 年春	印章:敬庐(朱),姜丹书(白),丹枫红叶楼主(白)	家属藏
81	《黄海云涛图》	70.5×40	1945 年	印章:赤石翁(朱),丹书画印(白)	已拍卖
82	《山水》(仿马遥父笔)	70×40	约 1945 年	印章:姜氏丹书(白)	家属藏
83	《山水》(仿石田老人)	70.5×40.5	1945 年春	印章:姜氏丹书(白),丹枫红叶楼主(白)	家属藏
84	《山水》(此亦梅华道人法也)	70.5×39.5	约 1945 年	印章:赤石翁(朱),姜氏丹书(白)	家属藏
85	《司晨》	92×47	约 1945 年	印章:丹书画印(白),丹枫红叶楼主(白)	家属藏

续 表

序号	名称	尺寸(cm)	时间	其他	来源
86	《桐窗高咏图》	70×40.5	约1945年	印章:姜氏丹书(白)	家属藏
87	《樱花》	97.5×33	1945年	印章:敬庐(朱)、姜丹书(白)、丹枫红叶楼主(白)	家属藏
88	《得胜还乡图》	82×36	1946年夏	有轴;印章:敬庐(白)、姜氏丹书(白)	家属藏
89	《劫后残春图》	96×34.5	1947年春	印章:姜氏丹书(白),敬庐(朱)	存美术馆
90	《蔬果图》	38.5×129.5	1947年秋	印章:敬庐(朱),姜丹书(白),龙凤居士(朱)	已拍卖
91	《双喜上眉梢》	98.5×34.5	1946年春	印章:姜氏丹书(白),丹枫红叶楼主(白)	家属藏
92	《天下一家》	135×68	1947年	印章:敬庐(朱),姜丹书(白),丹枫红叶楼主(白)	家属藏
93	《其鸣喈喈》	94×35	1948年秋	印章:姜丹书(白),敬庐(朱)	存美术馆
94	《神仙之交》	104×34	1948年春	印章:丹书画印(白)	存美术馆
95	《韩夫人》	82×34	1949年	有轴;印章:敬庐(白),姜丹书(白),丹枫红叶楼主(白)	家属藏
96	《猫侣》	95×41	1949年春	印章:赤石翁(朱),姜丹书(白),丹枫红叶楼主(白)	家属藏
97	《山水》(云无心以出岫)	82×44.5	1949年春	有轴;印章:赤石翁(朱)、敬庐(白)、丹书画记(白)	家属藏
98	《八百遐龄》	106.5×34.5	约20世纪40年代	印章:丹书画印(白),红叶良媒(白)	存美术馆
99	《春江水暖》(与汪亚尘合作)	71×34	约20世纪40年代	印章:赤石翁(朱),丹枫红叶楼主(白),汪亚尘书画记(朱)	已拍卖
100	《慈猿图》	66×33.5	约20世纪40年代	印章:姜丹书(白),赤石翁(朱)	家属藏
101	《翠盖红荷》(潘公恺补款识)	68×34	约20世纪40年代	印章:赤石翁(朱),潘公恺(朱)	家属藏

续　表

序号	名称	尺寸(cm)	时间	其他	来源
102	《反哺之鸟》	104.5×40.5	约20世纪40年代	印章:敬庐(朱),姜丹书(白),媵红媲白斋(朱)	家属藏
103	《枫树翠禽》	104×24	约20世纪40年代	印章:丹书画印(白)	存美术馆
104	《芙蓉》(潘公恺补款识)	69.5×39	约20世纪40年代	印章:丹枫红叶楼主(白),潘公恺(朱)	家属藏
105	《红梅双栖图》	102×20.5	约20世纪40年代	印章:姜氏丹书(白),敬庐(朱),媵红媲白斋(朱)	家属藏
106	《红柿丹枫图》(潘公恺补款识)	69×40	约20世纪40年代	印章:姜(朱,元押),潘公恺(朱)	家属藏
107	《李白行吟图》	63×39	约20世纪40年代	有轴;印章:丹书画印(白)、后姜白石(白)	家属藏
108	《牡丹翠鸟图》	105×34	约20世纪40年代	已拓;印章:赤石翁(朱),丹书画印(白)	家属藏
109	《南极老人》	70.5×38.5	约20世纪40年代	印章:赤石翁(朱),丹书画印(白),丹枫红叶楼主(白)	已拍卖
110	《秋林横雁图》	70×40	约20世纪40年代	印章:姜氏丹书(白),丹枫红叶楼主(白)	已拍卖
111	《求友之声》	102×34	约20世纪40年代	印章:敬庐(朱),姜丹书(白)	存美术馆
112	《雀角图》	106×33.5	约20世纪40年代	印章:敬庐(朱),姜丹书(白)	已拍卖
113	《微闻芳泽》	104×33	约20世纪40年代	印章:敬庐(朱),姜丹书(白)	家属藏
114	《山雨欲来风满楼图》	59×35	约20世纪40年代	拓过;印章:姜丹书(白)	已拍卖
115	《松鹤图》	101.5×35	约20世纪40年代	印章:敬庐(朱),丹枫红叶楼主(白)	已拍卖
116	《松鹰图》	102×39	约20世纪40年代	印章:丹书画印(白)	家属藏
117	《岁朝图》	98×33.5	约20世纪40年代	印章:敬庐(朱),姜丹书(白)	家属藏

续　表

序号	名称	尺寸(cm)	时间	其他	来源
118	《五德镇五毒》	105×40	约20世纪40年代	印章:丹书画印(白)	家属藏
119	《艳秋》	103.5×34.5	约20世纪40年代	印章:敬庐(朱),丹枫红叶楼主(白)	已拍卖
120	《水涯营生》	72×34	约20世纪40年代	已拓;印章:赤石翁(朱),姜氏丹书(白),丹枫红叶楼主(白)	家属藏
121	《渔》	85×32.5	约20世纪40年代	印章:敬庐(朱),姜丹书(白)	家属藏
122	《瓜果图》	35.5×99	约20世纪40年代	印章:敬庐(朱),姜丹书(白)	已拍卖
123	《颂农》	98×44	1953年夏	印章:姜丹书(白),敬庐(朱),丹枫红叶楼主(白)	家属藏
124	《红柿双雀图》	98×33.5	1954年	印章:敬庐(朱),丹书画记(白),红叶良媒(白)	家属藏
125	《倪高士松楸图》	114×34	1954年春	印章:赤石翁(朱),敬庐(朱),姜丹书(白)	家属藏
126	《红到梢头甜到老》	69×36	1955年秋	印章:敬庐(朱),姜丹书(白)	家属藏
127	《满园蔬果》	99×50	1955年夏	平轴;印章:敬庐(朱)、姜丹书(白)	家属藏
128	《红柿》	68×33	1956年	印章:敬庐(朱),姜丹书(白),赤石翁(朱)	家属藏
128	《红柿图》	73.5×38	1956年	印章:敬庐(朱),姜丹书(白),丹枫红叶楼主(白)	存美术馆
130	《红柿子》	68×34	1956年	印章:敬庐(朱)、姜丹书(白)、丹枫红叶楼主(白)	家属藏
131	《荷萍图》	104×39	1957年	印章:丹书画印(白)	已拍卖
132	《红到梢头甜到老》	70×35	1957年	印章:敬庐(朱),姜丹书(白)	家属藏
133	《甜酸苦辣图》	108×37.5	1957年	印章:丹书画印(白)	家属藏
134	《赤壁图》	101×33	约20世纪50年代	印章:丹书(朱)	存美术馆

序号	名称	尺寸(cm)	时间	其他	来源
135	《旭日东升天下明》	82×42	约1958年	印章：敬庐（朱），姜丹书（白），丹枫红叶楼主（白）	存美术馆
136	《暗香疏影》	98.5×35	约20世纪50年代	印章：敬庐（朱），姜丹书（白）	存美术馆
137	《红到梢头甜到老》	71.5×33.5	约20世纪50年代	印章：敬庐（朱），姜丹书（白）	周华藏
138	《红柿祝寿图》	70.2×34.2	1960年	印章：敬庐（朱），姜丹书（白）	浙江省博物馆藏
139	《江山壮丽图》	69×46	1960年	印章：赤石翁（朱），敬庐（白），姜氏丹书（白）	南京艺术学院藏
140	《雷峰夕照图》	34×103	1961年秋	印章：赤石翁（朱），敬庐（朱），姜丹书（白），丹枫红叶楼主（白）	家属藏
141	《水产嘉粮》	76×33	1961年夏	已裱；印章：敬庐（朱）、姜丹书（白）	家属藏
142	《新安江水电站图景》	104×40	1961年秋	印章：敬庐（朱），姜丹书（白）	家属藏
143	《红柿嘉礼图》	77.8×33.8	1962年春	印章：敬庐（朱），姜丹书（白），丹枫红叶楼主（白）	家属藏
144	《留霞》	101.5×33	1962年春	印章：姜氏丹书（白），敬庐（白），姜丹书（白）	存美术馆
145	《西天目狮子口》	25×34.5	约1931年	印章：丹书（朱）	家属藏
146	《八哥红枫》	24×34	约1941年	已拓；印章：姜氏丹书（白）	家属藏
147	《雪窦寺前》	38.5×30	1934年夏	印章：丹书（朱）	家属藏
148	《隐潭》	39×29	1934年夏	印章：丹书（朱），敬庐（朱），后姜白石（朱）	家属藏
149	《白云漫山岭》	34×24	约1941年	已拓；印章：姜丹书（白）	已拍卖
150	《空山桃杏图》	34×24	约1941年	已拓；印章：丹书（朱）	已拍卖
151	《落花流水》	24×34	约1941年	已拓；印章：敬庐（朱）、丹书（朱）	家属藏
152	《嘤嘤求友》	24×34	约1941年	已拓；印章：姜丹书（白）	家属藏
153	《牡丹》	33.5×29	1961年夏	印章：姜氏丹书（白）	家属藏

序号	名称	尺寸(cm)	时间	其他	来源
154	《竹石立禽图》	34×27	约20世纪40年代	印章：丹书（朱），寿（白），寿氏崇德鉴藏之印（朱）	寿崇德藏
155	《清凉》	26.5×34	约1942年	印章：姜（朱，元押），丹书（朱）	家属藏
156	《丹枫碧石图》	27.5×34	约20世纪40年代	印章：丹书（朱）	王佑贵藏
157	《桃花鳜鱼》	34×24	约1941年	已拓；印章：丹书（朱）、敬庐（白）	家属藏
158	《月下静钓图》	34×26.5	约20世纪40年代	印章：姜氏丹书（白）	家属藏
159	《今日之灵岩》（《苏州太湖写生画册》之一）	21.5×29.5	1954年夏	印章：敬庐（白），姜丹书（白）	家属藏
160	《穹窿山》（《苏州太湖写生画册》之二）	21.5×29.5	1954年夏	印章：姜丹书（白）	家属藏
161	《黄山云海图》	28×34	1961年秋	印章：敬庐（白），姜丹书（白），丹书画印（白）	新安江水电站藏
162	《题黄山图》（书法）	28×34	1961年秋	印章：后姜白石（白），敬庐（白），姜丹书（白）	新安江水电站藏
163	《观新安江水力发电站并游水库》（书法）	28×34	1961年秋	印章：赤石翁（朱），敬庐（朱），姜丹书（白）	新安江水电站藏
164	《新安江水库图》	28×34	1961年秋	印章：姜丹书（白），赤石翁（朱）	新安江水电站藏
165	《万笏朝天图》	111×46	1931年秋	印章：金濑子（朱），姜（朱，元押），白石第二（白）	家属藏
166	《飞鸿》	81×39	1938年冬	平轴；印章：敬庐（朱），丹书画印（白）	家属藏
167	《鹭》	82×42	1938年冬	印章：敬庐（朱），姜丹书（白）	家属藏
168	《荷塘蛙戏图》	67×33	约1938年	印章：敬庐（朱），姜丹书（白）	家属藏

续　表

序号	名称	尺寸(cm)	时间	其他	来源
169	《鸡伉俪》	66.5×33	1939年春	已裱,有轴;印章:赤石翁(朱),敬庐(朱),姜丹书(白)	已拍卖
170	《伉俪自由图》	107×34	1939年夏	印章:丹书(朱),赤石翁(朱),敬庐(朱)	家属藏
171	《猫老爷》	69.5×33	1939年春	平轴;印章:敬庐(朱),姜丹书(白),后姜白石(朱)	家属藏
172	《柳下牧浴》	105×34	1939年	有轴;印章:敬庐(朱)	家属藏
173	《秋朝喜蛛》	68×32.5	1939年	印章:赤石翁(朱),敬庐(朱),后姜白石(朱)	家属藏
174	《双喜唱和》	102×33.5	1939年夏	印章:敬庐(朱),姜丹书(白),后姜白石(朱)	已拍卖
175	《雏鸡图》	107.5×34.5	1941年	印章:姜(朱,元押),姜丹书(白)	家属藏
176	《鸡族图》	121.5×40	1940年秋	印章:丹书画印(白)	家属藏
177	《母德》	69×39.5	约1941年	印章:敬庐(朱),姜丹书(白),媵红媲白斋(朱)	家属藏
178	《霜天群鸦图》	103.5×34	1941年冬	印章:赤石翁(朱),敬庐(朱),丹枫红叶楼主(白)	家属藏
179	《荷花水禽图》	70×35	1942年春	印章:敬庐(朱),丹枫红叶楼主(白)	家属藏
180	《孵巢》	99×34	1942年春	已拓;印章:丹书画印(白),丹枫红叶楼主(白)	家属藏
181	《莲池水禽图》	103×33.5	1942年春	印章:赤石翁(朱),敬庐(朱),丹枫红叶楼主(白)	家属藏
182	《鹦鹉与麻雀》	100×35	1942年秋	拓过;印章:敬庐(朱),姜丹书(白),敬庐(白)	家属藏
183	《猫蝶芍药》	97×33.5	约1943年	已裱,有轴;印章:敬庐(朱),丹书氏(朱)	家属藏

续　表

序号	名称	尺寸(cm)	时间	其他	来源
184	《垂柳》	99.5×35	1944年春	印章：赤石翁(朱)，姜氏丹书(白)，丹枫红叶楼主(白)	家属藏
185	《贺岁图》	110×69	1945年春	印章：丹书画印(白)	家属藏
186	《猫》	69×40	1944年春	印章：赤石翁(朱)，丹书画印(白)	家属藏
187	《月夜水禽图》	98.5×41	约1945年	印章：丹书画印(白)，丹枫红叶楼主(白)	家属藏
188	《祝寿图》(与潘天寿、汪声远、谢海燕、来楚生等合作)	134×66	1947年冬	印章：声远(朱)，海燕(白)，潘天寿印(白)，姜丹书(白)，艺海堂(白)	吴金树藏
189	《倪高士松楸图》	83×50	1953年秋	拓过，印章：敬庐(朱)，姜丹书(白)	已拍卖
190	《母爱》	103×45	1957年	印章：敬庐(朱)，姜丹书(白)，丹枫红叶楼主(白)	家属藏
191	《红到梢头甜到老》	68×35	1961年秋	印章：敬庐(朱)，姜丹书(白)，丹枫红叶楼主(白)	存美术馆
192	《红柿丹枫》	68.2×33.7	1961年秋	印章：敬庐(朱)，姜丹书(白)，后姜白石(白)	浙江省博物馆藏
193	《红蓼黄菊》	68.5×35.5	约20世纪40年代	印章：潘公恺(朱)，丹枫红叶楼主(白)	家属藏
194	《群仙会祝太平年》	97.5×33.5	约20世纪40年代	印章：敬庐(朱)，姜丹书(白)，縢红媲白斋(朱)	家属藏
195	《山花》	69.5×37	约20世纪40年代	印章：丹书画印(白)	龚晓岚藏
196	《石榴》	67×34	约20世纪40年代	印章：丹书画记(白)，丹枫红叶楼主(白)	已拍卖
197	《双蝶图》	104×34	约20世纪40年代	印章：敬庐(朱)，丹枫红叶楼主(白)	家属藏
198	《石羊图》	85×33	约20世纪40年代	印章：赤石翁(朱)，敬庐(朱)，姜丹书(白)	家属藏

序号	名称	尺寸(cm)	时间	其他	来源
199	《雄鸡一唱天下明》	108×47	约20世纪40年代	印章:丹书画印(白),縢红媲白斋(朱)	家属藏
200	《一决雌雄》	105.5×40.5	约20世纪40年代	印章:敬庐(朱),姜丹书(白),丹枫红叶楼主(白)	已拍卖
201	《荷花》	81.5×33.5	约20世纪50年代	印章:姜丹书(白)	已拍卖
202	《荷花蜻蜓》	78×40.5	约20世纪50年代	印章:姜丹书(白)	存美术馆
203	《闹红一舸记当年》	96×35	约20世纪50年代	印章:丹书画印(白)	存美术馆
204	《群芳绕石丈》	68.5×33.5	约20世纪50年代	印章:丹书(朱),敬庐(白)	家属藏

附录五①

未入画集作品（根据姜书凯提供资料）

序号	名称	尺寸(cm)	时间	其他	来源
1	《芙蓉》	105×34	不详	印章：姜丹书（白），丹枫红叶楼主（白）	存美术馆
2	《红到梢头甜到老》	103×35	1939年夏	印章：敬庐（朱），姜丹书（白）	存美术馆
3	《红到梢头甜到老》	102×35	约20世纪40年代	印章：丹书画印（白），滕红媲白斋（朱）	存美术馆

立轴（镜片）、横披

序号	名称	尺寸(cm)	时间	其他	来源
1	《溪山流水图》	68×35	1926年夏	印章：丹书（朱），？（不清）	上海鸿海商品拍卖有限公司2011年春季艺术品拍卖会
2	《溪山深居图》	69×24	约1926年夏	印章：丹书（朱），？（不清），？（不清）	上海嘉禾拍卖有限公司2013年大众鉴藏拍卖会
3	《君子多福》（存疑）	100×43	约1926年	印章：波罗蜜多室主（朱）	上海工美拍卖有限公司2004年春季艺术品拍卖会
4	《磐石永安》	90×29	1934年夏	印章：敬庐（朱），丹书画印（白）	上海大众拍卖有限公司2005年夏季艺术品拍卖会

---

① 姜书凯提供资料。

序号	名称	尺寸(cm)	时间	其他	来源
5	《黄山天门坎》	130×33	1935 年春	印章：姜（朱，元押），丹书（朱），赤石道人（白）	家属藏
6	《君子之花》	128×33	1935 年夏	印章：？（不清），姜丹书印（白），后姜白石（朱）	浙江浩瀚国际拍卖有限公司 2006 年夏季书画艺术品拍卖会
7	《杭州城隍山》	35×141	1937 年	印章：？（不清），？（不清），心清闻妙香（白）	广州市银通拍卖行有限公司 2010 年夏季拍卖会
8	《红叶仕女图》（与郑午昌、吴青霞合作）	118×41	1938 年秋	印章：午昌（朱），郑昶，武进吴青霞印，赤石翁（朱），姜丹书（白）	中国嘉德国际拍卖有限公司嘉德四季第二十五期拍卖会
9	《乌鸦老树图》	79×39.5	1938 年秋	印章：敬庐（朱），姜丹书（白）	家属藏
10	《黄山图》	133.3×33	1938 年冬	印章：丹书（朱），敬庐（朱）	上海涵古轩拍卖有限公司 2011 秋季艺术品拍卖会
11	《红叶赤松图》	68×34	1939 年春	印章：敬庐（朱），姜丹书（白）	河南原田拍卖有限公司 2009 年首届金秋大型艺术精品拍卖会
12	《缚鸡图》（不胜待命）	68×35	1939 年夏	印章：敬庐（朱），姜丹书（白）	家属藏
13	《鸡冠》	68.5×35.5	1939 年夏	印章：赤石翁（朱），丹书画印（白）	家属藏
14	《花伴奇石》	69×34.5	1939 年秋	印章：赤石翁（朱），敬庐（朱）	家属藏
15	《岁朝图》（纸上富贵）	105×35	1940 年春	印章：赤石翁（朱），姜（朱，元押），姜丹书（白），汪亚尘印（白），云隐楼（朱）	家属藏
16	《鸢飞鱼跃图》	146×34	1940 年夏	印章：赤石翁（朱），敬庐（朱），姜丹书（白）	家属藏

序号	名称	尺寸(cm)	时间	其他	来源
17	《菊酒熟蟹》	102×33	1940 年秋	印章:赤石翁(朱),敬庐(朱),姜丹书(白)	上海信仁拍卖有限公司 2006 年春季艺术品拍卖会
18	《红梅图》	不详	约 1941 年	印章:姜氏丹书(白),后姜白石(白)	百度百科网
19	《西湖一角》(赠美洲钱学森)	36×70	1941 年春	印章:敬庐(朱),姜丹书(白),赤石翁(朱)	上海交通大学钱学森图书馆藏
20	《岁朝图》(与唐云、来楚生、刘葵中合作)	136×69	1941 年春	印章:唐(朱),楚生之玺(朱),刘葵中作画(白),姜丹书(白)	西泠印社拍卖有限公司 2012 年秋季拍卖会
21	《渔洋诗意》(与郑午昌合作)	76×34	1941 年	印章:郑昶之印(白),丹书画印(白)	家属藏
22	《岁朝图》(与汪亚尘、唐云、汪庸合作)	103×34	1942 年春	印章:姜氏丹书(白),敬庐(朱),汪(朱),?(朱)	家属藏
23	《红荷图》	69×26	1942 年春	印章:姜丹书(白)	纪立新藏
24	《玉兰山茶》	105×34	1942 年春	印章:丹书画印(白),滕红媲白斋(朱)	家属藏
25	《卵翼恩深图》(卵翼恩深岂可忘)	69×36	1942 年春	印章:丹书画印(白)	家属藏
26	《红到梢头甜到老》	98×33	1942 年春	印章:丹书画印(白),滕红媲白斋(朱)	浙江骏成拍卖有限公司 2010 年夏季大型艺术品拍卖会
27	《睡猫图》(余流寓蜗居中有"三多")	69×39	1942 年夏	印章:敬庐(朱),姜丹书(白),丹枫红叶楼主(白)	家属藏
28	《山水》(存疑)	102×45	1942 年	印章:?(不清)	上海崇源艺术品拍卖有限公司 2004 年迎春书画拍卖会
29	《红柿》	不详	1943 年春	印章:姜氏丹书(白),敬庐(朱)	百度百科网

序号	名称	尺寸(cm)	时间	其他	来源
30	《瓜瓞绵绵图》	93×33	约1943年	印章:姜氏丹书(白),赤石翁(朱)	济南弘轩2015年春季艺术品拍卖会
31	《钱王松》(赠钱均夫六十寿)	101×35	1943年秋	印章:敬庐(朱),丹书画记(白)	杭州钱学森故居藏
32	《岁朝图》	85×33	1944年春	印章:丹书画印(白)	上海博古斋拍卖有限公司2015年春季大型艺术品拍卖会
33	《幽兰》	73.5×42	1944年	印章:赤石翁(朱),敬庐(朱),姜丹书(白)	家属藏
34	《黄山云海》	100×34	1945年春	印章:姜氏丹书(白),敬庐(朱)	浙江皓翰国际拍卖有限公司2005年夏季书画艺术品大型拍卖会
35	《柿柿如意》	97×23	1945年春	印章:姜氏丹书(白),敬庐(朱),媵红媲白斋(朱)	浙江长乐拍卖有限公司2003年中国杭州西湖博览会浙江佳宝秋季艺术品拍卖会
36	《竹石图》(与朱屺瞻合作)	99.3×35.5	1945年	印章:赤石翁(朱),敬庐(朱),朱屺瞻(白)	家属藏
37	《黄山观云图》	66×32	1947年	? 疑为姜丹书(白)	上海朵云轩拍卖有限公司第44届艺术品拍卖交易会
38	《红柿图》	不详	1947年(?)	印章:? (不清),?(不清)	墨客在线网站下载
39	《粗粮图》	40×111	1947年冬	印章:姜丹书(白),敬庐(朱),丹枫红叶楼主(白)	北京荣宝拍卖有限公司2003年书画收藏拍卖会第43期
40	《石榴图》(善因得善果)	69×40	1947年冬	印章:丹书画印(白)	家属藏

序号	名称	尺寸(cm)	时间	其他	来源
41	《南瓜玉米图》 (瓜大如瓮昔喂猪)	45×117	1947年冬	印章:姜丹书(白),? 疑为敬庐(朱),?疑 为丹枫红叶楼主(白)	江苏嘉恒国际拍 卖有限公司2012 年秋季艺术品拍 卖会
42	《红柿图》	87×33	1948年夏	印章:敬庐(朱),姜丹 书(白)	《西溪纪胜》,西 泠印社出版发 行,2004年4月 第1版;安徽艺 海拍卖有限责任 公司2009年秋 季拍卖会
43	《南瓜芋头图》 (此瓜谁说傻)	98.5×34	1948年	印章:敬庐(朱),姜丹 书(白)	家属藏
44	《桃李图》	97×32	1948年	印章:丹书画印(白)	家属藏
45	《红到梢头 甜到老》	70×32	1954年秋	印章:敬庐(朱),姜丹 书(白),丹枫红叶楼 主(白)	家属藏
46	《飞鸿图》 (古来十万八千年)	93.5×19.5	1955年秋	印章:敬庐(白),姜丹 书(白)、赤石翁(朱)	家属藏
47	《双雀红柿图》	110.7×26.2	约1955年	印章:姜丹书(白),后 姜白石(白)	家属藏
48	《荷花莲藕》 (种善根开好花 结良果)	78.5×39	约20世纪 40年代	印章:丹书画印(白), 丹枫红叶楼主(白)	家属藏
49	《红荷翠鸟》	101×47	约20世纪 40年代	印章:丹书画记(白), 敬庐(朱)	家属藏
50	《白荷图》 (卉中君子号虽同)	70×39.5	约20世纪 40年代	印章:丹书画印(白)	家属藏
51	《红柿图》 (潘公恺补题款)	99.5×35	约20世纪 40年代	印章:敬庐(朱),姜丹 书(白),潘公恺(朱)	家属藏
52	《玉兰鹦鹉图》 (此哥适性自由天)	99.5×35.5	约20世纪 40年代	印章:敬庐(朱),丹枫 红叶楼主(白)	家属藏
53	《柳》 (轻花才似雪)	69.5×34	约20世纪 40年代	印章:姜氏丹书(白)	家属藏

序号	名称	尺寸(cm)	时间	其他	来源
54	《绵绵瓜瓞图》（绵绵瓜瓞颂农家）	36×84	约20世纪40年代	印章:敬庐(朱),姜丹书(白),丹枫红叶楼主(白)	家属藏
55	《虬松》（秀叶静无声）	106.5×34	约20世纪40年代	印章:赤石翁(朱),姜氏丹书(白),媵红媲白斋(朱)	家属藏
56	《石榴》（多男已兆封人祝）	72×34	约20世纪40年代	印章:敬庐(白),姜丹书(白)	家属藏
57	《寿桃》（此桃结实三千年）	68.5×42	约20世纪40年代	印章:丹书画记(白),丹枫红叶楼主(白)	家属藏
58	《送芋谢牛医》（放翁句）	70.5×39.5	约20世纪40年代	印章:丹书画印(白),丹枫红叶楼主(白)	家属藏
59	《杨柳图》（《桃花扇》词）	94×35	约20世纪40年代	印章:敬庐(白),姜丹书(白)	家属藏
60	《鹰》（苍凉）	89.5×39	约20世纪40年代	印章:姜(朱,元押),敬庐(朱),姜丹书(白)	家属藏
61	《鹰》（偶见八大山人画鹰）	71.5×34	约20世纪40年代	印章:敬庐(朱),姜丹书(白)	家属藏
62	《雉》（拟宋僧法常笔）	35×100	约20世纪40年代	印章:赤石翁(朱),姜氏丹书(白)	家属藏
63	《猫蝶图》（意欲何为?）	72×38	约20世纪40年代	印章:丹书画印(白)	家属藏
64	《牡丹玉兰》（无题款）	102×35	约20世纪40年代	印章:赤石翁(朱),丹枫红叶楼主(白)	家属藏
65	《黄山不老松》	不详	不详	印章:敬庐(朱),姜氏丹书(白),白石第二(白)	百度百科网
66	《捕鼠图》（无题款）	115.5×41	不详	印章:赤石翁(朱),丹枫红叶楼主(白)	家属藏
67	《春江水暖》（无题款）	104.5×34	不详	印章:敬庐(朱),姜丹书(白)	家属藏
68	《待放》（无题款）	105×25.5	不详	印章:赤石翁(朱),丹书画印(白)	家属藏

续　表

序号	名称	尺寸(cm)	时间	其他	来源
69	《端午图》（无题款）	97×34.5	不详	印章:姜（朱,元押）,丹书画印（白）	家属藏
70	《佛手》（无题款）	101×35	不详	印章:赤石翁（朱）,丹书画印（白）	家属藏
71	《荷池鸳鸯》（无题款）	69.5×39	不详	印章:赤石翁（朱）,姜氏丹书（白）	家属藏
72	《荷花》（无题款二）	68×34.5	不详	印章:赤石翁（朱）,丹书画印（白）	家属藏
73	《荷花》（无题款三）	70.5×39	不详	印章:赤石翁（朱）,丹书画印（白）	家属藏
74	《荷花》（无题款一）	92×24	不详	印章:赤石翁（朱）,丹书（白）	家属藏
75	《荷花灵龟》（无题款）	69.5×34.5	不详	印章:赤石翁（朱）,丹书画印（白）	家属藏
76	《红枫黄雀》（无题款）	82.5×35	不详	印章:赤石翁（朱）,敬庐（朱）,姜丹书（白）	家属藏
77	《红柿》（无题款一）	69.5×38.5	不详	印章:赤石翁（朱）,姜氏丹书（白）,丹枫红叶楼主（白）	家属藏
78	《黄山图》（无题款）	101×35	不详	印章:赤石翁（朱）,姜丹书（白）,丹枫红叶楼主（白）	家属藏
79	《鸡冠》（无题款）	107×43	不详	印章:赤石翁（朱）,姜丹书（白）	家属藏
80	《绿梅》（无题款）	99.5×34.5	不详	印章:赤石翁（朱）,姜氏丹书（白）	家属藏
81	《猫蝶图》（无题款）	68×34	不详	印章:姜（朱,元押）,丹书画印（白）	家属藏
82	《牡丹》（无题款一）	103×45.5	不详	印章:赤石翁（朱）,丹枫红叶楼主（白）	家属藏
83	《牡丹》（无题款二）	65×36	不详	印章:赤石翁（朱）,姜氏丹书（白）	家属藏

序号	名称	尺寸(cm)	时间	其他	来源
84	《农家佳品》（无题款）	89.5×33	不详	印章:赤石翁(朱),姜丹书(白)	家属藏
85	《青松红枫》（无题款）	68×34.5	不详	印章:敬庐(朱),姜丹书(白)	家属藏
86	《秋菊》(无题款)	38×43	不详	印章:丹书画印(白)	家属藏
87	《虬松》（无题款）	105×43	不详	印章:赤石翁(朱),姜氏丹书(白)	家属藏
88	《虬松红枫》（无题款）	96×35	不详	印章:赤石翁(朱),丹枫红叶楼主(白)	家属藏
89	《山村寒鸦图》（无题款）	68.5×36	不详	印章:赤石翁(朱),姜丹书(白)	家属藏
90	《山花伴石图》（无题款）	68.5×35.5	不详	印章:赤石翁(朱),丹书画印(白)	家属藏
91	《山花石兄图》（无题款）	70.5×41	不详	印章:赤石翁(朱),丹书画印(白)	家属藏
92	《石榴》（无题款）	69×34.5	不详	印章:赤石翁(朱),丹书画印(白)	家属藏
93	《蜀葵》（无题款）	97.5×23	不详	印章:赤石翁(朱),丹书画印(白)	家属藏
94	《桃花》（无题款）	69×39.5	不详	赤石翁(朱),敬庐(朱),姜丹书(白)	家属藏
95	《桃李争艳》（无题款）	96×34.5	不详	印章:姜丹书(白)、丹枫红叶楼主(白)	家属藏
96	《西瓜菱藕》（无题款）	89×33	不详	印章:赤石翁(朱),丹书画印(白)	家属藏
97	《柳荫泊舟图》（无题款）	69.5×34.5	不详	印章:赤石翁(朱),丹书画印(白)	家属藏
98	《映日荷花》（无题款）	38.5×43.5	不详	印章:姜氏丹书(白)	家属藏
99	《占高枝》（无题款）	78.5×32	不详	印章:赤石翁(朱),丹枫红叶楼主(白)	家属藏
100	《紫牡丹》（无题款）	69×40	不详	印章:赤石翁(朱),丹书画印(白)	家属藏

序号	名称	尺寸(cm)	时间	其他	来源
101	《雏鸡图》（无题款）	105×34	不详	印章：赤石翁（朱），丹枫红叶楼主（白）	家属藏
102	《山水》（无题款一）	59×33.5	不详	印章：赤石翁（朱），媵红媲白斋（朱）	已拍卖
103	《双荷图》（无题款）	71.5×34	不详	印章：赤石翁（朱），丹枫红叶楼主（白）	家属藏
104	《水禽图》（无题款）	66×36	不详	印章：敬庐（朱），姜丹书（白）	家属藏
105	《红柿》（无题款一）	66×39	不详	印章：赤石翁（朱），丹枫红叶楼主（白）	家属藏
106	《红柿》（无题款二）	83×34	不详	印章：赤石翁（朱），丹枫红叶楼主（白）	已拍卖
107	《红柿》（无题款三）	58×34	不详	印章：丹枫红叶楼主（白）	已拍卖
108	《松鹰图》（无题款）	110×41	不详	印章：赤石翁（朱），丹枫红叶楼主（白）	已拍卖
109	《鹰》（无题款）	100×34	不详	印章：丹枫红叶楼主（白）	家属藏
110	《红柿红枫》（无题款）	104.5×34	不详	印章：赤石翁（朱），丹枫红叶楼主（白）	家属藏
111	《大龙湫》	136×67	不详	印章：姜丹书（白），敬庐（朱）	上海国际商品拍卖有限公司 2007 年秋季艺术品拍卖会
112	《丰收图》（与郑午昌等合作）	31×78	不详	印章：随喜，苏，居士	天津文物拍卖有限公司 2004 年秋季文物展销会
113	《鱼乐图》	67×33	不详	印章：敬庐（朱），姜丹书（白）	浙江皓翰国际拍卖有限公司 2004 年迎春拍卖会
114	《佛像》（无量寿佛）	89×39.5	不详	印章：赤石翁（朱），姜丹书（白）	家属藏
115	《缚鸡图》	68×39.5	不详	印章：丹书画印（白）	家属藏
116	《西溪秋雪》	70×35	不详	印章：赤石翁（朱）	家属藏

册　页

序号	名称	尺寸(cm)	时间	其他	来源
1	《丹枫红叶图》（丹枫红叶图卷）	24.2×45	1930 年冬	印章:姜丹书、白石重生小红陪	家属藏
2	《雷峰夕照图》（雷峰塔经卷）	18.2×29.2	1940 年秋	印章:丹书(朱),姜(朱,元押)	家属藏
3	《古榆静思图》（晨鸡催我起,册页）	34×24	1941 年春	已拓;印章:敬庐(朱),丹书(朱)	家属藏
4	《归牧图》（略抚元人张芳如法,册页）	34×25.5	约 1941 年	印章:姜氏丹书(白)	家属藏
5	《两小无猜》（册页）	24×34	约 1941 年	已拓;印章:丹书(朱),敬庐(白)	家属藏
6	《牧童垂钓图》（略抚元人张芳如法,册页）	34.5×25.5	约 1941 年	印章:姜氏丹书(白)	家属藏
7	《暮秋思友图》（秋风起,白云飞,册页）	34×24	1941 年春	已拓;印章:丹书(朱)	家属藏
8	《晴空迟帆图》（天晴诸嶂出,册页）	34×24	1941 年	已拓;印章:丹书(朱)	家属藏
9	《群雀》（亦足以畅叙幽情,册页）	25×35	约 1941 年	已拓;印章:丹书(朱),赤石翁(朱)	家属藏
10	《山水》（略拟南田笔意,册页）	24×34	约 1941 年	已拓;印章:丹书(朱)	家属藏
11	《松风流水》（临苦瓜和尚,册页）	24×34	约 1941 年	已拓;印章:丹书(朱)	家属藏
12	《雪中归牧图》（抚李迪本,册页）	34×24	1941 年	印章:姜氏丹书(白)	家属藏
13	《罗汉》（十八应真之七）	35×23	1942 年春	印章:姜氏丹书(白)	家属藏
14	《叠书石》（册页）	23×34.5	约 1942 年	印章:姜丹书(白)	家属藏
15	《蝶恋花》（谁家十姊妹,册页）	27.5×34.5	约 1942 年	印章:姜丹书(白)	家属藏
16	《佛手》（此手能搔心头痒,册页）	27.5×34.5	约 1942 年	印章:姜丹书(白)	家属藏

序号	名称	尺寸(cm)	时间	其他	来源
17	《荷》(花之君子,册页)	34.5×28	约1942年	印章:敬庐(朱)	姜正金藏
18	《黄金瓜》(身借黄金一色妆,册页)	27.5×34.5	约1942年	印章:姜丹书(白)	家属藏
19	《黄山卧龙松》(天末长风起龙吟,册页)	25×34.5	约1942年	印章:丹书(朱)	已拍卖
20	《江头泊舟图》(临夏珪,册页)	23.5×34	约1942年	印章:姜丹书(白)	家属藏
21	《临流自照》(临流自照惊鸿影)	34.5×27.5	约1942年	印章:丹书画印(白)	家属藏
22	《罗汉》(禁足薜萝阴,册页)	23.5×35	约1942年	印章:丹书(朱)	家属藏
23	《罗汉》(竹色覆禅栖,册页)	23×34	约1942年	印章:姜氏丹书(白)	家属藏
24	《罗汉》(一室凿崔嵬,册页)	23×34	约1942年	印章:敬庐(朱)	家属藏
25	《牡丹》(洛阳花魁,册页)	27.5×34	约1942年	印章:丹书(朱)	姜正金藏
26	《拳石》(册页)	23×34	约1942年	印章:敬庐(白)	家属藏
27	《山茶》(阳春白雪,册页)	28×34	约1942年	印章:姜氏丹书(白)	家属藏
28	《山水》(临李唐本,册页)	34.5×27.5	约1942年	印章:丹书(朱)	家属藏
29	《山水》(濛濛山雨来,册页)	27×37.5	1942年春	印章:丹书(朱)	家属藏
30	《石》(夏云多奇峰,册页)	34.5×23	约1942年	印章:丹书画印(白)	家属藏
31	《石耳》(此耳如何试抓痒,册页)	27.5×34.5	约1942年	印章:姜氏丹书(白)	姜正金藏
32	《树石寒鸦》(争雄聒噪日飞扬,册页)	34×25	约1942年	印章:丹书(朱)	家属藏
33	《水禽》(略拟吕纪,册页)	25.5×34	约1942年	印章:敬庐(白)	家属藏
34	《溪流静钓图》(略抚王廷直,册页)	26×34	约1942年	印章:丹书(朱)	家属藏
35	《云骨》(册页)	26×34	约1942年	印章:姜氏丹书(白)	家属藏
36	《柱石图》(略拟板桥道人,册页)	34.5×25.5	约1942年	印章:姜丹书(白)	家属藏
37	《山水》(无题款二)	26×34	约1942年	印章:丹书(朱)	家属藏

续　表

序号	名称	尺寸(cm)	时间	其他	来源
38	《山水》(无题款三)	34.5×23.5	约1942年	印章:丹书(朱)	家属藏
39	《近水楼台》(无题款)	34.5×27.5	约1942年	印章:姜氏丹书(白)	家属藏
40	《反哺》(报本反始,册页)	24×34	1943年春	已拓;印章:敬庐(朱),丹书(朱)	家属藏
41	《长风展翅》(略拟新罗山人,册页)	33×26	约20世纪40年代	印章:姜氏丹书(白)	家属藏
42	《飞鹤渡江图》(赤壁横江,册页)	34.5×26	约20世纪40年代	印章:姜丹书(白)	家属藏
43	《山水(临夏珪一)》(册页)	39×48	约20世纪40年代	印章:姜氏丹书(白)	家属藏
44	《山水》(临夏珪二)(册页)	39×46	约20世纪40年代	印章:丹书(朱)	家属藏
45	《花卉》(孤芳摇落,册页)	34×24.5	约20世纪40年代	印章:姜氏丹书(白)	家属藏
46	《牧牛图》(抚华新罗大意,册页)	24.5×34	约20世纪40年代	印章:姜氏丹书(白)	家属藏
47	《山水》(闲云无四时,册页)	34×24.5	约20世纪40年代	印章:姜氏丹书(白)	家属藏
48	《庭柯栖鸟图》(拟华新罗,册页)	34×26	约20世纪40年代	印章:姜氏丹书(白)	家属藏
49	《梧桐双栖》(略拟林良,册页)	26×34	约20世纪40年代	印章:姜氏丹书(白)	家属藏
50	《垂钓图》(抚吴小仙山水一角,册页)	26.5×32	约20世纪40年代	印章:姜氏丹书(白)	家属藏
51	《荷塘白鹭》(略拟林良,册页)	34×26	约20世纪40年代	印章:姜氏丹书(白)	家属藏
52	《双鸟图》(略拟吕纪,册页)	33.5×26	约20世纪40年代	印章:姜氏丹书(白)	已拍卖
53	《双鸟图》(抚八大山人,册页)	34×22.5	约20世纪40年代	印章:姜氏丹书(白)	家属藏
54	《睡鸥》(背拟万国祯睡鸥,册页)	34.5×26	约20世纪40年代	印章:赤石翁(朱),姜氏丹书(白)	家属藏

续 表

序号	名称	尺寸(cm)	时间	其他	来源
55	《天师像》(赤石道人敬摩金冬心本,册页)	34×25	约20世纪40年代	印章:姜氏丹书(白)	家属藏
56	《苏州太湖写生画册》(全本连封面19页,册页)	21.5×29.5	1954年	印章:姜丹书(白),敬庐(白),姜敬庐(朱),赤石翁(朱),敬庐(朱),丹书画记(白)	家属藏
57	《意到笔随画册》(册页12幅)	19.5×26	1961年夏	签条钤印:姜丹书(白)	西泠印社拍卖有限公司2012年秋季拍卖会
58	《牡丹》(牡丹称花王,册页)	33.5×29	1961年	印章:姜氏丹书(白)	家属藏
59	《垂柳飞燕》(略拟新罗,册页)	34×24	约1961年	印章:姜氏丹书(白)	家属藏
60	《觅食图》(略拟吕纪,册页)	25.5×34	约1961年	印章:姜氏丹书(白)	家属藏
61	《双雁图》(略拟林良,册页)	25.5×34	约1961年	印章:姜氏丹书(白)	家属藏
62	《红柿》	32×44.5	1962年	印章:姜丹书(白),?疑为敬庐(朱)	浙江南北拍卖有限公司2012年夏季拍卖会
63	《菊》(无题款)	34×25.5	年代不详	印章:赤石翁(朱),丹书画印(白)	家属藏
64	《罗汉》(无题款)	35×22.5	不详	印章:丹书画印(白)	家属藏
65	《奇石图》(无题款)	34×26	不详	印章:姜氏丹书(白)	家属藏
66	《山茶绿梅》(无题款)	27.5×34	不详	印章:丹书画印(白),丹枫红叶楼主(白)	家属藏
67	《石》(无题款)	34×26	不详	印章:姜丹书(白)	家属藏
68	《花与石》(无题款)	27.5×34.5	不详	印章:丹书画印(白)	家属藏

续　表

序号	名称	尺寸(cm)	时间	其他	来源
69	《松树》(无题款)	34×26	不详	印章:赤石翁(朱),敬庐(朱)	家属藏
70	《闲坐山水中》	35×27	不详	印章:赤石翁(朱),姜氏丹书(白)	家属藏
71	《杨柳图》(无题款)	34.5×26	不详	印章:赤石翁(朱)	家属藏
72	《罗汉》(无题款)	22.5×35	不详	印章:丹书画印(白)	家属藏
73	《柳荫钓翁图》	33×26	不详	印章:姜丹书(白)	家属藏
74	《双鸟图》	33×26	不详	印章:姜丹书(白)	家属藏
75	《双鸭戏水图》	33×26	不详	印章:赤石翁(朱),敬庐(朱)	家属藏
76	《罗汉》(十八应真之四)	23×34	不详	印章:姜氏丹书(白)	家属藏

扇　面

序号	名称	尺寸(cm)	时间	其他	来源
1	《松枫相伴山水中》(成扇)	22×67	1931 年	印章:敬庐(朱)	浙江博物馆藏
2	《梅竹双雀》(扇面)	12×52	1935 年 4 月	印章:姜氏(朱)	上海大众拍卖有限公司"姑苏集珍"——2011年苏州春节艺术品拍卖会
3	《黄山蓬莱三岛》(扇面)	19×51	约 1935 年	背面空白;印章:敬庐(朱),丹书(朱)	家属藏
4	《严州洋程乡》(成扇)	19×50	约 1938 年	印章:姜(朱,元押),背面是邵裴子先生书法	家属藏
5	《鸡雏》(扇面)	不详	1939 年	印章:丹书(朱),敬庐(朱),赤石翁(朱)	上海工美拍卖有限公司 2009年春季拍卖会
6	《红柿》(扇面)	不详	1940 年	印章:? 疑为敬庐(朱),? 疑为姜丹书(白)	上海鸿海商品拍卖有限公司 2012 年迎春艺术品拍卖会

续 表

序号	名称	尺寸(cm)	时间	其他	来源
7	《昙花》（扇面）	19×51	1943 年	印章:丹书(朱)	家属藏
8	《闹红一舸》（成扇）	18×48	1943 年夏	印章:?（不清）,?（不清）	天津鼎天国际拍卖有限公司 2009 年鼎天十周年春季拍卖会
9	《蠡湖一角写景》（扇面）	19×51	1944 年	背面空白;印章:敬庐(朱),丹书(朱)	家属藏
10	《天中五瑞图》（成扇）	不详	1946 年夏	印章:姜丹书(白),赤石翁(朱)	吴江黎里柳亚子纪念馆李海珉提供
11	《普陀山》（成扇）	不详	1954 年	印章:?（不清）	上海崇源艺术品拍卖有限公司 2008 年迎春拍卖会
12	《黄山间气》（扇面）	18×49	1957 年夏	印章:姜丹书(白)	浙江浙商拍卖有限公司 2015 年春季艺术品拍卖会
13	《鳜鱼图》（扇面）	19×51	约 1958 年	韩登安补题款,印章:韩登安(白),背面是韩登安先生书法	家属藏
14	《红透自鲜甜》（成扇,正面）	19×51	1959 年	印章:敬庐(白),姜丹书(白)	家属藏
15	《光明普照》（成扇,背面）	19×51	1959 年	印章:姜氏丹书(白)	家属藏
16	《严州乌石滩》（成扇）	18×50	约 20 世纪 40 年代	印章:姜（朱,元押）,丹书(朱),敬庐(朱)	家属藏
17	《湖边柳色》（扇面）	19×51	约 20 世纪 40 年代	印章:敬庐(朱),丹书(朱)	家属藏
18	《樱桃芭蕉》（扇面）	19×51	约 20 世纪 40 年代	印章:丹书(朱)	家属藏

序号	名称	尺寸(cm)	时间	其他	来源
19	《乌石滩》(扇面)	19×51	约20世纪40年代	印章:丹书(朱)	家属藏
20	《甜蜜双红图》(成扇)	不详	年代不详	印章:姜丹书(白)	上海工美拍卖有限公司第64届艺术品拍卖会

书　法

序号	名称	尺寸(cm)	时间	其他	来源
1	《山姑见客》(行书)	68.5×33.5	1940年	印章:敬庐(朱),姜丹书(白)	家属藏
2	《霞光灿烂》(行书)	68.5×33.5	1940年	印章:姜丹书(白),赤石翁(朱)	家属藏
3	《美人浴罢》(行书)	68.5×33.5	1940年	印章:赤石翁(朱),姜丹书(白)	家属藏
4	《雷峰塔秘藏印陀罗尼经》(行书)	27.5×201	1940年秋	印章:赤石翁(朱),姜丹书(白),敬庐(朱),丹书(朱),姜(朱,元押)	家属藏
5	《兰溪交白船上口占》(行书)	68.5×33.5	1940年	印章:姜丹书(白)	已拍卖
6	《谒倪高士墓八首》(行书)	95×52	1953年秋	印章:赤石翁(朱),敬庐(朱),姜丹书(白)	已拍卖

参考文献

[1] 姜丹书.姜丹书艺术教育杂著[M].杭州:浙江教育出版社,1991.

[2] 何天爵.真正的中国佬[M].北京:光明日报出版社,1998.

[3] 麦高温.中国人生活的明与暗[M].朱涛,倪静,译.北京:时事出版社,1998.

[4] 吴寄萍.改良私塾[M].上海:中华书局,1939.

[5] 冯天瑜,等.中国文化史[M].北京:高等教育出版社,2005.

[6] 南京大学学报编辑部.南京大学校史资料选辑[M].南京:南京大学出版社,1989.

[7] 叶南客.南京百年城市史(1912—2012)[M].南京:南京出版社,2014.

[8] 刘子杨.清代地方官制考[M].北京:紫禁城出版社,1988.

[9] 舒新城.中国近代教育史资料[M].北京:人民教育出版社,1961.

[10] 张仲礼.中国绅士的收入[M].费成康,王寅通,译.上海:上海社会科学院出版社,2001.

[11] 刘大鹏.退想斋日记[M].太原:山西人民出版社,1990.

[12] 闾小波.中国近代史政治发展史[M].北京:高等教育出版社,2003.

[13] 丁文江,赵丰田.梁启超年谱长编[M].上海:上海人民出版社,1983.

[14] 陈宝泉,高步瀛.国民读本[M].上海:南洋官书局,1905.

[15] 史和,姚福申.中国近代报刊名录[M].福州:福建人民出版社,1991.

[16] 梁启超.论自由——饮冰室合集[M].北京:中华书局,1989.

[17] 梁启超.新史学——饮冰室合集[M].北京:中华书局,1989.

[18] 梁启超.新民说[M].郑州:中州古籍出版社,1998.

[19] 梁启超.论近世国民竞争之大势及中国前途——饮冰室合集[M].北京:中华书局,1989.

[20] 夏晓虹.梁启超文集——十种德性相反相成义[M].北京:中国广播电视出版社,1992.

[21] 梁启超.新民说——饮冰室合集[M].北京:中华书局,1989.

[22] 宋志明.中华民族精神论纲[M].北京:中国人民大学出版社,2006.

[23] 徐建融.大辞海·美术卷[M].上海:上海辞书出版社,2012.

[24] 陆云达.中国美术[M].合肥:安徽文艺出版社,2009.

[25] 姜丹书.美术史[M].上海:商务印书馆,1917.

[26] 陈池瑜.中国现代美术学史[M].哈尔滨:黑龙江美术出版社,2011.

[27] 鲁迅.鲁迅全集[M].北京:人民文学出版社,1981.

[28] 蔡元培.蔡元培美学文选[M].北京:北京大学出版社,1982.

[29] 会文学社编译所.初等小学中国历史教科书[M].上海:会文学社,1906.

[30] 贺麟.文化与人生[M].北京:商务印书馆,1988.

[31] 佩夫斯纳.美术学院的历史[M].陈平,译.长沙:湖南科学技术出版社,2003.

[32] 贡布里希.艺术发展史[M].范景中,译.天津:天津人民美术出版社,1998.

[33] 梁启超.梁任公学术讲演集[M].上海:商务印书馆,1922.

[34] 陈师曾.中国绘画史[M].北京:中国书店,2010.

[35] 潘天寿.中国绘画史[M].上海:上海人民美术出版社,1983.

[36] 滕固.中国美术小史[M].上海:商务印书馆,1926.

[37] 陈辅国.诸家美术史著选汇[M].长春:吉林美术出版社,1992.

[38] 郑午昌.中国画学全史[M].上海:上海书画出版社,1985.

[39] 傅抱石.中国绘画变迁史纲[M].上海:上海古籍出版社,1998.

[40] 滕固.唐宋绘画史[M].上海:上海神州国光社,1933.

[41] 秦仲文.中国绘画学史[M].南京:立达书局,1934.

[42] 王均初.中国美术的演变[M].北京:文心书业社,1934.

[43] 俞剑华.中国绘画史[M].上海:商务印书馆,1937.

[44] 胡蛮.中国美术史[M].上海:商务印书馆,1946.

[45] 潘耀昌.中国近现代美术教育史[M].杭州:中国美术学院出版社,2002.

[46] 中国美术学院.史岩文集[M].杭州:中国美术学院出版社,2007.

[47] 曹兴军.解剖[M].杭州:中国美术学院出版社,2009.

[48] 姜丹书.透视学[M].上海:中华书局,1935.

[49] 姜丹书.小学教师应用工艺[M].上海:中华书局,1933.

[50] 梁思成.梁思成全集[M].北京:中国建筑工业出版社,2001.

[51] 阮荣春,胡光华.中华民国美术史(1911—1949)[M].成都:四川美术出版社,1992.

[52] 郎绍君.守护与拓进 二十世纪中国画谈丛[M].杭州:中国美术学院出版社,2001.

[53] 刘伟冬,黄惇.山东大学艺术系、华东艺专研究专辑[M].南京:南京大学出版社,2012.

[54] 于建华.名家扇书扇画漫说[M].上海:学林出版社,2008.

[55] 刘伟冬,黄惇.上海美专研究专辑[M].南京:南京大学出版社,2010.

[56] 姜丹书.丹枫红叶楼诗词集[M].杭州:浙江文艺出版社,2007.

[57] 姜丹书.姜丹书画集[M].杭州:浙江人民美术出版社,2013.

[58] 阮荣春,胡光华.中国近现代美术史[M].天津:天津人民美术出版社,2005.

[59] 郑芳.品读人文 中国山水画画家与作品[M].郑州:河南文艺出版社,2006.

[60] 徐建融.宋代绘画研究十论[M].上海:上海大学出版社,2008.

[61] 徐邦达.历代书画家传记考辨[M].上海:上海人民美术出版社,1983.

[62] 林树中.国宝海外寻踪 海外藏中国历代名画研究文集[M].南京:江苏美术出版社,2007.

[63] 阎纯德.汉学研究[M].北京:中华书局,2004.

[64] 洪丕谟.历代题画诗选注[M].上海:上海书画出版社,1983.

[65] 郭忠信.历代山水画的意象道境[M].北京:中国文联出版社,2007.

[66] 黄小庚,吴瑾.广东现代画坛实录[M].广州:岭南美术出版社,1990.

[67] 潘公凯.中国现代美术之路[M].北京:北京大学出版社,2012.

[68] 沈鹏,陈履生.美术论集·第4辑 中国画讨论专辑[M].北京:人民美术出版社,1986.

[69] 毛建波.余绍宋:画学及书画实践研究[M].杭州:中国美术学院出版社,2008.

[70] 周积寅,耿剑.俞剑华美术史论集[M].南京:东南大学出版社,2009.

[71] 文震亨.长物志校注[M].南京:江苏科学技术出版社,1984.

[72] 胡乔木.中国大百科全书·哲学:卷二[M].北京:中国大百科全书出版社,1993.

[73] 黄可.上海美术史札记[M].上海:上海人民美术出版社,2000.

[74] 理查德·桑内特.新资本主义的文化[M].李继宏,译.上海:上海译文出版社,2010.

[75] 朱熹.大学集注[M].上海:上海古籍出版社,1987.

[76] 余英时.中国思想传统的现代诠释[M].南京:江苏人民出版社,2003.

[77] 朱有瓛.中国近代学制史料[M].上海:华东师范大学出版社,1990.

[78] 朱熹.论语大学中庸集注[M].上海:上海古籍出版社,2013.

[79] 高时良.学记评注[M].北京:人民教育出版社,1982.

[80] 晏子然.论语[M].杭州:浙江古籍出版社,2013.

［81］高建平.艺术即经验［M］.北京:商务印书馆,2007.

［82］张之洞.张文襄公全集:卷一二一［M］.北京:中国书店,1990.

［83］王献玲.中国教育史［M］.郑州:郑州大学出版社,2011.

［84］郑登云.中国近代教育史［M］.上海:华东师范大学出版社,1994.

［85］陈学恂.中国近代教育史教学参考资料（上）［M］.北京:人民教育出版
　　　社,1986.

［86］诸葛铠.设计艺术学十讲［M］.济南:山东画报出版社,2006.

［87］俞剑华.最新图案法［M］.上海:上海开明书店,1937.

［88］陈之佛.图案构成法［M］.上海:上海商务印书馆,1926.

［89］王凌皓,冯卫斌,等.中国教育史纲要［M］.北京:人民教育出版社,2005.

［90］伍德勤,等.中外教育简史［M］.合肥:安徽大学出版社,2002.

［91］孙昌建.浙江一师别传——书生意气［M］.杭州:浙江人民出版社,2011.

［92］万轩.设计构成［M］.北京:中国电力出版社,2008.

［93］李砚祖.工艺美术概论［M］.北京:中国轻工业出版社,1999.

［94］郭超.四库全书精华·史部［M］.北京:中国文史出版社,1998.

［95］王受之.世界现代设计师［M］.深圳:新世纪出版社,1995.

［96］秦菊英.二十世纪中国艺术设计教育史［M］.杭州:浙江大学出版社,2013.

［97］黄厚石.设计原理［M］.南京:东南大学出版社,2010.

［98］李锦璐.工艺美术与工艺美术教育［M］.北京:人民美术出版社,1990.

［99］余强.设计艺术学概论［M］.重庆:重庆大学出版社,2006.

［100］苏州博物馆.苏州文博论丛［M］.北京:文物出版社,2013.

［101］于建华.南社名家书画鉴赏［M］.北京:中国书店,2012.

［102］震亨.长物志校注［M］.南京:江苏科学技术出版社,1984.

［103］尧毅,郑玲.咏梅诗大观［M］.北京:中国戏剧出版社,2010.

［104］夏承焘.宋词鉴赏辞典［M］.上海:上海辞书出版社,2013.

［105］西里尔·E.布莱克.比较现代化［M］.上海:上海译文出版社,1996.

［106］安东尼·吉登斯.现代性的后果［M］.田禾,译.南京:译林出版社,2000.

［107］钱钟书.中国诗与中国画［M］.上海:上海古籍出版社,1985.

［108］马尔科姆·布雷德伯里.现代主义［M］.胡家峦,译.上海:上海外语教育
　　　 出版社,1992.

［109］刘安.淮南洪烈·原道［M］.北京:中华书局,1985.

［110］周积寅.中国画论辑要［M］.南京:江苏美术出版社,2005.

［111］康有为.康有为散文［M］.上海:上海科学技术文献出版社,2013.

[112] 素颐.民国美术思潮论集[M].上海:上海书画出版社,2014.

[113] 徐建融.法常禅画艺术[M].上海:上海美术出版社,1989.

[114] 悟真子.金刚经全注全解[M].北京:北京师大出版社,1993.

[115] 祁志祥.佛教美学[M].上海:上海人民出版社,1997.

[116] 陈传席.中国绘画美学史[M].北京:人民美术出版社,2012.

[117] 郑午昌.二十世纪中国画家丛集·郑午昌[M].上海:上海书画出版社,2000.

[118] 余连祥.丰子恺美学思想研究[M].北京:商务印书馆,2012.

[119] 徐耀新.南京文化志·上[M].北京:中国书籍出版社,2003.

[120] 杭州市地方志编纂委员会.杭州市志:第7卷[M].北京:中华书局,1999.

[121] 朱铭,奚传绩.设计艺术教育大事典[M].济南:山东教育出版社,2001.

[122] 中华书局编辑部.中华书局百年大事记(1912—2011)[M].北京:中华书局,2012.

[123] 刘瑞宽.中国美术的现代化:美术期刊与美展活动的分析(1911—1937)[M].北京:生活·读书·新知三联书店,2008.

[124] 张春记.吴湖帆[M].杭州:西泠印社出版社,2005.

[125] 孙慰祖.中国印章——历史与艺术[M].北京:外文出版社,2010.

[126] 上海市人民政府参事室文史资料工作委员会.上海地方史资料5[M].上海:上海人民出版社,1986.

[127] 乔志强.中国近现代绘画社团研究[M].北京:荣宝斋,2009.

[128] 李超.中国现代油画史[M].上海:上海书画出版社,2007.

[129] 上海大学美术学院.上海大学美术学院2006美术学毕业作品集[M].上海:上海人民美术出版社,2006.

[130] 王建华.近代名家书画藻鉴[M].上海:学林出版社,2008.

[131] 陈杉杉,陈世强.海上新美术先驱:张聿光[M].上海科学技术文献出版社,2013.

[132] 安树芬,彭诗琅.中华教育通史:第6卷[M].北京:京华出版社,2010.

[133] 诸天觉,周飞强.诸闻韵[M].武汉:湖北美术出版社,2005.

[134] 申雄平.萧俊贤年谱[M].天津:天津人民美术出版社,2014.

[135] 潘常知.诗与思的对话[M].上海:三联书店,1997.

[136] 刘曦林.中国现代美术全集[M].北京:人民美术出版社,1997.

[137] 赵苏娜.故宫博物院藏历代绘画题诗存[M].太原:山西教育出版社,1988.

[138] John Dewey. On Education[M]. University of Chicago Press,1974.

[139] John Dewey. Experience and Education [M]. Free Press,1997.

[140] 高瑞泉.近代价值变革与晚清知识分子[J].华东师范大学学报,2004
(36).

[141] 胡光华.20世纪前期中国美术留学(游)学生与中国近现代美术教育(上)
[J].美术观察,2003(5).

[142] 胡东艳.中国近现代高等美术教育的兴起与演进[J].美术教育研究,2012
(4).

[143] 蒋纯焦.晚清士子的生活与教育——以塾师王锡彤为例[J].华东师范大
学学报,2006(2).

[144] 刘玉梅.清末民初教师群体过渡性特征分析[J].河北大学学报,2006
(31).

[145] 徐辉.废除科举制与中国社会的现代转型[J].厦门大学学报,2004(5).

[146] 杨齐福.清末废科举的文化效应[J].中州学刊,2004(2).

[147] 巫鸿,朱志荣.中国美术史研究的方法[J].艺术百家,2011(4).

[148] 黄倩,陈永怡.佩夫斯纳的设计史研究方法探析[J].装饰,2013(9).

[149] 郑大华.论国民观在清末的兴起[J].学术界,2011(6).

[150] 林树中.近代中国美术史论著与上海美专[J].南京艺术学院学报,2011
(6).

[151] 陈平.从传统画史到现代艺术史的转变[J].新美术,2001(3).

[152] 黄晓虹.19世纪末20世纪初的民众启蒙思想[J].南京社会科学,2008
(10).

[153] 沈玉.滕固绘画史学思想探究——对滕固两部绘画史著的考察与比较
[J].文艺研究,2004(4).

[154] 郑先兴.进化论与新史学——论晚清民初文明史学的理论构建之一[J].
固阳师专学报,2003(9).

[155] 陈平.美术史与建筑史[J].读书,2010(3).

[156] 陈平.建筑史写作中的几个问题[J].新美术,2006(27).

[157] 金雅.梁启超美育思想的范畴命题与致思路径[J].艺术百家,2013(5).

[158] 贺昌盛.晚清民初"文学"学科的学术谱系——从"词章"到"美术"再到"文
学"[J].学术月刊,2007(7).

[159] 田君.民国工艺美术教育大事年表[J].装饰,2011(10).

[160] 李孝迁.制造国民:晚清历史教科书的政治诉求[J].社会科学辑刊,2011

(2).

[161] 薛永年.美术史研究与中国画发展[J].新美术,1999(1).

[162] 曹铁铮.从编辑视角探析梁启超"新史学"的影响——以民国美术史书籍写作为例[J].编辑之友,2014(9).

[163] 高阳.从姜丹书到郑昶——进化理论对民国早期工艺美术史叙述的影响管窥[J].装饰,2008(7).

[164] 胡志平,赵瑛.论教材模式对民国时期美术史研究的影响[J].贵州大学学报,2004(18).

[165] 刘泽华.论从臣民意识向公民意识的转变[J].天津社会科学,1991(4).

[166] 蒋英.筚路蓝缕 功在筑基:民国时期高等院校的中国美术史教学[J].美术研究,2003(4).

[167] 杨冬.筚路蓝缕 以启山林[J].美术观察,2011(8).

[168] 吴伟平.民国工艺美术教育的办学新式研究[J].兰台世界,2015(8).

[169] 朱剑.郑午昌——中国美术史研究[J].南京艺术学院学报,2011(1).

[170] 陈池瑜.民国时期工艺美术和设计艺术的写作成就和特点[J].南京艺术学院学报,2011(5).

[171] 李砚祖.工艺美术历史研究的自觉[J].装饰,2003(7).

[172] 乔志强.论梁启超"新史学"对民国时期美术史研究的影响[J].美术观察,2007(4).

[173] 田自秉.论工艺美术学[J].装饰,1991(3).

[174] 姜丹书.中国建筑进化谈[J].美展,1929(10).

[175] 郎绍君.萧俊贤与北京艺专国画系[J].美术研究,2013(3).

[176] 施国敦.君子之交情犹在,淡淡笔墨留后人[J].老年教育:书画艺术,2014(4).

[177] 姜书凯.记父亲姜丹书的艺术教育生涯[J].美术,1983(1).

[178] 谢海燕.近现代中国艺术教育的前驱姜丹书[J].艺苑,1991(4).

[179] 姜书凯.艺苑园丁姜丹书[J].浙江画报,1983(9).

[180] 陈伟辉.浅议近现代美术学堂中图画手工科的设置[J].艺术教育,2009(3).

[181] 朱孝岳,孙建君.沉重的起步——我国近代工艺教育历程述略[J].装饰,1988(3).

[182] 姜丹书.劳作教育的药剂性及关于实施的先决问题——上教育部的一封书[J].浙江教育行政周刊,1933,4(31).

[183] 王晓茹.刍议礼乐之"文"与艺术之"泛应"[J].民族艺术研究,2014(6).

[184] 赵云川.手是第二个脑——兼谈中日艺术设计教育之差异[J].南京艺术学院学报,2010(3).

[185] 郭玉贵.艺术与艺术教育的传统功能及其在知识经济时代的新作用[J].艺术教育,2011(3).

[186] 毕昌萍,陈湘舸.孔子"乐天知命"故"不忧"思想解读[J].学习与探索,2011(2).

[187] 曲铁华,罗银科.近代职业教育内涵辨析[J].河北师范大学学报,2010(11).

[188] 谢俊东,李林杰.魏晋南北朝时期的美术教育[J].艺术探索,2007(21).

[189] 周谷平,叶志坚.赫尔巴特教育学在中国:一个跨越世纪的回望[J].教育学报,2006(5).

[190] 阎安.图画手工——新文艺阶段中的艺术态度.[J].视觉前沿,2013(8).

[191] 刘知新.科学教育的目的与内涵[J].科学教育,1997(3).

[192] 李超德.中国设计呼唤匠人精神[J].美术观察,2013(2).

[193] 陆晓芳.论中国现代美育思潮的理论起点与历史困境[J].福建论坛,2015(3).

[194] 项建英,杜莹.外国来华教育学者与中国教育学术的发展[J].教育评论,2014(4).

[195] 郭晓明.给杜威实用主义教育学以应有的评价[J].教育科学,1988(3).

[196] 陈振濂."美术"语词源考——"美术"译语引进史研究[J].美术研究,2003(4).

[197] 王宏飞.现代设计需要匠人精神[J].装饰,2014(6).

[198] 朱晓江.新文化与旧传统:匡互生关于人格教育的论述及其现代意义[J].学术月刊,2015(47).

[199] 张锡勤,关健英.从中国古代的知行学说论及德育的内涵[J].道德与文明,2012(5).

[200] 李天道.中国美育思想研究的新拓展——评钟仕伦的中国美育思想简史[J].宜宾学院学报,2010(8).

[201] 罗小丹.五四时期的文艺思潮与现代美术教育模式[J].宜宾学院学报,2006(5).

[202] 刘雅倩.杜威美誉思想的内涵与功用[J].重庆社会科学,2015(5).

[203] 黄英杰.杜威的"做中学"新释[J].课程·教材·教法,2015(6).

[204] 马莉丽.中国艺术设计教育百年回顾[J].吉林艺术学院学报,2011(3).

[205] 黄英杰,陈理宣.教学做合一释义:兼轮实践教育哲学如何可能[J].教育学术月刊,2014(7).

[206] 卢世主.20世纪中国设计艺术概念的嬗变与定位调整[J].江西社会科学,2010(2).

[207] 江立华.论近代日本对儒学的改造[J].文本问题研究,1996(1).

[208] 黄敏学,王旖轩.康有为国乐改良思想及其历史影响探论[J].黄钟,2013(2).

[209] 胡俊.由"美人"到"君子"——中国花鸟画意象"文人化"考释[J].新美术,2007(2).

[210] 余洋.明中期吴门文人花鸟之新变[J].中国国家博物馆馆刊,2014(8).

[211] 陆越子.论中国的花鸟画写意性的发展规律[J].南京师大学报,2002(3).

[212] 金丹元.从传统转向现代:中国海派绘画的现代性取向[J].艺术百家,2012(5).

[213] 杜纪海.水彩画与海派水墨画[J].艺术评论,2013(11).

[214] 陈乙源.当代花鸟画色彩拓展成因探究[J].民族艺术研究,2014(2).

[215] 吴泽锋.对花鸟画形式语言革新需求的思考[J].文艺争鸣,2011(4).

[216] 杜纪海.明清文人画设色之嬗变与西洋水彩画的关系[J].文艺研究,2013(3).

[217] 林树中.牧溪的生平、艺术及其评价[J].美术,1985(6).

[218] 冉毅.中日禅宗文化交流史中牧溪八景图东渐及评价正声[J].湖南师范大学学报,2014(5).

[219] 李祥.梁楷、牧溪作品中的佛缘禅思[J].国画家,2005(1).

[220] 张良丛.审美与精神救赎[J].文艺评论,2005(1).

[221] 刘洪彩.六柿图与悟境层次[J].国画家,2013(4).

[222] 邓集勋.论审美超越[J].求索,2015(7).

[223] 许钦文.敬悼姜丹书先生[J].东海,1962(7).

[224] 史洋.上海美专师资构成初探[J].新视觉艺术,2011(2).

[225] 苏迟.儿童报纸的先行[J].杭州师范学院学报,1993(5).

[226] 黄振.清末民初中国公民意识发展史探[J].湖南社会科学,2011(4).

[227] 易存国.墨分五色论:水墨为上之关要[J].文艺研究,2013(8).

[228] 刘娟娟.张之洞工艺思想探析[J].装饰,2013(8).

[229] 冯黎明.审美现代性与艺术自律论[J].浙江社会科学,2015(2).

［230］马佩君.姜丹书手工艺术教育思想及其特色研究［D］.杭州：杭州师范大学,2012.

［231］于晓芹.姜丹书美术教育思想研究［D］.上海：上海大学,2008.

［232］姜书凯.追怀先人翰墨情［N］.杭州日报,1997-3-15(8).

［233］尹鼎为.潘天寿绘画思想的形成与革新［N］.团结报,2013-12-5(7).

［234］姜书凯.朱屺瞻赠姜丹书《沪江送别图》［N］.杭州日报,2013-12-5(B7).

［235］姜书凯.写在父亲遗著出版之时［N］.浙江日报,1992-9-19(3).

［236］施国敦.君子之交情犹在淡淡笔墨留后人［N］.美术报,2013-1-26(18).

［237］梵琳.从开启民智到美育启蒙［N］.东方早报,2012-11-19(10).

致　　谢

　　本书是博士学习的结果,亦是对姜丹书图画手工教育的回顾。在论文撰写的过程中,导师李超德教授从论文选题、资料收集、撰写修改诸多方面都给予了谆谆教诲,感谢李超德教授在学业上给予的指导与帮助。博士课程之余,导师与我们谈论老艺术家们的艺术个性,使我们更通透地领悟艺术与人生。我们获取的不只是研究资料,更拓宽了从事学术研究的视野。导师指导我们从中国文化和中国艺术思想中寻找理论研究的问题,尤其提醒我一定要找到姜丹书在杭州的后人。采访姜氏后人对本论文的研究和撰写至关重要。

　　姜书凯(姜丹书的幼子)先生是生活在杭州为数不多的姜丹书后人。早在20世纪六七十年代,姜书凯先生就开始不遗余力地收集其父的著述、日记、手稿、书画作品、信札、遗物等,对姜丹书的研究贡献良多。在采访姜书凯先生时,得到了姜书凯先生和他家人热忱的帮助,他们提供了很多翔实的资料,并口述姜丹书的经历,这些都使我对姜丹书先生有了更细致入微的了解。特别是姜书凯先生毫无保留地提供了非常宝贵的文字和图片资料,并不厌其烦地讲述这些资料所经历的遭遇和故事,在出版资料上还做了缜密的校阅笔记。他一丝不苟的做事方式,使我这个后学晚辈感到汗颜。我想,他如此认真的做事态度不只是出于对父亲的纪念和爱,一定也是他严谨处事待人的习惯使然。在论文撰写过程中,蒙其不弃、时时指授,并赠送由姜书凯出资出版的精美的《姜丹书画集》。翻阅这些作品,能够细细品味到姜丹书老先生的高超画艺和崇高的人品。

　　在攻读博士学位期间,感谢身边诸位老师及亲友在学习、工作和生活等方面给予各种帮助与鼓励。在即将毕业之际,我要感谢我任职单位里视觉传达学科带头人何征教授对我的鼎力支持与鼓励;我要感谢苏州大学艺术学院张朋川教授、华人德教授和沈爱凤教授对我学业上的指导和帮助,以及李旸老师的支持。求学的道路上每一位同行者,陈剑、钱静、徐世平、王小妍、章心怡、王威多等同窗好友的陪伴与鼓励;还有我的同门鲁海峰、周星等好友们的关心和帮助;同时还要感谢我的家人对我的支持和付出,他们在背后默默地支持我,让我有更多的时间和精力投入学习,没有他们的支持、理解和奉献,我在学业上能迈开步伐是无法想象的。

　　以上是我在研究过程中的点点滴滴琐记。在苏州大学艺术学院攻读博士学位期间结识的师长、同学和朋友,他们对我的真诚关心、帮助,使我备感温暖。最后,还要衷心感谢在百忙中不辞劳苦奉献出自己宝贵时间评阅本文的专家和学者们,以及我的发小谢泓女士给我的论文做的校对工作。在此,再次向关心、鼓励和帮助过我的所有师长、同道、亲朋好友表达最由衷的谢意!

孙茂华

2017 年 5 月